KB048876

포도에서 와인으로

WSET 디플로마가 들려주는 동서고금 와인 문명사

# 포도에서 와인으로

ⓒ이석인, 2022

**초판 1쇄** 2022년 5월 2일 펴냄

**지은이** 이석인
**펴낸이** 김성실
**책임편집** 박성훈
**표지** 위앤드디자인
**일러스트** 이주영
**제작** 한영문화사

**펴낸곳** 시대의창      **등록** 제10‑1756호(1999. 5. 11)
**주소** 03985 서울시 마포구 연희로 19‑1
**전화** 02)335‑6125      **팩스** 02)325‑5607
**전자우편** sidaebooks@daum.net
**페이스북** www.facebook.com/sidaebooks
**트위터** @sidaebooks

ISBN 978‑89‑5940‑778‑1 (03900)

책값은 뒤표지에 있습니다.
잘못된 책은 바꾸어드립니다.

# 포도에서
# 와인으로

이석인 지음

WSET 디플로마가 들려주는
동서고금 와인 문명사

시대의창

**일러두기**

1. 와인 관련 용어 가운데 외래어는 국립국어원의 외래어 표기법에 따랐습니다. 다만, 관
   용적으로 사용하는 용어의 경우에는 관용적 표기에 따랐습니다.
2. 본문에 인용한 《성경》 구절은 개역개정 4판을 기준으로 삼았습니다.
3. 본문에 사용한 이미지 가운데 저작권자가 확인되지 않은 이미지는 저작권자가 확인되
   는 대로 적절한 절차에 따라 처리하도록 하겠습니다.

와인을 '학문적으로' 공부한 지 어느덧 10년이 됐다. 그러는 동안 나는 한국에 몇 안 되는 WSET 디플로마가 되어 있었다. 실은 한 번도 내가 한 분야에 이토록 오래 그리고 깊게 빠져 있으리라 생각해본 적이 없다. 어디로 튈지 모르는 내 삶의 근원인 호기심은 나를 셀 수 없이 많은 다양한 분야로 이끌었다.

희곡과 연극에 푹 빠졌다가, 미술에 매료돼 화랑과 경매장을 드나들었고, 역사에 사로잡혀 밤낮으로 역사서를 쌓아놓고 읽기도 했다. 어느 때는 하늘 위 별들과 사랑에 빠져 수많은 행성과 항성을 보며 밤을 지샜고, 고대 바빌로니아의 문헌에까지 이르기도 했다. 한 주제에 매력을 느끼면 몸을 혹사하면서까지 온갖 자료를 찾아 무섭게 달려들고 집요하게 파고드는 성미이지만, 어느 정도 그 주제를 정복했다 생각하면 이내 흥미가 사그라드는 고질병을 가졌다. 대개 흥미는 2년 정도면 그 끝의 다 타버린 재까지 확인하며 완전히 사그라들기 마련이었다.

그런 내가 10년을 한결같이 한 분야에 머물러 있다. 잠깐씩의 권태와 외도도 있었지만, 돌아와 내 '부정함'을 눈물로 사죄하고 재회했다. 한결같이 너그럽게 날 받아준 '와인'은 점차 내 삶을 빚어갔다. 새로운 시각과 지식을 선사하고, 내 삶의 시간과 공간을 확장시켜갔다.

처음엔 '맛'이었다. 유난히 예민한 후각을 가진 내게 와인은 더없이 만족스런 유희였다. 와인 안에는 온 세상이 담겨 있었다. 어찌 포도로 빚은 술에 세상의 온갖 화려하고 다채로운 과일과 이름도 모르던 수십 가지 꽃과 풀, 흙과 돌멩이, 바다와 숲속의 맛과 향이 담겨 있는 건지…. 와인의 맛과 향을 구별해내는 감각이 더욱 섬세해질수록 와인은 나를 신에게로까지 데려갔다. 와인을 통해 '신은 분명 존재한다'고 느꼈다. 때론 와인 테이스팅을 통해 내 존재를 확인받았고, 일종의 우월감과 성취감을 맛보았다. 세밀하게 맛을 구별해가는 과정 자체에 쾌감을 느꼈고, 더 온전하고 완벽하게 와인을 맛보겠다는 욕망은 나를 디플로마 과정으로 이끌었다.

앞서의 이야기가 '맛과 감각'에 관한 것이라면, 다음은 '지식의 가로축'에 관한 것이다. 《지리의 힘 *Prisoners of Geography*》의 저자 팀 마샬Tim Marshall은 책 초반에 "우리의 삶은 언제나 우리가 살아가고 있는 〈땅〉에 의해 형성돼왔다"라고 말한다. 와인 공부를 깊게 한 사람들은 모두 이 말에 동의할 것이다. 와인은 언제나 와인이 만들어진 '땅'에 의해 형성돼왔다.

와인에 있어 땅, 즉 테루아르terroir는 핵심 철학이다. 나는 이것을 가로축이라 일컫기로 했다. 와인은 우리에게 '공간의 확장'이란 새로운 경험을 선사하기 때문이다. 한 번도 가보지 못한 나라, 지역, 포도밭을 와인 한잔에 음미한다. 와인 한잔은 우리를 포도밭으로 데려가 포도밭이 위치한 지형·토양·기후를 떠올리게 한다. 와인이 만들어진 해의 여름과 가을은 어땠을지, 가물었을지 강수량이 많았을지, 유독 찌는듯이 더웠을지 서늘했을지, 포도의 뿌리가 자리를 잡은 땅은 토양 구성이 어땠을지를 떠올리게 한다.

생전 펴보지 않던 세계지도를 책상 전체에 넓게 펴놓고 탐험을 시작했다. 멕시코만류Gulf Stream는 프랑스 보르도 와인에 어떤 영향을 미치는지, 홈볼트해류Humboldt Current는 칠레 와인에 어떤 영향을 미치는지 궁금했다. 프랑스 부르고뉴의 지질학 구조를 이해하기 위해 온갖 협곡과 모르반 플라토에 대한 논문을 읽고, 토양 속 점토clay · 모래sand · 미사silt의 비율 등을 공부했다. 단 한 번도 가본 적도 들어본 적도 없던 국가와 지역을 와인으로 구별하고 이해하기 시작하면서 세상을 바라보는 나의 눈은 더없이 넓어졌다. 더욱이 포도재배학은 농업학이었다. 내 평생 가장 기이했던 경험은, 내가 프랑스 부르고뉴 와인 메이커와 포도 농사에 관한 대화를 마치 농부끼리 대화하듯 아무렇지도 않게 하고 있다는 걸 자각한 순간이었다(여전히 내가 가장 많이 읽는 글은 와인 생산지의 기후와 포도 농법에 관한 것이다).

잰시스 로빈슨Jancis Robinson의 《옥스퍼드 와인 컴패니언Oxford Companion of Wine》과 《월드 아틀라스 와인The World Atlas of Wine》 같은 책은 와인의 이러한 가로축에 해당하는 측면을 다루는 가장 기본적이고 개괄적인 교과서다. WSET 디플로마 과정의 핵심은 바로 이 가로축에 해당하는 온갖 지식과 '맛'을 논리적으로 연결하고 추론하는 것이다.

종종 사람들은 '블라인드 테이스팅' 과정을 감각기관을 사용한 일종의 '묘기'라고들 착각한다. 블라인드 테이스팅 과정은 차라리 '셜록 홈즈의 범죄 추론' 방식과 유사하다. 촘촘하고 켜켜이 쌓인 수많은 지식으로 훈련된 감각기관을 사용해 '맛'이란 단서를 찾아낸 뒤, 이 전부를 논리적으로 연결시켜 답을 추리하는 과정이다. 이는 감각적 유희뿐 아니라 높은 수준의 지적 유희까지 선사한다. 그러니 셜록 홈즈가 풀리지 않는 문제를 곰곰이 생각하며 추리하는 과정이 이와 비슷하지 않을까.

그런데 불현듯 내 모든 호기심이 와인의 '세로축'으로 옮겨가게 되었다. 2018년 가을, 디플로마에 합격하고 유발 하라리Yuval Harari 의 책을 몰아서 읽을 때였다. 그의 대표작 《사피엔스Sapiens》를 읽다가, 문득 인류 문명 속 와인의 존재에 대한 호기심이 생겼다. 당시엔 단순히 와인의 발명과 변천사 정도를 떠올린 듯하다. 하지만 통통 튀어가는 내 호기심을 따라 '인류의 문명'이라는 단단한 세로축을 붙잡고 힘겹게 시간을 거슬러 올라가다 보니 내 앞엔 완전히 다른 차원의 세상이 펼쳐졌다. 인류의 문명 속에서 '포도에서 와인으로' 변해가는 과정이 영화처럼 펼쳐졌다.

호모 사피엔스라 불리는 유인원 앞의 포도가 고대 이집트인의 신을 위한 포도주로 변해갔다. 호메로스의 서사시 속 달콤한 포도는 디오니소스 신이 사랑하는 포도주가 되어 고대 그리스의 수많은 축제와 광기 어린 추종자들을 양산했다. 터키 아라라트산에 정박해 방주에서 나와 처음 포도나무를 심고 경작했던 노아의 포도는, 포도주가 되어 야훼의 축복과 은혜의 통로가 되었고 예수의 희생과 피가 되었다. 중세 농노들이 일군 포도원의 포도는 부르고뉴 시토회 성직자의 고귀한 작품으로 빚어졌으며, 아비뇽 유수 교황의 포도주로, 성찬식 식탁 위 포도주로 올려졌다. 귀부병에 걸린 포도가 시민혁명 후 부르주아의 식탁 위 고급 포도주로 변해갔고,

로마 군인의 형편없던 '포도 물' 포스카posca는 세계대전에 참전한 프랑스군을 위한 와인 피나르pinard로 변해갔다. 요컨대 이 모든 인류의 역사와 문명, 시간과 공간, 사건과 기억 속에서 와인이 빚어졌고 의미가 축적되었다. 바로 그 수천 년 문화의 결정체가 지금 당신과 나의 와인잔 안에 담긴 셈이다.

사실 포도주는 '서양의 술'이기 때문에 책 내용의 대부분은 '서양의 역사'다. 하지만 자료를 조사하고 책을 저술하며 가장 놀랐던 부분은 바로 '동양 와인의 역사'를 살펴볼 때였다. 서양 문물을 본격적으로 받아들인 근대 즈음부터 포도주에 관련한 동양의 사료가 있겠지 예상했다. 그런데 와인은 나를 오래된 고대 중국의 사료로 이끌었다.

일찍부터 서역西域과 교류한 중국은 기원전 126년 경부터 서양의 포도주를 인지했고 교역했다. 수천 년을 이어 내려온 중국 왕조와 역사 속 포도주를 조명하는 일은, 마치 고고학자가 되어 흥미진진한 유물을 발굴하고 그 안에 감춰진 거대한 이야기 앞에 마주하는 듯한 작업이었다.

중국 역사에서의 핵심은 결국 '서역과의 관계'였다. 서역에 적대적이거나 폐쇄적인 외교 정책을 펼쳤을 때는 곡주를 빚듯 누룩으로 포도주를 빚는 시도 정도만 했다. 하지만 서역과 관계가 좋았을 때나 적극적으로 정벌에 나섰을 때, 아예 원나라같이 북방 유목민족이 왕조를 세웠을 때는 서양의 자연발효식으로 만든 포도주가 중국에서도 만들어졌고, 질 좋은 포도주가 활발히 교역되었다.

'포도에서 와인으로' 변해가는 과정은 중국 수천 년 역사에서도 발견할 수 있었다. 한무제漢武帝 때 서역 정벌을 나섰던 장군 장건張騫이 포도주 빚는 장인과 함께 들여와 황궁에 심은 서역의 포도는 후한 말 환관 장양張讓이 뇌물로 받은 포도주가 되었다. 당태종唐太宗 때 서역에서 들여온 마유포도馬乳葡萄는 황제 태종이 손수 직접 빚은 포도주가 되었다. 몽골 지역의 포도는 원나라 때 서양과 동일한 양조 방식으로 만들어진 질 좋은 포도주가 되었다.

역사의 길목에서 포도주를 즐겼던 인물들과 마주치는 것도 더할 나위 없이 흥미로운 일이었다. 위魏나라 초대 황제이자 조조曹操의 아들 조비曹丕는 포도주의 정수를 꿰뚫어 기록에 남길 만큼 포도주를 즐겼다. 당나라 양귀비楊貴妃는 일곱 가지 보석으로 장식된 수정 유리잔으로 량저우에서 만든 포도주를 즐겨마셨다. 청나라 황제 강희제康熙帝는 건강을 유지하기 위해 프랑스 선교사가 권하는 레드 와인을 하루에 한 잔씩 마시기도 했다.

우리나라에도 산머루나 마유포도, 수정포도 등에 관한 기록이 있다. 곡주를 빚듯 누룩을 사용해 포도주를 빚어 음용해왔다. 다만 서양에서처럼 자연발효식으로 포도주를 생산했던 것 같지는 않다. 구한말 서양 선교사들과 함께 유럽 포도종과 포도주가 점차 들어왔고, 1970년대에 이르러 본격적으로 한국의 포도주가 양조됐다. 1970~80년대 기록을 보면 당시 정부가 과실주 장려 정책을 펼쳐 일본, 중국과 비교해도 손색없는 수준의 기술과 품질로 포도주를 제조했고 국내 음료 시장을 휩쓸었다. 아쉽게도 86년 아시안게임과 88년 서울올림픽 이후 수입 자유화가 돼 와인 수입량이 증가하면서 국산 와인이 자취를 감추고 말았다.

최근 다시 한국 '국산 와인'의 전성기가 도래하고 있다. 품종과 농업, 양조기술 연구를 거듭하며 국제 시장에 내놓아도 뒤지지 않을 '한국 와인'이 생산된다. 원고를 쓰는 과정에서 되도록 다양한 한국 와인을 테이스팅해보려 노력했다. 특히 한국 고유 개량 품종인 '청수' 품종으로 만든 와인을 테이스팅했을 때는 향기로운 풍미와 높은 품질에 굉장한 자부심을 느낄 수 있었다.

인류 최초 와인의 시작점이라 여겨지는 중동 지역의 와인을 살펴볼 때는 종교와 와인과의 관계에 대해 깊게 생각해볼 수 있었다. 현재 우리가 향유하는 와인 문화는 결국 그 뿌리를 찾아가면 유럽이고, 그 중심은 기독교 문화다. 애초에 유럽 대륙에 비티스 비니페라Vitis Vinifera 포도종을 심고, 포도밭을 일구고, 포도 양조를 연구했던 이들이 로마 시대 이후 교회와 성직자이기 때문이다.

종교에 있어서는 카렌 암스트롱Karen Armstrong의 《축의 시대*The Great Transformation*》가 큰 영감이 되었다. 종교와 와인은 더 깊이 연구해보고 싶은 주제이기도 하다. 서양 문화의 뿌리인 《성경》을 살펴보며 고대 이스라엘 민족의 포도주 문화에 관해 연구해보기도 했다. 하지만 이를 책에 깊이 포함시키기에는 신학적인 면과 역사적인 면을 분리하기 어렵고 나 또한 내공이 되지 않는다고 판단해 제외했다. 다만, 본문에 적지 못한 이야기를 짧게 언급하자면, 당시 극심한 가뭄 탓에 굉장히 척박했던 이스라엘의 토양에 생장할 수 있었던 거의 유일한 과일 나무는 포도나무였다. 포도나무는 가히 오아시스와 같은 존재였다. 특히 물이 부족한 이스라엘 사막에서 유목민인 고대 이스라엘인에게 포도주는 비교적 오래 저장할 수 있고 수분과 당까지 보충해주는 생명수와 같았을 테다.

고대 유대인은 포도주를 '축복'과 '번영'의 상징으로 여겼다. 제단에 바치는 아주 귀하고 성스러운 제물 가운데 하나로 포도주를 사용했다. 이 '축복'의 상징은 구약 시대를 넘어 신약 시대로까지 이어지며, 서양 중세 기독교를 바탕으로 포도주 문화가 꽃 피는 토대가 되기도 한다. 하지만 이슬람은 다르다. '야훼 시대'라는 같은 뿌리에서 나왔음에도 이슬람은 무함마드가 술, 특히 포도주를 금지한 탓에 600년경 이후로 포도주가 발전하지 못했다.

이처럼 현재 우리가 마시는 와인이 종교와도 밀접하게 연결되어 있다는 점은 내게 굉장히 색다른 시각을 선사했다. 지금은 세속주의를 선택한 터키와 유대인의 나라인 이스라엘 그리고 기독교와 이슬람교가 각축전을 벌이는 레바논에서만 와인을 생산한다. 특별히 '전쟁 속에 피운 꽃'이라 불리는 레바논의 와인을 조사하면서는 굉장한 슬픔과 아픔, 또 숭고함을 느꼈다.

요컨대, 이 모든 여정은 내가 생각하고 계획했던 것보다 훨씬 더 크고 방대한 작업이었다. 또 그만큼 더없이 설레고 흥분되고 만족스러운 지적 순례였다. 처음엔 와인으로 시작했지만, 어쩌면 이것은 와인에 대한 책이라기보다 인간의 정체성, 인류의 흔적, 결국은 나 자신의 근원을 찾기 위한 시도일지도 모른다. 확실한 점은 와인이 내게 준 선물인 시간과 공간의 확장 속에 푹 빠져 온전히 헤엄치고 만끽할 수 있던 시간이었다.

2018년 배 속에 아이가 있을 때 원고를 써서 2019년 아이의 탄생과 동시에 출판사와 계약했던 책이, 2022년 아이가 만 3세가 되면서 드디어 빛을 보게 되었다. 솔직히 조금은 지난하고 여러 부대끼는 생각을 껴안았던 시간이었지만, 이제와 생각하면 결국 모두 필요한 시간과 때에 예비된 것들이 아니었을까 생각한다. 엄마 배 속에서부터 원고와 자료를 함께 봐준 아들 태건과 언제나 든든한 버팀목이 되어준 남편 전종보에게 감사하다. 자애롭고 너그러우신 시부모님과 내 평생의 정신적 지주인 나의 아버지 이항 교수님, 천국에서 보고 계실 나의 엄마 장진경에게 이 책을 바친다.

《성경》 속 야곱은 유다에게 이런 축복을 내렸다고 한다.
"그의 나귀를 포도나무에 매며 그 암나귀 새끼를 아름다운 포도나무에 맬 것이며 또 그 옷을 포도주에 빨며 그 복장을 포도즙에 빨리로다. 그 눈은 포도주로 인하여 붉겠고 그 이는 우유로 인하여 희리로다."_〈창세기〉 49:11~12

> 여러분에게도 그런 축복이 있기를,
> 2022년 홍콩에서
> 이석인

# 목차

# 중세

# 근대

# 현대

# 중국·일본·한국 그리고 중동

고대

# 와인의 시작, 왜 포도인가?

포도로 만들어진 와인은 언제부터 시작되었을까? 그 기원을 떠올리려고 하면 문득 모든 게 아득해진다. 왜냐하면 이 질문은 바로 '이 지구상에서 포도라는 속vitis의 기원은 언제일까?'라는 것으로 치환되기 때문이다.

사실 그 시작점에는 직접적으로 인류의 조상이라 일컬을 만한 발달한 영장류가 없었을지 모른다. 말하자면 호모 사피엔스 출현 이전일 가능성도 있다. 아마도 몇몇의 포유류, 특히 영장류는 과일 등을 채집해 섭취했을 것이다. 그중엔 붉은 포도 또한 있었을 것이다. 물론 몇만 년 전의 야생 포도가 현재 우리가 알고 있는 포도와 비슷한 크기와 모양, 맛을 가졌을지는 의문이지만.

요지는 포도의 식물학적 역사와 기원을 거슬러 올라가자는 것이 아니다. 중요한 것은 와인의 시작은 애초에 '자연' 그 자체였다는 점이다. 인간의 개입 따위는 전혀 필요하지 않았다.

**그 비밀에는 약간의 과학적 지식이 필요하다**

'술'의 정의는 '알코올 성분이 들어 있는 음료'이다. 그렇다면 알코올은 어떻게 생겨나는가? 과학이 발달한 지금에야 다양한 방식으로 알코올을 만들 수 있지만, 알코올이 무엇인지조차 알지 못했던 과거에는 알코올은 오직 자연적으로 발생하는 수밖에 없었다. 알코올을 만드는 가장 자연적인 과정은 바로 '발효fermentation'인데, 이는 설탕/당분sugar이 효모yeast라는 미생물과 만나면 알코올·열·이산화탄소가 발생하는 화학 반응이다. 무척이나 신비로운 과정이 아닐 수 없다.

포도는 이런 발효 과정이 '자연적으로' 일어나기에 가장 적합한 과일이다. 일단 알코올로 변할 연료인 당분 함유량이 다른 과일에 비해 현저히 높아, 인간 혹은 영장류가 취할 만큼의 충분한 알코올을 만들어낼 수 있다. 게다가 포도 껍질에는 자연효모wild yeast가 덕지덕지 붙어 있다. 자연효모는 양조 기술이 고도로 발달한 현대에도 무척이나 매력적이어서, 전 세계 많은 와인 생산자가 실험실에서 배양한 효모cultured yeast뿐만 아니라 있는 그대로의 자연효모도 함께 사용한다.

완전히 익어서 당분이 가득 찬 포도 혹은 포도송이는 땅에, 덩굴에, 줄기 사이에, 구덩이에 떨어지고, 푹 익은 포도의 껍질이 벗겨져 당분 가득한 주스와 만나면서 자연스럽게 발효가 시작됐

포도와 효모가 만나 발효되는 모습.

전통 방식으로 포도를 발효시키는 모습. 포도는 껍질에 붙어 있는 자연효모만으로도 발효될 수 있기 때문에 포도를 으깨는 것만으로 발효시킬 수 있다.

을 것이다. 무산소 상태일 때 더욱 적극적으로 이 같은 화학 반응이 일어난다. 요컨대 다른 포도송이나 낙엽 등이 겹쳐 떨어지면서 이 과정이 가속화할 수 있다. 발효를 통해 알코올이 발생할 때는 '부글부글' 내지는 '톡톡' 하는 끓는 소리와 함께 열이 발생한다. 혹시 막걸리가 익어가는 과정을 본 사람이라면 쉽게 떠올릴 수 있는 장면이다.

포도는 다른 과일에 비해 높은 산도acidity와 타닌tannin이란 성분을 가지고 있다. 이 성분들은 다른 과실주에 비해 포도주의 맛을 훨씬 더 복합적이고 구조감 있으며 매력적으로 만드는 역할을 한다. 몇몇 좋은 와인을 오래 숙성시켜 보관할 수 있는 것도 바로 이 성분들이 작용한 덕분이다.

하지만 이것은 어디까지나 훌륭한 와인 저장 용기가 발명된 이후의 이야기다. 고대 야생의 자연 와인은 금방 산화돼 시큼한 식초로 변해 아주 빨리 상해버렸다. 그러니 유인원은 물론이고 어느 동물에게든 막 발효를 마친 신선한 포도주를 제때에 섭취하는 일이 상당히 중요했으리라.

# 술 취한 원숭이 가설

진화학적으로 인간의 알코올에 대한 끌림이 자연스러운 것이라는 이론 가운데 '술 취한 원숭이 가설Drunken Monkey Hypothesis'이 있다.

과거 유인원의 주 식량은 과일이었기 때문에 상대적으로 당분이 높은 '잘 익은' 혹은 '푹 익은' 과일을 잘 골라먹는 일이 생존에 필수적이었다. 과일 속 당분은 그들의 주요 에너지원이었다. 잘 익거나 푹 익은, 혹은 과도하게 익은 열매는 일정 정도의 알코올/에탄올을 함유한다. 유인원들은 알코올 냄새를 통해 과일이 잘 익었는지 판단했으리라.

이 가설대로 만약 알코올 냄새에 예민하게 반응해 잘 익은 열매를 잘 찾아 먹은 유인원들이 살아남아 진화한 종이 현생 인류

당분이 높은 잘 익은 과일을 골라 먹는 것은 유인원 생존에 필수적이었다.

라면, 인류의 알코올에 대한 끌림은 당연한 것이며 알코올 분해
능력은 진화를 거듭하며 더욱 높아졌을 것이다. 물론 이는 가설
에 불과하지만 여러 동물을 통한 연구 결과가 이 주장을 뒷받침
하고 있다.

　가령, 침팬지의 음주 행태를 조사해보니 이들은 숲 속의 야자
주palm wine를 암수는 물론 노소도 가리지 않고 흥청망청 즐겼다.
또한 인간의 오랜 조상 격인 붓꼬리나무두더쥐가 다른 어떤 종보
다도 발효된 과일즙으로부터 칼로리를 얻는 것을 더 선호했다는
연구 결과도 있다.

　그렇다면 본격적으로 인지능력을 갖기 시작한, 인류의 직접적
인 조상 호모 사피엔스의 눈에는 와인이 어떻게 보였을까? 한번

상상력을 발휘해보자.

호모 사피엔스는 어째서 땅의 식물이 저절로 자라고 또 죽어 없어지는지, 삶과 죽음은 무엇인지, 날씨와 계절이 왜 변하는지 등 세상에 '물음표'를 최초로 던진 존재다. 이들은 종교 비슷한 것을 만들기도 했고, 하나의 신념을 공유하며 공동체 생활을 했으며, 주술 행위와 미술·음악 등 예술 활동 또한 했다. 그런 이들에게 부글부글 끓기도 하고 열이 나기도 하며 색깔은 인간의 피와 비슷하게 붉은 그 액체는 어떻게 보였을까? 콕 찍어 맛을 보니 달콤하면서 씁쓸하기도 하고, 먹고 나면 몽롱하고 어지럽고, 때때로 정신을 잃게도 하며, 환각을 보게 하는 와인이 어땠을까? 꼭 마법 같지 않았을까? 주술적이지 않았을까? 이들의 샤머니즘적인 원시종교와도 잘 맞닿지 않았을까?

물론 아직 정착하지 않고 유목 생활을 하던 이들이 적극적으로 포도를 재배해 와인을 양조했을 거라고 생각하기에는 무리가 있다. 하지만 한번씩 동굴에 푹 익은 포도를 잔뜩 가져와 환각을 마음껏 즐겼을 가능성은 충분히 있다. 아마도 주술적이며 마법적이고 신비로운 행위였으리라. 종교 의식에 그 액체를 사용했을 수도 있다. 혹 그들이 더 똑똑했다면 신체 고통을 덜어주는 일종의 약으로도 사용했을 것이다.

# 인간의 개입

　사실 인간의 적극적 개입이 없는 '자연발효 현상'은 문명과 결부되기 어렵다. 중요한 점은 언제부터 인간이 의도적으로 포도를 재배해 와인을 양조하기 시작했느냐다. 구석기시대 이전에 관해서는 고고학 사료가 충분하지 않으므로 그 시작점을 찾는 데 어려움이 많다. 우린 다만 상상할 뿐이다.

　최근까지 발견된 고고학 증거를 보면, 와인 양조의 기원은 지금으로부터 약 8000년 전 신석기시대로 거슬러 올라간다. 와인 양조의 시작이 신석기시대라는 사실은 그리 놀랍지 않다. 인류의 조상이 본격적으로 정착해 농경 생활을 시작한 시기이기 때문이다. 신석기인은 재배한 포도를 토기를 사용해 저장했다. 포도가 서로 눌리고 껍질이 벗겨져 자연적으로 와인이 만들어졌을 것이

8000년 전 신석기시대에 와인을 담았을 것으로
추정되는 토기. 조지아 국립미술관.

다. 혹은 적극적으로 손과 발을 이용해 포도를 으깼을 수도 있다.

신석기인은 우리가 상상하는 것보다 훨씬 똑똑했다. 이들은 토
기에 뚜껑을 만들어 발효를 촉진하고 산화를 방지했을 뿐 아니
라, 깔때기 같은 도구를 사용해 때때로 껍질을 걸러내며 와인을
양조했다. 실제로 토기 뚜껑이나 깔때기 같은 도구가 유물로 발
견되는 것을 보면, 가히 '신석기 혁명'이라 부를 수 있겠다.

2017년 8월, 토론토 대학의 고고학자들은 고대 조지아의 유물
로 8000년 된 신석기시대의 와인 토기를 발굴했다고 발표했다.
이는 현재까지 발굴된 가장 오래된 와인 토기로, 와인 양조 역사
의 기원을 1000년이나 앞당겼다. 사실 기원전 3000～5000년경
신석기시대의 것으로 추정되는 와인 토기 유물은 수없이 많다.
이젠 '신석기시대의 와인 토기가 발견됐어, 놀랍군!'이 아니라

조지아, 아르메니아, 아제르바이잔, 터키, 이란 산악 지역 일부를 포함하는 트랜스코카시아.

'얼마나 더 오래됐냐?'에 초점이 있다.

그런데 이 점토 항아리가 와인을 담았는지는 어떻게 알았을까? 과학이 발달한 덕분에 지금은 무려 8000년 전에 사용된 항아리의 화학 잔여물도 검출해 조사할 수 있다. 이들 항아리에서는 포도에 특히 많이 함유되어 있는 타르타르산tartaric acid(주석산)이 대량 검출되었다. 따라서 신석기시대 와인 토기가 주로 어디에서 밀집돼 발견되는지를 조사하면 와인 양조가 어디에서 시작됐는지 짐작할 수 있다.

이 유물들은 카스피 해안 근처인 조지아Georgia, 아르메니아Armenia, 아제르바이잔Azerbaijan과 비교적 지대가 높은 터키Turkey의 동쪽, 이란Iran의 북쪽 지역 등에서 압도적으로 많이 발견됐다. 말하자면 트랜스코카시아Transcaucasia라 불리는 지역이다.

인류 최초의 와인 양조장이라고 알려진 아르메니아 아레니 마을에 위치한 '아레니-1 동굴' 전경. 이 동굴에서는 기원전 4100년경에 포도를 발효하고 저장했던 도구들과 포도나무 가지, 포도 씨앗, 포도 껍질 등이 발견됐다.

　　현대의 거의 모든 와인은 '비티스 비니페라Vitis Vinifera'라는 포도 종種으로 만들어지는데, 이 종의 기원 또한 신석기시대 와인 토기 유물이 밀집해 발견된 지역과 일치한다. 트랜스코카시아 혹은 남동소아시아South-East Anatolia라 불리는 지역에서 시작된 포도 종들이 페니키아인, 그리스인, 로마인 등에 의해 지중해와 유럽까지 퍼져 나간 것이다.

　　비티스 비니페라에 대해 부연 설명을 하자면, 비티스Vitis란 포도나무를 포함하는 포도 속屬을 의미하며, 비니페라Vinifera는 유럽산 포도 종을 일컫는 단어이다. 현재 우리에게 친숙한 와인 포도 품종의 90퍼센트 이상이, 그러니까 예를 들어 샤르도네Chardonnay나 카베르네 소비뇽Cabernet Sauvignon과 같은 품종이 모두 여기에 속한다.

중국 황허강 근처에서도 7000~8000년 전 술을 담았던 것으로 추정되는 용기가 계속 발견되고 있다. 잔여물을 분석한 결과, 중국에서도 이 시기에 포도와 비슷한 열매를 재료 삼아 술을 담갔던 것으로 보인다. 다만 그 열매는 포도일 수도 있지만, 당시 황허강 근처에 널리 분포된 산사나무 열매일 수도 있고 지금은 중국에서 찾아볼 수 없는 야생종 포도일 가능성도 있다.

# 노아의 가설

고고학 유물로 살펴보았을 때, 현재 대부분의 와인에 재료로 쓰이는 포도 종 비티스 비니페라의 기원이자 신석기시대의 와인 양조 흔적이 남아 있는 트랜스코카시아 지역을 와인 역사의 시작점으로 본다. 재미있게도 이 지역과 와인의 연관성은 《성경》에도 기록돼 있는데, 바로 '노아Noah'라는 인물을 통해서다.

《성경》에는 와인에 관한 이야기가 수없이 나오지만, 그 시작은 〈창세기〉 9장 20~21절 "노아가 농업을 시작하여 포도나무를 심었더니 포도주를 마시고 취하여 그 장막 안에서 벌거벗은지라"라는 구절이다. 대홍수 이야기의 주인공인 노아는 홍수 이후 농업을 시작했다. 노아가 정확히 어떤 농작물을 심었는지는 알 수 없으나 '포도나무'를 심었고 '포도주'를 마셨다는 점은 확실하다.

포도주를 양조하고 마신 뒤 누워 있는 노아와 그의 세 아들. 이탈리아 몬레알레 교회.

포도주를 마시는 노아. 이탈리아 베니스
산 마르코 성당.

아라라트산은 터키와 아르메니아 국경 지역에 있다.

　물론 종교적으로는 노아의 세 아들이 아버지인 노아의 허물을
대하는 방식에 대한 비유가 더 중요하겠다. 그러나 와인과 관련
하여 중요한 점은 노아의 방주가 표착했다고 알려진 지리적 배경
이 바로 터키의 아라라트산Ararat Mt.이라는 것이다.

　아라라트산은 앞서 언급한 와인 양조와 비티스 비니페라 포도
종의 기원으로 알려진 터키의 동쪽과 아르메니아 국경에 위치하
고 있다. 그런 이유로 와인의 역사에서는 와인 양조와 포도 종이
트랜스코카시아, 즉 서아시아 지역에서 시작했음을 일컬어 '노아
의 가설The Noah's Hypothesis'이라 부르기도 한다.

# 메소포타미아 문명

  축복받은 땅 유프라테스강과 티그리스강 사이에 있는 비옥한 초승달 지역인 메소포타미아는 인류 최초로 문명이 시작된 세계 4대 문명 발상지 가운데 하나다. 이 평평하고 비옥하며 때때로 상당히 습했던 토지는 포도보다는 밀, 쌀, 보리 등 곡물 농사에 더 알맞았다. 메소포타미아 문명은 농업을 기반으로 했기 때문에 잉여 곡물로 만든 발효주, 즉 맥주가 와인보다 훨씬 성행했다.

  메소포타미아인들은 와인을 트랜스코카시아 지역에서 들여왔다. 와인 양조의 시작이라 추측되는 조지아, 아르메니아, 터키 동쪽, 이란 북부 등이 바로 메소포타미아 북부에 위치한 덕분에 기원전 3000년경 메소포타미아에도 와인이 자연스럽게 유입된 것이다.

메소포타미아인들은 와인을 가리켜 '산악 지역의 맥주beer of the mountains'라 불렀다고 한다. 바로 그 '산악 지역'이 트랜스코카시아 지역이다. 다만 생산량이 많았던 맥주와 달리 와인은 소비할 수 있는 양이 많지 않았기 때문에 맥주가 대중적으로 소비된 반면 와인은 주로 특권 계층에서 음용됐다.

기원전 2700년경 메소포타미아에서 만들어진 점토판에는 쐐기문자로 '포도로 만든 와인'이 언급돼 있다.

인류 최초의 서사시라 추정되는 〈길가메시Gilgamesh 서사시〉에도 와인과 맥주라는 단어가 꾸준히 언급된다. 〈길가메시 서사시〉는 기원전 2800년경 메소포타미아 중심 도시 우르크Uruk의 전설적인 반인반신 왕 길가메시를 주인공으로 하는 서사시다. 길가메시는 죽음이라는 인간이 가진 숙명을 거부하고 영생을 얻기 위해 여행을 떠나는데, 신의 세계와 인간의 세계 경계에서 와인을 만드는 여인 시두리Siduri를 만난다. 시두리는 초췌한 모습으로 영생을 찾아 헤매는 길가메시에게 조언을 한다. 아마 당시 와인이란 인간과 신의 경계를 이어주는 일종의 매개체 역할을 했던 것은 아닐까.

안타깝게도 현재까지 남아 있는 메소포타미아 문명의 유물은 매우 적다. 여러 이유가 있겠지만, 이집트에서는 주로 돌을 사용해 건물을 만든 반면 메소포타미아에서는 벽돌을 사용한 것을 원인으로 들 수 있다. 오랜 시간이 흐르는 동안 풍화작용에 의해 벽돌이 먼지로 변했을 가능성이 높다. 다행히 기원전 668~626년경 메소포타미아의 도시국가 아시리아Assyria의 마지막 왕 아슈르바니팔Ashurbanipal에 관한 조각 작품 연대기는 비교적 잘 보존돼

양손에 뱀과 사자를 안고 있는 길가메시 조각상. 루브르 박물관.

아시리아 왕 아슈르바니팔의 연대기 속 한 장면. 아슈르바니팔 왕과 왕비가 와인을 마시고 있다.
왕의 머리 위에는 포도 넝쿨이 뻗어 있다.

있다.

조각 속 왕과 왕비는 하인들의 수발을 받으며 평화로이 앉아
와인을 마시고 있다. 하프 등 악기 연주자들은 음악을 연주하고,
아슈르바니팔 왕에게 패배한 적으로 추정되는 자의 잘린 머리가
나무에 참혹하게 매달려 있다. 왕과 왕비의 주변에는 야자수를
비롯한 나무가 풍성하고, 하늘 위로는 새들이 날아다니며, 왕 곁
에는 포도나무가 자라고 있다. 이 얼마나 강력한 왕권과 왕의 승
리를 암시하는가.

이는 메소포타미아 문명에서 와인이 가지는 의미와 상징을 잘
보여주는 사례이다. 강력한 왕권과 승리, 특별한 계층이 소비하
는 술 말이다.

# 가나안 사람들

양대 문명의 발상지 메소포타미아와 이집트를 좌우로 둔 그 사이에는 가나안Canaan(페니키아)이라 불리는 곳이 있다. 이곳은 지중해를 접경한 해안 지역과 안쪽 내륙 지역으로 이루어져 있다. 오늘날 레바논, 시리아, 이스라엘 등이 위치한 곳이다. 가나안의 항구 도시인 티루스Tyrus와 시돈Sidon은 예로부터 무역이 발달해 부유했다. 똑똑하고 셈에 밝았던 가나안 상인이 만들어낸 페니키아 문자는 알파벳의 기원으로 알려졌다.

가나안 지역은 와인 역사에 있어서도 중요하다. 트랜스코카시아에서 시작했던 비티스 비니페라 포도 종과 와인 양조 문화가 가나안에 전해진 이후로 와인 문화가 상당히 발전했기 때문이다. 와인을 이집트와 그리스 등지에 전파시킨 장본인이기도 하다. 특

고대 이집트 왕 스콜피언 1세(전갈왕) 무덤에서 발견된 수백 개의 와인 항아리. 모두 고대 가나안에서 수입된 것으로 추정된다.

가나안의 옛 궁전 터에서 기원전 1700년경 만들어진 거대한 와인 항아리 40여 개가 발굴됐다.

히 레바논의 베카밸리Bekaa Valley는 현재까지도 아주 독특하고 개성 있는 와인을 만드는 와인 생산지로, 가나안 때부터 내려오는 오랜 와인 양조의 역사를 자랑한다.

정확히 언제부터 가나안에서 와인이 양조됐는지는 불분명하다. 다만 적어도 기원전 3000~4000년경에는 이미 양조 기술이 상당히 성숙됐으며 와인 생산량도 아주 많았을 것으로 추측된다. 고고학 증거가 있는데, 이집트 왕 스콜피언 1세Scorpion King(전갈왕) 무덤에서 발견된 700여 개가 넘는 와인 항아리를 들 수 있다. 이 와인 항아리들은 기원전 3000년경에 만들어진 것으로 추정된다. 그런데 놀랍게도 가나안에서 만들어져 1500~1600킬로미터가량 떨어진 이집트까지 수입된 것들이다. 당시 가나안은 700여 개의 항아리를 채운 와인을 수출할 만큼 이미 와인 양조 기술이 발달해 있었던 것이다.

최근에는 북부 이스라엘 도시 나하리야Nahariya 근처에서 기원전 1700년경 만들어진 것으로 추정되는 가나안의 와인 셀러cellar가 발견됐다. 한 개당 와인 60리터 정도를 보관할 수 있는 항아리 40여 개가 가나안의 옛 궁전이 있던 터에 있었다. 아마도 궁전 내에서 음용됐던 고급 와인을 이 항아리에 담았으리라 추측한다.

가나안은 지중해를 끼고 있는 지리적 위치 덕분에 해상 무역을 활발히 진행했다. 당시 가나안 와인 또한 큰 배에 실려 주변 지역으로 퍼져 나갔다. 이집트에서는 가나안을 '물보다 와인이 더 많은 곳'이라고 불렀을 만큼 가나안은 와인으로 유명했다.

# 사후 세계를 위한 와인, 고대 이집트

고대 이집트는 정말이지 독특한 문명인 듯하다. 그 어떤 문화권이나 문명에서도 찾아볼 수 없는 그림체는 물론이고, 사후 세계를 위한 미라나 파라오(왕)를 위한 무덤 피라미드까지, 이들의 유적은 몇천 년이 지난 지금까지도 현대인의 감탄을 자아낸다. 특히 피라미드 같은 정교하고 거대한 건축물을 당시의 기술로 어떻게 세웠을까? 물론 그 비밀은 파라오의 절대 권력과 사후 세계에 대한 굳건한 믿음에 있을 테다. 그토록 신격화된 왕권과 종교적 믿음이 아니었다면 수많은 사람이 노예처럼 평생 동원돼 일을 하지 못했을 테니. 그 찬란한 유적과 인류의 고대 역사에 기여한 이집트인의 공로는 무척이나 대단하지만, 그 이면에 숨겨졌을 이집트인 개개인의 삶을 떠올려보면 마음 한편이 짠하기도 하다.

이집트 테베의 무덤에서 발견된 고대 이집트 벽화. 포도 넝쿨이 구조물을 타고 올라가도록 하는 퍼걸러 방식으로 포도를 키웠다. 사람이 발로 포도를 으깨 발효시켰음을 알 수 있다.

앞서 언급했듯 가나안에서부터 이집트까지 그 먼 거리를 왕복하며 와인을 수입했다는 것은 그만큼 와인을 귀하게 여겼음을 의미한다. 고대 이집트에서는 와인을 파라오, 신, 영혼, 종교 등의 개념과 밀접하다고 생각했다. 특히 그들은 사후 세계를 믿었기 때문에 와인은 진귀한 보물, 온갖 금은보화와 함께 왕 혹은 특정 계층의 무덤에 묻혔다. 물론 살아서도 와인을 마셨겠지만, 고대 이집트인이 생각하는 와인은 사후에 '신의 세계'에서 마시는 음료였고, 포도는 '신의 정원'에서 재배되는 열매였다. 그들의 세계관에서는 오직 파라오만이 죽은 뒤 신의 세계로 들어갈 수 있었기 때문에, 와인은 기본적으로 파라오와 신을 위한 것이었다.

초기 가나안에서 와인을 수입했던 이집트는 점차 나일강 유역에 포도밭을 만들고 직접 와인을 생산하기 시작했다. 특히 기원전 1550~1070년경 이집트 신왕국New Kingdom 시대에 나일강 유역에서 생산된 와인은 품질이 아주 높았던 것으로 알려졌다. 수

포도를 통에 담아 발로 밟아 으깬 뒤 포도즙을 짜서 포도주를 양조
하는 모습. 고대 이집트 벽화.

포도 농사와 재배부터 포도주의 양조, 보관, 거래, 무역 과정까지 구체적으로 묘사된 고대 이집트
벽화.

준 높은 관개시설을 갖추었고 포도 넝쿨이 구조물을 타고 올라가도록 하는 퍼걸러pergola 방식 등 다양한 기술을 활용해 포도를 재배했다. 워낙 세세한 것까지 구체적으로 기록해놓은 이집트 문명이기에 당시 포도 재배나 와인 양조 기술에 관해 유추할 수 있는 유적이 비교적 많다.

먼저, 포도 재배에 있어서 퍼걸러 방식은 보편적이었던 것으로 보인다. 수많은 벽화 등 그림에서 포도 넝쿨이 아치형 지지대를 타고 올라가는 모습을 찾아볼 수 있다. 재배한 포도는 통에 넣고 으깼는데, 노동자들이 직접 발로 밟는 방식이었다. 직접 발로 으깨는foot treading 기법은 현재까지 내려오는 것으로, 포르투갈 도우로Douro 같은 곳에서는 여전히 이와 같은 방식으로 포도즙을 낸다. 포도를 으깨기만 해도 즙이 나오지만, 고대 이집트인은 남은 포도 껍질을 짜내는pressing 방법까지 사용했다. 사실상 으깨고, 짜내는 행위 자체는 현대 양조 방법과 크게 다르지 않다. 물론 지금은 자동화된 기계를 사용하지만 말이다.

고대부터 이집트에서는 이렇게 만든 포도즙을 '암포라Amphora' 라고 하는 독특한 형태의 도기 용기에 넣어 발효하고 저장했다. 암포라 항아리는 대개 매우 길쭉하며 주둥이로 갈수록 폭이 좁아지는 모양을 한다. 양옆에 손잡이 두 개가 있고, 크기는 30센티미터에서 1.5미터까지 다양하나 대개는 큰 편이며, 무게는 무겁다. 암포라는 고대 이집트에서뿐만 아니라 고대 그리스와 로마 시대에 이르기까지 와인을 저장하거나 운반하는 데 사용됐다.

고대 시대 암포라는 와인을 저장하는 데 유리한 점이 몇 가지 있었다.

고대 이집트 암포라.

암포라를 선반에 꽂아 밧줄로 고정해 보관하는 방식. ⓒAd Meskens

첫째로 용기의 입구가 상당히 좁다는 점이다. 와인을 보관하는 데 있어서 가장 문제가 되는 것은 공기와의 접촉이다. 이를 '산화oxidation'라고 하는데, 산화가 일어날수록 와인은 본연의 맛과 향을 잃고 부패되며 점차 식초처럼 변해버린다.

고대에도 와인의 산화를 막기 위한 노력이 많았다. 주로 소나무의 진액인 송진resin 및 다양한 향신료를 넣어 부패를 막아보려 했지만, 공기와의 접촉으로 생기는 산화를 막는 데는 딱히 도움되지 않았다. 신석기시대 와인 토기를 보면 입구가 아주 넓어 그만큼 와인이 공기와 접촉할 수 있는 면도 넓었다. 넓은 입구를 막는 뚜껑을 찾거나 만드는 일도 쉽지 않았을 것이다.

하지만 암포라는 입구가 좁아 공기와의 접촉이 최소화됐고, 입구를 막는 뚜껑을 만드는 데도 훨씬 유리했다. 특히 똑똑했던 이집트인은 와인이 공기에 닿으면 산화가 된다는 사실을 경험적으로 알아내, 산화를 늦추기 위해 암포라 입구를 막는 뚜껑에 온 신경을 쏟았다. 이집트인은 갈대나 잎사귀를 엮은 것이나 가죽 등으로 입구를 감싼 뒤 진흙을 발라 밀봉했다. 이러한 밀봉sealing 기술은 고대 그리스와 로마 시대를 거치면서 더욱 발전했다.

둘째로 암포라의 독특한 모양은 배로 와인을 운반할 때 도움이 됐다. 암포라는 입구가 좁아지는 것처럼 바닥 또한 점차 좁아지는 형태다. 요컨대, 배 안에 모래를 깔아서 암포라를 반쯤 묻어두면 암포라가 지탱이 돼 깨질 위험이 적었다. 덜 흔들린 데다 와인을 모래 속에서 시원하게 유지할 수도 있었다. 암포라를 지탱할 수 있는 특별한 선반rack 등을 제작해 암포라를 운반할 수도 있었다. 물론 이런 방법은 어디까지나 배로 운반을 할 때의 이점이었다. 육상을 통해 운반할 때에는 암포라의 큰 부피와 무거운 무게 탓에 어려움이 많았을 것이다. 도기 외에 별다른 재료를 선택할 수 없었던 고대에는 최선이었겠지만 말이다.

고대 이집트 와인 문화에서 가장 인상적인 것은, 그들이 이미 체계적으로 분류된 와인 셀러와 와인의 정보를 세부적으로 기록해놓은 일종의 와인 라벨을 가지고 있었다는 점이다. 기원전 1361~1352년에 재위했던 고대 이집트의 왕 투탕카멘 무덤에서는 와인 항아리 36개(온전한 항아리는 26개)가 발견됐다. 그 항아리 각각에는 와인의 생산년도(빈티지)와 생산자 이름, 와인의 품질이나 와인을 만든 목적 등에 대한 간단한 코멘트가 적혀 있다고 한다. 예를 들면 "38년 5일, 오시리스(고대 이집트 주신)의 탄생, 그의 선물!―삶과 번영 그리고 건강!―유아문이 만듦"과 같은 식이다. 때때로 와인 생산 지역이나 종류에 대한 설명 등도 있었다고 하니 얼마나 수준 높은 문화인가.

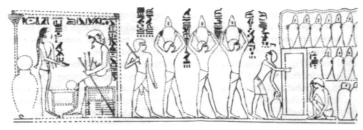

고대 이집트에서 와인을 체계적으로 분류해 보관하는 모습이 기록된 그림.

투탕카멘 무덤에서 발견된 와인 암포라에는 와인의 생산년도, 생산자명, 품질, 양조 목적 등이 상세하게 적혀 있다.

기원전 1550~1070년은 고대 이집트 와인의 전성기로 보인다. 이 당시 이집트는 나일강을 중심으로 와인 교역을 활발하게 진행했다.

와인은 위대한 신 오시리스Osiris와도 밀접한 관계가 있다. 오시리스는 고대 이집트에서 숭배하던 주요 신으로 풍요의 여신 이시스Isis의 남편이다. 기본적으로 오시리스는 죽음의 신이지만 생명을 관장하기도 한다. 오시리스는 이집트에서 아주 중요한 역할을

고대 이집트에서 죽음과 생명, 나일강과 농업을 관장하는 신으로 숭배된 오시리스.

하는 나일강을 다스렸다. 주기적으로 찾아오는 나일강의 적절한 범람은 토지를 비옥하게 만들어 농업을 가능하게 했고 대지에 새 생명을 불러일으켰다. 하지만 과도한 범람은 대홍수를 일으켰고, 어떤 때에는 극심한 가뭄을 겪게도 했다. 이러한 까닭에 오시리스는 농업을 관장하는 신이기도 하며, 곡식과 과일 등으로 만든 술의 신이기도 했다. 고대 이집트인은 오시리스에게 와인을 바치는 등 오시리스를 위한 축제와 의식을 많이 벌였다. 고대 이집트의 오시리스를 고대 그리스 로마 문화 속 주신酒神 디오니소스(바쿠스)의 원형으로 보기도 한다.

# 나무의 진액과 향신료

고대의 와인은 현재 우리가 마시는 와인과 비슷했을까? 포도를 재배하고 으깨고 압착하고 주스를 내 발효하고 저장하고 숙성하는 비슷한 과정을 통해 만든 와인이지만, 고대 와인의 모습과 맛은 현재의 것과 상당히 달랐을 것이다.

물론 갓 만들어진 발효가 막 끝난 와인은 고대나 현대나 맛이 제법 비슷했을 수 있다. 아마 그런 식의 신선한 와인은 8000년 전 신석기시대 와인과도 맛이 비슷했으리라. 지금으로 따지자면 갓 수확한 햇포도로 숙성 없이 만든 보졸레 누보Beaujolais Nouveau와 맛과 향이 닮았을까? 하지만 아무리 양조 과정을 최소화한 와인일지라도 고대의 와인은 현대의 와인에 비해 훨씬 더 시고 쓰고 밍밍하고 거칠었을 것이다.

현대에는 아주 잘 익은 포도를 가장 맛있을 때에 수확하고 포도알까지 선별해 와인을 만드는 게 가능하다. 그런데 고대에는 덜 익은 것에서 잘 익은 것, 과하게 익은 것까지 딱히 포도를 가려서 와인을 만들 상황이 아니었다. 덜 익은 포도의 비율이 높아질수록 와인은 시큼하고 쓰고 밍밍하며 타닌이 거칠다. 게다가 오늘날에는 와인 양조에 특화된 품종이 작고 아주 달지만, 고대에는 품종 구분 없이 사용했을 것이므로 과실의 농축미도 떨어졌을 것이다.

발효 과정 또한 안정적이지 못해 중간에 발효가 멈춰버리기도 하고, 양조 과정에서 산소와의 접촉으로 산화되거나 박테리아에 오염되는 등 당시로서는 통제할 수 없었던 문제들 탓에 와인 맛은 불완전했을 것이다. 현대와 같은 맛이라기보다는 시큼하면서 밍밍하고 텁텁한 '포도 알코올 물' 같은 맛이 아니었을까. 게다가 껍질이나 씨앗 등이 제대로 걸러지지 않아 탁했을 것이다. 의도치 않게 나뭇가지나 작은 벌레, 낙엽 등이 섞여 들어가 있었을지도 모른다.

갓 발효시켜 만든 와인도 그러한데, 만약 와인을 조금이라도 오래 보관했다면 어땠을까? 예를 들어 암포라의 입구를 꽁꽁 싸맨다고 해도 현재의 유리병과 코르크 혹은 스크루 캡만큼 완전하게 밀봉하지는 못했을 테다. 보관 기간이 길어지면 길어질수록 와인은 급속도로 산화해 변질됐을 것이다.

그래서 고대인들은 나무의 진액resin을 사용했다. 진액이 나무를 보호하는 것처럼 와인 또한 보호할 수 있다고 여겨, 항아리 내부 전체에 진액을 바른 뒤 와인을 넣었다. 이 때문에 와인은 아주

하인이 따라주는 와인을 마시려는 고대 이집트 귀족.

찐득찐득하고 끈적했을 것이다. 진액이 산화를 막아주지는 못했지만 일정 정도의 항균 작용을 해서 와인 수명을 그나마 조금은 늘려주었을 것이다.

또한 풍미가 부족했을 와인에 다양한 종류의 허브, 후추, 소금, 향신료, 오일, 꿀 등을 취향에 맞게 섞어 마시는 것이 보편적이었다. 그러고 보면 고대의 와인은 현재의 와인과는 전혀 다른 맛과 풍미였을 것이다.

# 호메로스 시대의 와인

이집트에서 북쪽으로 지중해를 건너면 유럽 문명의 뿌리, 그리스가 나온다. 그리스와 아프리카 대륙의 중간쯤, 곧 지중해 동부 해역인 에게해에 위치한 크레타섬에는 기원전 2600~1400년경 미노아 문명Minoan civilization(크레타 문명Cretan civilization)이 번영했다. 특히 기원전 2000년경에는 미노스라 불리는 왕이 강력한 권력을 잡으면서 급속도로 발전했는데, 이때 미노아 왕국은 지중해 교역을 독점하다시피 하며 부를 축적했다.

지중해성 기후를 가진 지역들은 전통적으로 올리브와 포도주 생산으로 유명하다. 따뜻하고 햇빛이 쨍쨍하며 건조한 여름과 온화하고 습도가 높은 겨울이 지중해성 기후의 특징이다. 예를 들면 이탈리아 남부와 그리스 같은 곳들이다.

지중해성 기후를 가진 크레타섬에서도 역시 기원전 2000년경 이전부터 와인을 양조했다. 이곳에서 다양한 와인 양조 도구와 와인을 담았던 항아리 등이 발견됐고, 이들의 문자였던 선문자 A 에서 '와인'으로 추정되는 기호도 발견됐다. 이들은 올리브유와 포도주를 이집트나 레반트 지역 등지로 수출하고 또 수입했던 것으로 보인다.

화려했던 미노아 문명은 기원전 1400년경 갑자기 붕괴됐다. 그 이유는 아직까지 정확히 밝혀지지 않고 있다. 사실 미노아 문명의 유물이라고 할 만한 것은 거의 3000년이 넘게 지난 1900년에야 처음 제대로 발굴됐기 때문에 여전히 베일에 싸여 있다. 미노아 문명은 그리스 펠로폰네소스반도에 살았던 미케네인들의 침략해 멸망했다는 설이 있다.

미케네 문명은 엄밀히 말해 유럽 역사의 시발점이라고 여겨진다. 그 유명한 호메로스Homeros 서사시 속 '트로이 전쟁' 이야기도 바로 미케네인들의 활약을 소재로 한 것이다.

미케네 문명에서도 와인 양조는 아주 활발히 이어졌다. 포도 씨앗뿐만 아니라 와인의 잔여물과 와인 보관 항아리 등이 발견됐고, 또 다른 문자인 선문자 B로 '와인', '포도밭' 심지어 '와인 상인' 등과 같은 단어들이 기록돼 있다. 이뿐만 아니라 시리아, 팔레스타인, 이집트, 남부 이탈리아 등지에서 미케네 문명의 것으로 추정되는 와인 항아리 등이 발견됐다. 또한 미케네에서 가나안의 와인 항아리가 발굴돼 당시의 활발한 와인 교역을 짐작할 수 있다.

하지만 미케네 문명 역시 알려진 것이 매우 적다. 사실상 미케네 문명의 존재는 호메로스의 서사시나 고대 그리스 신화로만 전승돼오다가, 1876년 독일의 고고학자 하인리히 슐리만Heinrich Schliemann이 '전설 속 도시'로만 여겨졌던 트로이와 미케네의 유적 등을 발견하면서 새롭게 조명됐기 때문이다. 황금의 미케네라고 불릴 만큼 번영했던 미케네 문명도 결국 몰락하는데 그 이유 또한 정확히 밝혀지지 않았다.

미케네 문명 멸망 이후 고대 그리스에는 암흑기가 찾아와 이 시대의 모습을 보여줄 만한 유적 혹은 기록이 거의 없다. 이후 300~400년이 지난 뒤에야 고대 그리스에 도시국가(폴리스)들이 형성되기 때문에, 유럽인들은 이 시기를 '암흑의 시기'라 부른다. 그렇기 때문에 이 시대를 배경으로 한 호메로스의《오디세이아 Odysseia》와《일리아스Ilias》서사시는 그 당시 상황을 알려주는 무척이나 중요한 자료이다. 이 잃어버린 시기를 '호메로스 시대'라고 부르기도 하는 이유다.

호메로스의《일리아스》와《오디세이아》에는 와인에 관해 묘사한 부분이 많다. 와인은 전쟁에 나가는 용사에게 힘과 용기를 주는 것으로, 또 승리를 관장하는 신들에게 바치는 제물 등으로 묘사된다. 예컨대《일리아스》에서 "아들아, 어찌하여 싸우다 말고 전쟁터에서 돌아온 것이냐? 일단 꿀처럼 달콤하고 향긋한 포도주를 제우스와 다른 불사신들에게 올린 다음 너도 마시거라. 백성들을 위해 싸우다 다친 너에게 새로운 힘이 솟아나게 해줄 것이다"*와 같은 구절에서다.

하지만 와인은 과하게 마실 경우 여러 문제를 일으키는 골칫거리로 서술되기도 한다.《오디세이아》에서 "포도주는 때때로 사려 깊은 사람으로 하여금 노래하고, 웃고, 춤추게 하면서 또 말하지 않아야 할 말들을 내뱉게 만드나 봅니다"** 라든지, "가련한 나 그네여, 꿈처럼 달콤한 포도주에 유혹을 당했나 보군. 포도주라는 것이 적당히 마시지 않고 허겁지겁 마시게 되면 다른 사람들을 다치게 하지"*** 와 같은 대목에서 와인은 부정적으로 그려진다.

두 서사시에서는 재미있게도 와인은 왕족이나 군인과 같은 특별히 높은 계층이 연회 등에서 음용하는 것이기도 하지만 일반 평민, 노인, 여성, 심지어 아이도 마시는 것으로 묘사되기도 한다. 당시에는 고급 와인과 대중 와인의 차이가 있었을 것이라 짐작하지만 대개의 경우 와인은 귀한 술로 그려졌다.

예컨대 《일리아스》에 "그리스인들은 포도주를 청동 또는 빛나는 쇠조각, 황소 가죽, 또는 포로와 맞바꾸었다"****는 구절이나,《오디세이아》에 "그곳에는 황금과 청동이 가득 쌓여 있었으며 옷감이 한 가득 들어있는 궤짝과 향기로운 올리브통, 오랫동안 숙성시킨 포도주 항아리들이 벽 쪽에 줄지어 놓여 있었다. 이것들은 오디세우스가 고된 항해를 끝내고 귀향하는 바로 그날을 위한 것이었다"*****와 같은 구절에서 당시 와인의 위상을 알 수 있다.

《오디세이아》에서는 특히 와인이 결정적인 역할을 하기도 한다. 바로 주인공 오디세우스가 외눈박이 거인 폴리페모스에게 와

---

\*      임명현 편역,《일리아스》제6권, 돋을새김, 2015.
\*\*     임명현 편역,《오디세이아》제14권, 돋을새김, 2015.
\*\*\*    같은 책, 제21권..
\*\*\*\*   같은 책, 제7권.
\*\*\*\*\*  같은 책, 제2권.

알렉산드로 알로리, 〈눈이 먼 폴리페모스〉(1580).

인을 마시게 해 위험으로부터 살아남는 장면에서다. 오디세우스
는 고향 이타케로 돌아가는 길에 우연히 폴리페모스가 거주하는
동굴에 갇힌다. 폴리페모스는 오디세우스 일행을 차례로 잡아먹
는다. 이때 오디세우스는 와인을 먹여 폴리페모스를 잠들게 한
뒤 불로 달군 나무 막대기로 거인의 외눈을 찌르고 무사히 도망
간다. 놀라운 기지를 발휘해 위험에서 벗어나긴 했지만, 폴리페
모스는 자신의 아버지인 바다의 신 포세이돈에게 오디세우스를
저주해달라고 부탁했다. 오디세우스는 결국 고향으로 가지 못하
고 10년간 바다를 돌고 돌며 방황한다.

　두 서사시를 읽다 보면 당시에는 와인을 물에 타 마셨음을 알
수 있다. 이런 식의 음용은 로마 시대까지 이어졌다. 고대 와인에

는 나무의 진액이나 향신료나 꿀 등이 섞여 있다 보니 오늘날 우리가 생각하는 와인과 달리 밀도가 높아 상당히 끈적했을 것이다. 시럽처럼 농축된 스위트 와인도 보편적이었다. 양조 과정 역시 섬세한 통제가 불가능했기 때문에 알코올 도수가 들쭉날쭉했다. 그러니 물로 희석한 와인을 원하는 방식대로 음용하는 것은 자연스러운 일이었다.

호메로스의 서사시뿐만 아니라 고대 그리스 로마 시대 기록들을 보면 어떤 비율로 물과 와인을 섞어 마셨는지에 관해 많이 언급된다. 이런 경우는 '와인에 물을 첨가'해서 마신 것이라 할 수 있겠다. 하지만 '물에 와인을 탔다'고 할 만큼 아주 많이 희석시켜 마시는 경우도 많았다. 보다 실용적인 이유에서였다. 당시 물은 지금처럼 위생적이지 않았고 수질 상태도 고르지 않았다. 이때문에 발효 과정에서 어느 정도 미생물이 죽고 알코올로 인해 살균력이 생긴 와인을 물에 넣어 마셨던 것이다. 거기에 포도당까지 첨가되니 일반 물보다 훨씬 영양분이 있었다. 고대 시대에는 이런 '와인 물'을 어린아이부터 노인까지 '물'처럼 마셨다. 때로는 '약'으로도 사용했으며, 무엇보다 군인에게는 갈증을 해소하고 당을 보충하는 필수 '보급품'이었다.

# 와인의 신, 디오니소스

인간이 살아온 시대를 고대 - 중세 - 근대 - 현대로 나누었을 때, 고대가 매력적인 이유는 아마도 그때가 신화 시대였기 때문이 아닐까 생각한다. 문화권을 막론하고 모든 신화에는 인간의 상상력이 반짝거린다. 특히 친숙하고 익숙한 고대 그리스 신화는 서양 문화의 기초이자 토대이기에 더욱 흥미롭다.

고대 그리스 신화는 미노아 문명과 미케네 문명의 신화가 합쳐지면서 그 바탕이 되는 이야기들이 만들어졌다. 호메로스의 서사시 《오디세이아》와 《일리아스》에도 고대 그리스 신화의 내용을 엿볼 수 있다. 이후 헤시오도스Hesiodos의 《신통기 *Theogonia*》와 《노동과 나날*Erga kai Hēmerai*》이라는 서사시를 통해 고대 그리스 신화의 주요 줄거리들이 수집된다.

고대 그리스인들은 올림포스산에 살며 인간세계에 관여하는 신들이 있다고 믿었다. 올림포스 신 가운데 가장 주가 되는 12신을 일컬어 '올림포스 12신'이라고 부른다. 12신에 어떤 신이 포함되는지는 구전마다 다르긴 하지만, 우리가 살펴보려고 하는 와인의 신 디오니소스는 올림포스 12신 가운데 가장 막내이자 뒤늦게 합류된 신으로 묘사된다. 고대 그리스에서 시작해 로마로 이어지는 시기의 와인을 알아보기 위해서는 당시 엄청난 추종자를 거느린 디오니소스에 관해 살펴봄이 마땅하다.

고대 그리스에서는 디오니소스Dionysos로 로마 시대에는 바쿠스Bacchus로 불린 이 신은, 두 시대를 관통하며 막대한 영향을 끼쳤다. 디오니소스는 1차적으로 와인을 관장한다. 다른 신들은 예컨대, '전쟁' '아름다움' '지혜' 혹은 '하늘' '대지' '바다' 등과 같은 것을 관장하는데, 전문 분야가 포도 재배와 와인 양조라니! 이것만으로도 와인이 고대 그리스 시대 때 얼마나 중요했는지 그 위상을 알 수 있다. 물론 디오니소스는 '술'이란 의미에서 파생된 (종교적) 광기, 황홀경, 연극 등의 신이기도 하다.

호메로스의 서사시에도 디오니소스에 관해 언급이 되기는 하지만 그 비중은 아주 낮다. 디오니소스가 본격적으로 등장하는 때는 기원전 5세기경 그리스 3대 비극 작가 가운데 한 명인 에우리피데스Euripides가 쓴 작품 〈바카이Bakchai〉라는 극에서다. 이 작품은 디오니소스가 주인공이며, 그의 탄생신화가 서술돼 있다. 무엇보다 디오니소스 신앙의 엄청난 파급력과 파괴력을 그의 추종자인 여사제들 마이나데스Maenades를 통해 보여주는데 상상 이상으로 섬뜩하며 광기 어린 모습으로 묘사된다. 이 작품은 디오

디오니소스의 신녀들과 펜테우스의 죽음(킬릭스에 그려진 그림, 기원전 480년경). 킴벨 아트 뮤지엄.

〈펜테우스의 죽음〉. 폼페이 베티의 집 벽화 .

니소스 신을 거부했던 테베Thebes의 왕 펜테우스Pentheus의 죽음에서 절정에 이르는데, 펜테우스는 디오니소스의 신녀가 된 본인의 어머니와 이모들에게 몸이 찢겨 죽임을 당하고 만다. 디오니소스 신을 거부하고 의심했던 죄에 대한 대가였다. 〈바카이〉는 당시 고대 그리스에서 디오니소스 신앙의 파급력과 힘이 아주 컸음을 짐작할 수 있게 하는 작품으로 현재까지도 전 세계적으로 활발히 극화되고 있다.

디오니소스와 관련된 신화는 출처가 명확하지 않다. 출생에 관한 이야기도 여럿이다. 가장 잘 알려진 출생 설화는 디오니소스가 제우스Zeus와 세멜레Semelē의 아들이라는 것이다. 어머니인 세멜레는 고대 그리스의 도시 테베의 공주였다. 바람둥이 제우스 신은 아름다운 세멜레를 자신의 아내로 만들었다. 제우스의 정실부인 헤라는 세멜레를 질투해 그녀를 죽음으로 몰아넣었다. 인간인 세멜레는 제우스 신의 본모습을 보면 강렬한 빛에 녹아 죽어버리는데, 헤라가 세멜레를 꼬드겨 제우스의 본모습을 보게 만든 것이다. 제우스는 세멜레 태중의 아이만은 살려야겠다는 생각으로 태아를 본인의 허벅지에 넣고 키워 출산했다. 그렇게 태어난 신이 바로 디오니소스이다.

또 다른 설화는 제우스와 페르세포네Persephone 사이에서 디오니소스가 태어났다는 이야기다. 여기에서도 질투에 눈이 먼 헤라가 어린 아기를 죽여버린다. 제우스의 딸 아테나Athena는 죽은 아이의 심장을 제우스에게 주었고, 제우스는 이 심장을 세멜레의 자궁에 집어넣어 새로 태어나게 한다. 그 아이가 디오니소스라는 이야기다.

두 설화 모두 디오니소스의 '다시 태어남re-birth', '두 번 태어남 double birth'에 관해 이야기한다. 이는 겨울을 거쳐 봄에 새로 새싹이 돋아나는 포도나무의 생애와도 비슷하다. 겨울의 포도나무는 완전히 죽은 것처럼 보이지만 봄이면 다시 새싹이 자라나 족히 100년은 살아가기 때문이다.

디오니소스는 아버지의 허벅지에서 태어났거나 어머니가 아닌 다른 여성의 자궁에서 태어났다. 출생부터 지독히 모순적이며 역설적이다. 그는 어려서부터 헤라의 눈을 피해 도망자이자 이방인으로 살아야 했다. 이 탓에 그는 신이자 인간이며, 남성이자 여성이고, 노인이자 소년이며, 다양한 동식물의 모습을 하는 등 여러 정체성을 갖는다. 숨어 지내는 동안 니사Nysa산의 요정 님프들의 돌봄을 받으며 자란 덕에, 디오니소스는 자연과 동물, 반인반수의 모습을 한 사티로스Satyr 같은 정령들의 신이기도 하다.

디오니소스 조각상(2세기경). 루브르 박물관.

헤라는 끝끝내 디오니소스를 찾아내 그를 길러주거나 도와준 이들을 죽거나 미치게 만들었고, 결국 디오니소스도 헤라의 저주로 실성하게 된다. 미쳐버린 디오니소스는 외국을 방랑했다고 알려지는데, 신기하게도 디오니소스의 여행 경로가 우리가 앞서 살펴본 와인의 전파 경로와 비슷하다.

디오니소스가 어떻게 해서 포도나무를 발견하고, 와인의 신이 됐는지에 대해서는 여러 이야기가 전해진다. 가장 유명한 이야기로는 디오니소스가 사랑했던 암펠로스라는 이름의 숲속 반인반수 정령 사티로스족 소년이 죽고, 그의 몸에서 포도나무 가지가 자라났다는 신화가 있다. 디오니소스가 그의 몸에서 자라난 포도를 짜내니 달콤하고 취하게 만드는 와인이 만들어졌다는 내용이다. '암펠로스Ampelos'는 고대 그리스어로 포도나무를 뜻하고, '암펠로그래피ampelography'는 현대 영어로 포도품종학이란 단어로 사용된다.

디오니소스는 이집트, 시리아, 소아시아(현재의 터키), 그리고 인도까지 여행하며 와인을 전파한 뒤 그리스 고대 도시 테베로 돌아온다. 요컨대, 디오니소스는 고대 이집트의 신 오시리스Osiris와 페니키아인들의 신, 소아시아 아나톨리아Anatolia의 신 키벨레Kybele, 프리지아Phrygia의 신 사바지오스Sabazios 등과 모두 연관이 있다고 보는 견해가 많다. 고향인 그리스보다 외국에 더 오래 있었던 이방의 신이었기 때문이다.

고대 그리스에서는 기원전 2000년경, 미노아와 미케네 문명에서 이미 와인을 양조했으며 주변 국가들과 와인을 교역했다고 추측된다. 이후 기원전 7~8세기 도시국가가 발달하면서 다시 와인

술잔 킬릭스를 들고 있는 디오니소스. 영국박물관.

산업이 크게 발달한 것으로 보인다. 이는 디오니소스가 방랑했다고 알려진 이집트, 시리아, 소아시아 등의 영향이었을 가능성이 높다. 본래부터 와인을 양조해왔지만, 몇 세기가 지난 뒤 발전 과정에서 이방의 영향을 받은 것이다. 디오니소스 신앙이 급격하게 고대 그리스 도시들에 퍼지기 시작한 것도 이때쯤으로, 에우리피데스의 〈바카이〉 극이 만들어진 때와도 일치한다.

기원전 5세기 고대 그리스의 역사가 투키디데스Thucydides는

날개를 달고 호랑이를 탄 디오니소스(기원전 2세기경). 델로스 고고학 박물관.

"인간은 포도와 올리브를 경작하는 법을 배우면서부터 야만에서
벗어나기 시작했다"라고 말했다. 그만큼 포도와 올리브는 당시
고대 그리스 도시국가들의 경제적 밑천이자 동력이었던 셈이다.

이처럼 고대 그리스는 디오니소스 신앙과 함께 포도주와 열렬
한 사랑에 빠졌다.

소위 디오니소스는 소외된 자들의 신이라고 불린다. 어머니 뱃
속에서 온전히 자라지 못하고, 어린 시절 여장을 하거나 숲속에
요정들과 숨어 살아야 했으며, 헤라의 저주로 미쳐버렸고, 방랑
자였다. 하지만 결국 그는 본인의 힘으로, 그리고 소아시아에서
만난 여신 레아의 도움으로, 그를 추종하는 광적인 여사제들 마
이나데스 한 무리와 숫염소 모습을 한 정령들, 요정 님프들을 거
느리며 세상을 정복한다. 도시를 다니며 자신을 거부하는 이들을
산 채로 찢어 죽이거나 섬뜩한 미치광이로 만들었고, 전염병을

아리아드네와 디오니소스(기원전 4세기경). 루브르 박물관.

퍼뜨려 완전히 전멸시키는 등 광기 어린 벌을 내린다.

이방인과 여성이 철저히 배제되고 차별받던 고대 그리스 시대에 이방인이었던 디오니소스와 그의 추종자 신녀들이 왕과 귀족들을 찢어 죽이는 이야기는 얼마나 급진적인가. 이는 당시 배경을 이해할 수 있는 하나의 상징으로 이해할 수 있다. 더 이상 와인은 오직 왕과 귀족층 만을 위한 것이 아니며, 점차 도시국가로 발전해감에 따라 하나의 경제적 원동력이나 상업적 수단으로 사용됐고, 그 중심에는 일반 대중이 있었음을 보여주기 때문이다.

그토록 섬뜩한 디오니소스지만, 그를 돕거나 그가 사랑한 이들에게는 한없이 관대하고 다정했다. 디오니소스는 자신을 환대해준 아테네의 농부 이카리오스Icarios에게 포도 재배와 와인 양조에 관해 모두 전수했다. 이카리오스가 죽은 뒤에는 그와 그의 딸, 그의 개까지 하늘의 별자리로 만들었다. 디오니소스를 돌보아준 님프들 역시 별자리로 만들었다. 약혼자에게 버림받은 크레타섬 미노아 왕국의 공주 아리아드네Ariadne와 결혼해 (비록 그녀가 여전히 약혼자를 잊지 못함에도) 그녀를 변함없이 사랑했다. 디오니소스는 또한 자신의 어머니 세멜레를 구하기 위해 지하세계로까지 내려가는 모험을 해 그녀의 영혼을 살려냈다.

고대 그리스 문화에서는 이 강력한 신을 위한 의식과 축제가 상당히 많이 거행됐는데 가장 대표적으로 기원전 5세기경 아테네에서 열렸던 안테스테리아Anthesteria 축제가 있다. 매년 2월 디오니소스를 숭배하고 새해 첫 와인을 열어 마시는 축제였다. 또 오스코포리아Oschophoria라는 축제는 매년 9월 포도수확을 마친 뒤 열리는 디오니소스를 위한 귀족 계층의 의식이었다. 사실 꼭 이런 특정 축제가 아니더라도 고대 그리스 도시 곳곳에서 열렸던 수많은 축제와 의식은 대부분 디오니소스를 위한 것이었으며 그 중심에는 와인이 있었다.

디오니소스는 로마 시대에 이르러 바쿠스라는 이름으로 불리는데, 그 역할과 중요성이 고대 그리스 때에 비해 떨어졌다. 요컨대, 상당히 자유로운 분위기였던 도시국가 그리스 시대와 달리 로마제국 시대는 엄격과 절제를 미덕으로 여겼기 때문에, 흥청망청 술에 취하는 식의 문화는 종종 비판되거나 우려의 대상이 됐다. 게다가 왕권 강화에 있어서 디오니소스 신앙은 너무 급진적이면서도 위험하고 강렬했다. 특히 로마제국 때의 바쿠스 숭배는 주로 여자와 노예가 믿는 신앙이었고 집회처럼 집단적으로 뭉치는 의식이 있었기 때문에 참석자들이 폭도로 변할 가능성을 견제해야 했다. 이 때문에 고대 그리스 문화에서 디오니소스가 삶 전체를 관장하는 종교적 의미를 가졌었다면, 로마 시대에 바쿠스는 좀 더 '와인'이라는 의미에 초점을 두었다. 와인을 통해 즐거움과 유쾌함을 주는 신으로 그 역할이 축소된 것이다.

# 철학자와 심포지움

플라톤의 《향연 *Symposium*》이란 고전을 알 것이다. 고대 그리스에는 향연, 즉 지금으로 따지자면 귀족층의 사교 모임과 비슷한 심포지움이 있었다. 이는 고대 그리스 사회에서 아주 중추적인 역할을 하는 정치·사회·문화 활동이자 귀족층의 지적 철학적 유희였고, 때로는 시시껄렁한 가십을 나누는 친교 만남이었다. 그 목적이 무엇이었든지 간에 심포지움에서 빠지지 않았던 것은 바로 와인이었다. 사실 '심포지움'은 고대 그리스어로 '함께 마시다 symposia'라는 뜻에서 비롯했기 때문이다.

당시 심포지움의 모습이 어땠는지 살펴보기 위해서는 플라톤의 《향연》보다는 크세노폰Xenophon의 《향연》을 읽는 게 유리하다. 크세노폰은 소크라테스의 제자로, 플라톤과 함께 공부한 철

심포지움에서 여성 연주가가 악기를 연주하고, 귀족들은 와인잔 킬릭스를 들고 있는 모습(크라테르에 그려진 그림, 기원전 420년경). 마드리드 국립 고고학 박물관

학가이다. 크세노폰의 《향연》은 플라톤의 《향연》보다 덜 유명하고 철학적 완성도가 떨어진다는 평도 받지만, 당시 심포지움 상황이 더 생생하고 실제적으로 묘사돼 있다. 특히 플라톤의 《향연》은 사랑과 에로스라는 철학 주제를 심오하게 다루고 있지만, 크세노폰의 《향연》에서는 일상 소재를 담고 있어 고대 그리스 시대의 생활상을 상상할 수 있게 한다.

심포지움의 목적은 뚜렷했다. 대화와 정기 모임을 통해 공동체 의식과 연대감을 도모하고, 구성원끼리의 우정과 충정을 증진시켜 하나로 통합하기 위함이었다. 주제는 철학 논의부터 결혼과 같은 개인 일에 대한 축하까지 그 모든 것이 될 수 있었다. 하지만 단 하나, 일종의 '의례ritual'는 늘 같았고 지켜져야 했다.

먼저 심포지움은 오직 귀족·부유층·철학자를 위한 것이었고,

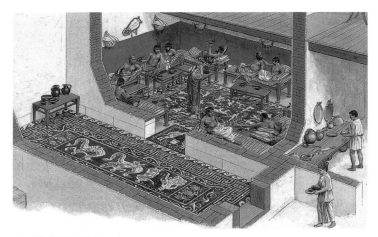

심포지움이 열리는 연회장 모습. ©Peter Connolly.

오직 남성만 참석이 가능했다. 한 명이 심포지움을 주최하는 호스트host가 돼 모임을 열어 손님을 초대하고 연회를 준비했다. 플라톤과 같이 촉망받는 철학자는 그 누구보다도 심포지움에 초대하고 싶은 손님 1순위였다. 연회장에 들어가기 전 모든 참가자는 목욕하고, 몸을 단정하고 청결히 하며, 기름 등을 발랐다. 하나의 의식인 셈이다. 호스트의 하인들은 식사와 음식 등을 준비했고, 손님들의 목욕 등을 도왔다. 연회장에는 침대 같은 소파 여러 개가 있었다. 싱글 침대 정도의 크기였는데 소파 하나당 한두 명이 기대어 쿠션 등을 베고 비스듬하게 누워 앉았다. 심포지움의 참가자는 15~30명 정도였다. 사람들이 모이면 가장 먼저 식사를 했고, 와인은 식사가 모두 끝난 뒤에야 비로소 등장했다. 본격적인 심포지움은 와인과 함께 시작됐다.

와인은 연회에서 단지 흥을 돋우기 위한 수단만은 결코 아니었

심포지움을 즐기는 귀족들(킬릭스에 그려진 그림, 기원전 5세기경). 베를린 주립 미술관.

다. 물론, 영혼과 신체를 더욱 자유롭게 하고 재미없고 답답한 의
무로부터 해방시키며 원초적이고 자연적인 상태로 되돌아가게
한다는 의미가 있었다. 하지만 여기에 더해, 와인은 심포지움에
서 마치 제주祭酒, 즉 제사를 위한 술로 신을 위한 술 역할을 했다.
와인이 채워지면 참석자들은 어김없이 신을 기리는 찬가를 불렀
다. 때에 따라 다른 신에게 찬가를 올리기도 했지만 디오니소스
인 경우가 많았다. 그들은 신에게 심포지움의 참석자들이 교감할
수 있기를, 단합할 수 있기를, 우정을 강화하고 공동의 것을 추구
할 수 있기를 빌었다. 이런 의미에서 커다란 공동의 와인잔 킬릭
스kylix에 와인을 부어 참석자들이 함께 돌아가며 마셨다.
　심포지움을 주최한 호스트나 혹은 대표자가 그날 마실 와인의
농도를 결정했다. 물과 순수한 와인의 혼합 비율을 결정하는데,
대개는 1:5~1:2 정도였다. 또한 참석자들이 마실 와인의 양도
결정했다. 그만큼 마시지 못할 경우 일종의 벌칙도 있었다고 한

크라테르.

킬릭스(기원전 540년경). 메트로폴리탄 미술관.

다. 결정된 와인은 '크라테르krater'라는 와인 용기에 비율에 맞춰
물과 섞었다. 이윽고 공동의 와인잔 킬릭스에 따라 요컨대 왼쪽
에서부터 오른쪽과 같은 순서로 넘기며 참석자들이 함께 마셨다.
하인들은 계속해서 크라테르에 와인을 채워 넣었고, 와인과 함께
먹을 말린 과일이나 올리브 등을 내었다.

로마 시대로 가면서 이 연회는 '심포지움'이 아닌 '콘비비움con-vivium'이란 이름으로 바뀌었다. 심포지움과 콘비비움은 기본적으로 비슷했지만 몇 가지 다른 점이 있었다. 심포지움이 '함께 마신다drink together'라는 뜻이었다면, 콘비비움은 '함께 살다living together'라는 뜻이었다. '마신다'는 의미가 다소 축소된 것이다.

고대 그리스 심포지움에서 와인은 신에게 바치는 술이었기에 종교적이고 의례적인 것이었지만, 로마 콘비비움에서 와인은 보다 세속적인 유흥을 위한 것이었다. 심포지움에서는 식사를 모두 마친 뒤 와인을 마셨지만, 콘비비움에서 와인은 딱히 성스러운 것이 아니었기에 식사와 함께 음료처럼 곁들여 마셨다. 사실 심포지움의 와인을 마시는 행위 자체는 로마 시대의 코미사티오cōmīssātĭo라는 이름의 모임이 계승했다. 말 그대로 밤늦게까지 술을 마시는 파티였다. 하지만 코미사티오에서도 와인은 딱히 종교적이거나 의식적인 의미는 없었다. 와인의 역할 외에 심포지움과 콘비비움이 크게 달랐던 점이라면, 심포지움은 오직 남성만 참석이 가능했던 반면 콘비비움은 여성도 참석이 가능했다는 것이다.

심포지움에서든 콘비비움에서든 참석자들은 와인에 과하게 취하지 않기 위해 서로가 서로를 자제시켰다. 그럼에도 불구하고 만취하는 일은 잦았지만 적어도 그것이 올바르거나 적절한 행동은 아니라는 공동의 합의는 있었다. 크세노폰 《향연》의 구절을 살펴보자.

소크라테스가 다시 말했다. "사람들이여, 저도 한 잔 마시는 것이 정말 좋겠다는 생각이 드는군요. 왜냐하면, 진실로 포도주는 사람의 영혼을 상쾌하게 적셔주며 — 만드레이크가 사람들을 잠재우는 것처럼 — 우리의 고통을 잠재우기 때문이지요. 또한 마치 기름이 불꽃을 크게 일으키듯이, 포도주는 친밀한 감정을 촉발한답니다. (중략) 이와 마찬가지로, 우리도 너무 다량의 술을 마시면, 금방 우리 몸과 판단력이 헝클어지고 숨쉬기도 힘들어지며 의미 있는 말을 할 수도 없게 됩니다."*

고대 그리스의 심포지움에서는 디오니소스와 그의 부인 아리아드네를 주제로 한 이야기, 무용, 연극 등이 자주 등장했다. 참석자들은 이 둘의 모습을 사랑의 궁극 또는 절정과도 같이 여겼다. 고대 그리스에서는 디오니소스를 단지 와인의 신만이 아닌, 일종의 종교적이고 신앙적인 존재로 여겼기 때문이다. 로마 시대로 넘어오면서 디오니소스, 즉 바쿠스는 다소 방탕하고, 술을 즐기며, 무절제한 모습으로 그려지기 시작했다. 이에 따라 와인도 보다 대중적이고 실용적인 의미를 띠게 됐다.

* 크세노폰, 오유석 옮김, 《크세노폰의 향연 경영론》, 작은이야기, 2005.

# 로마제국과 와인

동지중해 부근 그리스와 마케도니아에서 고대 그리스의 폴리스 문화가 이미 발달한 기원전 500년경, 이탈리아반도 중부 로마에서는 공화정이 시작됐다. 당시 이탈리아 북서부에는 에트루리아인Etrurian이라는 민족이 광범위하게 살고 있었다. 로마는 그 세력의 끝자락쯤에 마치 아주 작은 점 같은 로마 왕궁에서 시작됐다. 기원전 500~600년경부터 에트루리아인들이 이탈리아의 북서부에서 와인을 양조했다는 고고학 흔적이 발굴되고 있다. 다만 그 양조 기법이나 와인 문화가 고대 그리스의 것처럼 발달되지는 않았던 것으로 보인다. 이뿐만 아니라 기원전 400~500년경, 고대 그리스 도시국가들이 이탈리아반도의 남부 지역과, 지중해와 맞닿은 골Gaul(갈리아Gallia), 그러니까 오늘날 남프랑스의 작은 지역들을 점령하고 있었다. 이곳에서도 고대 그리스의 영향으로 와인 양조가 비교적 일찍 시작됐다. 요컨대, 발전된 와인 문화는 고대 그리스의 것이었지 로마나 골의 것이 아니었다.

작았던 로마 왕국은 세력을 쌓아 공화정 체제로 정비한 뒤, 에트루리아인 복속을 시작으로 이탈리아 중부와 남부에서 다양한 종족과 각축전을 벌이며 이탈리아반도 전체로 세력을 확장했다. 이후, 북아프리카 일부와 이베리안Iberia반도를 거점으로 하던 카르타고 세력과 120여 년간 전쟁을 치르고, 마케도니아 왕국과도 끈질긴 전쟁을 벌여 두 세력을 모두 복속시켰다. 요컨대, 이베리아반도와 북아프리카 일부, 마케도니아와 고대 그리스를 점령해, 지중해 세력을 하나로 통일시키기에 이르렀다.

로마는 이에 그치지 않고 안으로는 체제를 정립하고 바깥으로는 끊임없이 정복 전쟁을 펼쳤다. 결국 현재의 프랑스, 즉 골 지역 전체와 동쪽으로는 현재의 터키를 넘어 카스피해 지역까지, 북쪽으로는 영국 섬까지 점령해 인류 역사에 유일무이한 거대 제국을 건설했다. '천년제국'이라 불리는 로마제국은 로마왕국이 세워진 기원전 753년부터 따지면 476년 서로마 멸망을 끝으로 1000년 이상을 존속했다.

최초의 로마왕국은 이전부터 이탈리아반도에 살던 에트루리아인의 문화와 관습에 영향을 많이 받았다. 그러나 후에는 지중해와 유럽 대륙 전체에서 정치·사회·문화적으로 가장 고도로 발전한 고대 그리스의 것을 그대로 흡수했다. 결국 고대 그리스의 디오니소스 숭배와 와인 양조 및 와인 음용의 문화는 로마제국에 흡수돼 드넓은 로마제국 곳곳으로 퍼졌다. 로마제국의 번영과 함

포도를 으깨 포도즙을 내는 로마인(2세기경).

와인 암포라를 실은 로마의 선박(2~3세기경). 알제리의 도시 테베사에서 발견된 모자이크.

께 와인 문화가 유럽 대륙에 서서히 뿌리내리기 시작한 것이다.

이탈리아, 프랑스, 독일, 포르투갈, 스페인 등 손꼽히는 주요 와인 생산지에 발전된 포도 경작 기술과 와인 양조 문화를 전파

와인에 각종 향신료와 물을 섞어 만든 포스카(3세기경). 로마 시대 모자이크.

시킨 장본인이 바로 당시 로마인이었다. 로마의 상인들은 앞다투어 각 지역의 와인을 수출입했고, 로마의 군인은 로마 영토 곳곳에 와인을 전파했다. 로마제국 주도하에 포도밭이 개간되고, 숙련자들을 초빙해 와인 양조 기법을 부흥시켰다. 모든 길은 로마로 통한다는 말이 있듯, 스페인에서 유프라테스강, 도나우강에서 나일강까지 육로는 완벽히 뚫려 있었고, 배는 지중해를 넘나들며 자유로이 교역했으니, 각지의 와인은 그 어느 때보다 막힘없이 육로와 수로를 넘나들며 동서양으로 퍼져나갈 수 있었다.

고대 그리스 시대와는 다르게 로마 시대에 와인은 보다 대중적으로 음용됐다. 특히 로마제국 때 와인은 군의 필수 보급품이었다. 그러나 군인들이 마신 와인과 귀족층이 마신 와인은 품질에서 차이가 났다. 대중이 마신 와인은 기본적으로 생존을 위한 것에 가까웠다. 잘 익은 포도를 선별해 만든 것이 아니었기 때문에 시고 떫고 밍밍한 맛이었다. 어쩌면 이미 식초화된 상태였을 것이다. 와인에 각종 향신료와 물을 섞어 갈증 해소를 위해 마시는 음료를 고대 로마 시대에는 포스카posca라고 부르기도 했다.

반면, 귀족층이 마시는 와인은 달랐다. 고대 로마의 사상가, 철학가, 시인은 '어느 지역 어떤 와인이 최고다'라는 식의 평가를 하기 시작했다. 로마제국 후기에는 특정 지역에 대한 선호가 보다 뚜렷해졌다. 제국이 동서남북으로 드넓게 뻗어 온갖 지역의 와인을 맛볼 수 있었으니 자연스럽게 지역별 와인의 품질을 비교하게 된 것이다.

요컨대, 남부 이탈리아 와인을 북부 이탈리아 와인보다 더 좋게 평가했다. 가장 품질이 높기로 유명한 와인은 팔레르눔Falérnum 와인이었다. 팔레르눔 와인은 이탈리아 캄파니아Campania 지역 '몬테 마시코Monte Massico'의 북쪽 경사면에서 만들어진 화이트 와인이었다. 달지 않은 드라이 와인으로 만들어지기도 했지만, 대개 칭송받은 종류는 달콤한 스위트 와인이었다.

팔레르눔 와인에는 와인의 신 바쿠스와 얽힌 전설이 있다. 로마 시대 팔레르누스Falérnus라는 농부가 방랑하던 와인의 신 바쿠스에게 음식을 대접했더니, 다음 날 아침 집 앞 온 산이 포도로 뒤덮여 있었고 모든 컵에 와인이 채워져 있었더라는 이야기다. 로마의 유명한 정치가이자 역사가 플리니우스Gaius Plinius Secundus(23~79)도 팔레르눔 와인을 유독 좋아했다고 알려졌다.

플리니우스는 당시를 배경으로 수많은 기록을 남겼다. 그의 저술 가운데 유일하게 전해지는 《박물지 Historia Naturalis》(전 37권)라

플리니우스 조각상. 산타 마리아 마죠레 성당.

는 백과사전은 로마제국의 시대상을 보여주는 귀중한 자료다. 이
책은 자연·예술·인문 등 각 방면을 총망라한 것으로 와인에 관한
글도 수록돼 있다.

플리니우스는 팔레르눔 와인에 관해 다방면으로 글을 썼다. 우
선 팔레르눔은 어떤 것에도 비교할 수 없는 최고의 와인이라고
칭송했다. 또한 포도밭을 경작할 때 퍼걸러 방식으로 포도나무를
키우라고 조언했으며, 와인을 어떻게 하면 더 맛있게 음용할 수
있는지에 대한 구체적인 방법도 제시했다.

팔레르눔 와인과 양대 산맥으로 불리던 카큐반Caecuban 또한 로마 시대 최고의 와인으로 이탈리아 중남부 테라치나Terracina 지역에서 생산됐다. 고대 로마의 시인 호라티우스Horatius가 사랑하고 칭찬을 아끼지 않았으며, 플리니우스는 팔레르눔 다음으로 좋은 와인이라 기록했다.

그 밖에도 이탈리아 알바니 구릉Colli Albani에서 생산된 알반Alban 와인 또한 좋은 와인으로 여겨졌다. 고대 로마 시대에는 오랜 숙성이 가능한 와인을 최고로 쳤다. 최소 10년 이상 숙성하는 와인을 좋은 것이라 여기다 보니, 오랜 숙성에도 비교적 변하지 않는 스위트 와인이 인기를 끌었다.

고대에는 대개 말린 포도, 즉 건포도로 스위트 와인을 양조했다. 포도를 말리면 수분이 빠져나가고 당은 농축되는데 건조된 포도를 으깨거나 짜내어 와인을 만든다. 스위트 와인은 높은 당도 덕분에 오랜 시간 보관이 가능했다. 당시 금방 식초화되고 상해버리는 일반 와인과 다른 점이었다. 스위트 와인은 특히 오래 숙성할 경우 더욱 깊고 복합적인 풍미를 가지기 때문에 다른 일반 와인보다 특별하다고 여겨졌다.

스위트 와인 양조에 관해서는 고대 그리스 시대부터 기록이 전해진다. 헤시오도스의 작품《노동과 나날》에는 스위트 와인을 만드는 포도를 말리는 방법이 적혀 있다. 호메로스의 작품들에도 스위트 와인 숙성에 관한 기록이 있다.

스위트 와인의 인기는 중세까지 이어졌다. 사실상 공기를 완벽히 차단할 수 있는 용기와 뚜껑이 발명되기 전까지 스위트 와인은 오래 숙성시킬 수 있는 유일무이한 와인이었기 때문이다.

ΗΣΙΟΔΟΥ ΤΟΥ
ΑΣΚΡΑΙΟΥ ΕΡΓΑ ΚΑΙ
ΗΜΕΡΑΙ.

HESIODI AS-
CRAEI OPERA ET DIES,
NVNC CASTIGATIVS
VERSAE, AVTORE VL-
PIO FRANEKEREN-
SI FRISIO.

고대 그리스 시인 헤시오도스의 《노동과 날》.

와인이 중요한 로마 시대였지만 서기 92년에는 도미티아누스 Domitianus 황제가 〈포도 포고령Vine Edict〉을 내리는 일도 있었다. 이 탈리아반도 내에 새로운 포도밭 경작을 금지하고, 적어도 절반가량의 포도밭을 없애라는 내용이었다. 당시 로마제국 내에서 생산이 부족했던 옥수수 등과 같은 곡물류 생산을 장려하기 위함이었다. 하지만 이미 굳건히 자리 잡은 와인 문화 때문에 강력한 내부 반발이 있었고, 여러 외부 상황으로 포고령은 제대로 실행되지 못했다고 한다. 명목상으로 이 포고령은 프로부스Probus 황제가 280년경 공식적으로 폐지할 때까지 약 188년간 지속됐다. 포도 포고령은 역사상 최초의 와인 관련 법률이라고 알려진다.

중세

# 암흑시대의 도래

유럽 역사에서 중세를 '암흑시대'라고 한다. 왜 이런 별명이 붙었을까? 이는 고대 그리스 로마 시대를 그리워하며 인본주의적 세계관을 '다시 태어나게' 한 중세 말 르네상스 세계관이 태동할 때의 해석이기 때문이다. 따라서 이런 해석을 그대로 받아들일 필요는 없다. 중세는 암흑시대이기도 했지만, 다르게 보면 암흑 속에서 별이 반짝이며 빛나던 시기이기도 했다. 와인에 있어서도 마찬가지다. 얼핏 보면 무척 어두웠지만 없었더라면 결코 안 됐을 아주 중요한 시기다.

고대 그리스에는 변덕스럽지만 유쾌한 신들이 있었고 인간의 상상력이 있었다. 재기 발랄한 토론과 지적인 대담이 오고 갔다. 플라톤과 아리스토텔레스 같은 유수한 철학자들과 완벽에 가까운 유려한 예술품들이 있었다. 한계는 있었지만 철저히 인간 중심의 인본주의 시대였다.

이후에는 로마라고 하는, 전 유럽과 소아시아·아프리카 대륙까지 아우르는 강력하고 막강한 '제국의 시대'가 도래했다. 21세기인 현재까지도 유럽인의 마음속엔 언제나 찬란한 로마제국에 대한 향수와 그리움이 있다고 할 만큼 로마제국은 그들의 정신적 뿌리나 마찬가지다. 하지만 천년을 이어간 그 엄청났던 제국이 순식간에 무너졌다. 아마 당시 로마인들로서는 상상도 못 한 일이었으리라. 역사는 서기 476년 서로마가 멸망하면서부터 중세가 시작됐다고 말한다. 시대의 패러다임이 완전히 변화하는 분기점이라는 뜻이다.

당시 소위 '야만인'이라 불린 '게르만 민족의 대이동'이 로마제국 붕괴의 가장 큰 요인이었다. 물론 로마 내부적으로도 경제·사회적 문제가 많이 쌓여 있었다. 갑자기 나타난 훈족의 강력한 위협도 결정적 요인이었다. 게르만족이 온 로마제국을 뒤집어엎으면서, 로마인들이 그토록 강력하게 닦아놓은 쭉쭉 뻗은 도로가 끊기고 붕괴됐다. 찬란했던 로마제국의 도시는 폐허가 됐으며, 고대 그리스의 유려한 예술품들도 모두 파괴됐다. 로마는 순식간에 산산조각 나버렸다. 길과 길 사이에는 수풀이 두터워졌다. 하나로 쌩 하고 돌던 대동맥이 완전히 막혀버렸다. 그토록 발전했던 인본주의와 지성의 힘은 길을 잃은 채 방황했다. 외부 야만인들의 끊임없는 유입으로 그 어느 때보다 문맹률이 높아졌다. 전쟁과 약탈은 일상이 됐다.

게르만족 대이동뿐만 아니라 이후 북유럽 바이킹의 이동, 마자르족의 침입, 이슬람교의 위협, 십자군 전쟁, 백년전쟁 등 중세 유럽은 혼돈과 어둠이 가득했다. 사람들은 이처럼 두렵고 위험한 세상에서 최소한의 생존권을 보장받기 위해 자신들을 지켜줄 성채를 짓고, 힘이 있는 영주와 기사를 섬기기 시작했다. 사람들은 성 안에서 안전을 보장받았고, 그 대가로 영주와 기사에게 종속돼 세금을 바쳤다. 토지를 기반으로 세력을 키운 영주들은 권력을 쌓아갔다. 9세기경에 이와 같은 왕과 영주들의 정치적 계약 관계, 영주와 농노 사이의 주종 관계는 비로소 봉건제도로 자리 잡았다.

여기에 빠진 내용이 있다. 바로 '종교'이다. 중세 서양에서 종교를 빼면 결코 안 된다. 고대와 중세를 가르는 가장 중요한 세계관이 종교의 차이이기 때문이다. 고대는 '다신多神, polytheism'의 시대였다면, 중세는 '유일신唯一神, monotheism'의 시대였다. 로마의 전통 종교는 그리스 신화를 바탕으로 한 다신교였고, 유일 신앙은 상당히 독특한 것으로 그리스도교가 나오기 전까지는 유대교뿐이었다. 유대교는 오직 유대인만의 종교였으며 황제에 대한 숭배 등을 거부했으므로 여러모로 배척을 받았다.

로마제국의 아우구스투스Augustus 황제 시절, 예수 그리스도가 현재 팔레스타인인 팔레스티나에서 태어났다. 예수는 기존의 전통 종교와 다르게 모든 인간은 평등하다고 가르쳤으며, 내세에 대한 소망을 주었고, 사랑과 용서 등을 설파하며 많은 이에게 깨달음과 위안을 주었다. 이 때문에 이 종교는 점차 가난하고 고통받는 사람들 위주로 번져갔다. 기쁜 소식이라는 '복음'이 전파됐다. 그리스도교의 시작이었다.

하지만 유일 신앙이며 우상숭배를 금했던 그리스도교는 당시 로마 황제에 대한 숭배를 거부했기 때문에 황제의 주도 하에 유대교와 함께 박해를 당했다. 종교적 박해는 네로 황제 때 아주 극심했다. 디오클레티아누스 때도 아주 혹독했다. 그럼에도 불구하고 그리스도교는 300년 가까이 지켜졌고, 서기 313년 콘스탄티누스 황제에 이르러 비로소 하나의 종교로 인정됐다. 이후 테오도시우스 황제 때 그리스도교는 로마제국의 국교로 인정된다. 가톨릭이라는 호칭이 이때 처음 문서에 등장한다. 그러나 테오도시우스 사후 로마제국은 동로마와 서로마로 나뉘었다. 서로마가 476년 멸망했으니 그리스도교는 겨우 100년 남짓 로마의 국교였던 셈이다. 그리스도교가 제대로 발전한 때는 비로소 중세가 돼서부터라고 볼 수 있다. 다만, 이 100년 동안 주교와 대주교가 국가의 고관으로서 큰 영향력을 행사하는 문화가 만들어졌으며 교회 또한 설립됐다.

서로마가 무너진 뒤 온갖 전쟁과 약탈로 폐허가 된 무섭고 암흑에 휩싸인 마을을 재건한 것은 바로 이 그리스도교, 로마 가톨릭 신앙이었다. 어둠 속의 별이었던 셈이다. 중세 와인의 역사에서도 종교는 무척 중요했다. 와인에도 중세 종교는 잃어버린 길을 되찾아주는 역할을 했다.

# 수도원과 와인

중세 유럽에는 수도원abbey·monastery·priory이라는 개념의 공동체가 생기고 발전했다. 그 시작엔 이탈리아의 수도자 성 베네딕트 San Benedetto da Norcia가 있었다.

수도원은 교회와는 다르게 수도사들이 고립적이고 자급자족적인 신앙 공동체 생활을 했다. 이런 식의 종교적 공동체 생활은 이집트와 시리아 등지에서 비롯한 것으로, 인도의 수도승과 비슷한 비밀스럽고 은둔적 성격 또한 띠고 있었다.

수도사들은 명상과 기도에 전념하고, 엄격한 규율에 따른 공동체 생활을 하며, 선한 일을 실천하면서 동시에 공동체를 위해 노동을 해야 했다. 당시 그들은 자급자족 생활을 했기 때문에 농업 분야에 있어서는 일종의 전문가였다. 이들은 종교 관련 서적뿐

성 베네딕트 초상.

만 아니라 과학, 농경 등에 관한 고서들을 열심히 연구하고 필사
했다. 마을 사람들에게 농업, 축산 기술을 가르치고 황무지와 삼
림을 개간하며 마을 살림을 꾸려나갔다. 사실상 무너진 로마제국
이후의 중세를 세워나간 이들이 바로 수도사들이었던 셈이다. 이
들은 당시 유일한 지식층이었기 때문에 새로 유입된 문맹 부족들
을 교육하고 병든 사람들을 돌보는 역할도 했다.

특히 중세 수도사들은 포도밭 관리와 포도 재배, 와인 양조기
술 발전에 놀랄 만큼 큰 기여를 했다. 당시 교회와 수도원은 아주
넓은 포도밭을 소유하고 있었다. 수도사들이 직접 포도를 재배하

에두아르드 폰 그뤼츠너(1846~1925)의 수도사
와 와인을 소재로 한 작품들.

프랑스 부르고뉴 포도밭인 클로 드 부조 입구에 세워져 있는 돌담. 이 포도밭은 12~14세기 시토회 수도원 소유였다.

기도 했지만 대부분은 소작농에게 땅을 줘서 경작하게 했다.

교회가 넓은 포도밭을 소유할 수 있었던 이유는, 바야흐로 중세 때 로마 교회가 막대한 권력을 가지고 있었기 때문이다. 서로마가 무너지고 새로 세워진 프랑크 왕조가 로마 교회의 정통성을 부여받았다. 이후 분열되는 정치 상황 속에서 황제와 교황은 끝없이 힘겨루기를 했다. 황제와 힘을 겨룰 정도로 교회 힘이 막강했으니, 때에 따라 황제와 영주들은 종교적·정치적·외교적 이유로 교회와 수도원에 땅과 포도밭을 기부했다. 교회의 힘이 커질수록 그들이 소유한 포도밭과 토지 역시 팽창했다. 특히 샤를마뉴Charlemagne는 아주 넓은 영토와 포도밭을 교회에 헌납했다고 알려졌다. 지금도 유명한 부르고뉴의 포도밭 코르통 샤를마뉴 Corton-Charlemagne도 이때 샤를마뉴가 교회에 기부한 것이다.

교회에서는 와인을 종교적 상징으로 사용했기 때문에 와인이란 결코 떨어질 수 없는 것이었다. 물론 각지의 영주들도 넓은 포도밭을 소유하고 와인을 양조했지만, 와인이 늘 필요했던 교회만큼 와인 양조에 열렬하지는 않았다. 수도원과 교회는 항상 와인을 양조했고, 기독교가 전파됨에 따라 와인은 유럽 곳곳에 뿌리내렸다. 서로마가 멸망하고 다른 부족들이 유입되면서 교회와 수도원은 그들에게 종교와 와인 문화를 가르쳐 융합시켰다. 독일 도나우강과 라인강 이북 등 로마 시대 때 미처 와인 문화가 전파되지 못했던 곳까지 와인 문화가 기독교와 함께 퍼져나갔다. 교회의 힘과 세력이 팽창함과 동시에 유럽의 와인 문화는 폭발적으로 발전하고 번성했다.

# 성찬식과 신비적 포도주틀

교회에 와인이 필요한 대표적인 이유는 현재까지도 전통이 이어져 내려오는 '성찬식'에 포도주가 필요하기 때문이다. 《성경》에는 와인에 대한 언급이 많지만 성찬식과 관련된 내용은 바로 '최후의 만찬'이다.

성찬식은 예수가 체포되고 십자가를 지기 전 제자들과 함께 했던 마지막 만찬을 기념하기 위한 교회 의식이다. 예수는 제자들에게 빵을 잘라 주며 "이것은 내 몸이니라"(《마태복음》 26:26)고 말했고, 와인잔을 건네며 "이 잔은 내 피로 세운 새 언약이니 이것을 행하여 마실 때마다 나를 기념하라"(《고린도전서》 11:25)고 했다.

중세 때는 성찬식을 거행할 때마다 빵과 포도주가 실제로 신비로운 방식으로 예수의 살과 피가 되는 것처럼 생각했다. 이것을

자니노 디 피에트로 作 〈최후의 만찬〉. 산 조르지오 성당의 프레스코화.

'실체변화transubstantiation(성변화, 화체설)'라고 하는데, 현대에는 빵과 포도주가 하나의 상징이라고 이해하지만 당시에는 내용을 있는 그대로 받아들였다. 그렇기 때문에 중세 성찬식에 쓰이던 와인은 현대에 비해 보다 성스럽고 종교적인 의미를 담고 있다.

와인과 중세 기독교와의 관계를 볼 때 자주 보이는 그림 속 모티프가 또 있다. '포도주틀 안의 예수Christ in the winepress' 혹은 '신비적 포도주틀mystical winepress'이다. '포도주틀'은 포도를 재배한 뒤 사람이 들어가 발로 밟아서 포도를 으깰 때 사용했던 도구이다. 그림 속에서 예수는 대개 십자가를 지고 포도주틀 안에서 포도를 밟고 있다.

이러한 '신비적 포도주틀' 모티프는 약 11세기 정도부터 보이기 시작했다고 알려졌다. 이는 성 아우구스티누스와 초기 신학자들의 해석에서 비롯했다.《성경》〈이사야〉 63장 3절 "만민 중에 나와 함께한 자가 없이 내가 홀로 포도즙틀을 밟았는데 내가 노함을 인하여 무리를 밟았고 분함을 인하여 짓밟았으므로 그들의 선혈이 내 옷에 튀어 내 의복을 다 더럽혔음이니"라는 말씀과 〈요한계시록〉 14장·19장, 〈창세기〉 49장 등의 구절을 근거로 한

▲마르코 달 피노, 〈신비적 포도주틀과 그리스도의 영광〉(1571). 바티칸 미술관.

▶〈포도주틀 속 그리스도와 성배 옆 어린 양〉(1515~1520). 기도서.

〈신비적 포도주틀〉(성서 교훈 삽화, 1485~1493). 파리 국립도서관.

마르텐 드 보스, 〈가나안의 혼인잔치〉(1596~1577). 안트베르펜 성모 마리아 대성당.

다. 이 상징은 예수의 희생과 피를 포도와 와인에 빗대어 표현한 것으로, 당시 중세 유럽에 상당히 보편적이었던 모티프다.

초기 그림에서는 예수가 포도주틀 안에서 포도를 밟는 모습으로만 그려졌으나, 점차 으깨진 포도를 통해 만들어진 와인을 예수의 피로 빗대는 그림이 나타났고, 14세기 말 이후로는 예수가 포도주틀 안에서 피를 흘리고 그 피가 성배聖杯에 모아지는 등 보다 직접적인 형태의 모습으로 묘사됐다.

코르넬리스 반 하를렘, 〈선한 사마리아인〉(1627).

이 밖에도 《성경》에는 구약과 신약을 합쳐 200차례 넘게 '포도주'가 언급된다. 사실 《성경》은 어떤 문헌보다도 고대 이스라엘과 중동 지역, 고대 로마 시대 포도주 문화를 깊게 이해하는 데 도움을 준다.

구약성서의 첫 다섯 책에 포도주는 '축복'의 통로이자 '번영'의 상징으로 언급된다. 이삭이 아들 야곱을 축복할 때 "하나님은 하늘의 이슬과 땅의 기름짐이며 풍성한 곡식과 포도주를 네게 주시기를 원하노라"(〈창세기〉 27:28)라고 하고, 야곱이 그의 아들 유다를 12형제 가운데 가장 크게 축복할 때도 "그 옷을 포도주에 빨며 그의 복장을 포도즙에 빨리로다. 그의 눈은 포도주로 인하여 붉겠고"(〈창세기〉 49:11~12)라고 하며, 포도주를 축복의 상징으로 언급한다. 포도주는 또한 '향기로운 제물'로 여호와에게 바쳐지는 귀한 것이기도 했으나, 동시에 부정해지지 않기 위해 피해야 하는 것이기도 했다.

신약성서에도 포도주가 언급되는데, '새 포도주는 새 부대에'라는 비유가 유명하다. 예수는 제자들에게 가르침을 주기 위해 새 포도주를 낡은 가죽부대에 넣으면 부대가 터져 포도주도 쏟아지고 부대도 버리게 되기 때문에 새 포도주는 새 부대에 넣어야 한다는 비유를 든다(〈마태복음〉 9:17, 〈누가복음〉 5:37, 〈마가복음〉 2:22).

종교적 비유이기는 하지만 와인을 공부한 사람이라면 이 구절을 읽으면 쉽게 이해되는 부분이 있을 것이다. 포도주는 포도즙의 당과 효모가 만나 발효를 일으켜, 알코올과 탄산 그리고 열이 발생해 만들어진다. 현대에는 발효가 끝난 뒤 효모 찌꺼기를 거르지만, 기술이 없었을 당시에는 새 포도주에 여전히 효모가 남아 있어 탄산과 열이 계속 발생했을 것이다. 이 때문에 낡은 가죽부대에 새 포도주를 넣으면 멈추지 않은 발효 작용으로 인해 탄산이 일어 터져버렸을 테다.

〈요한복음〉 15장에는 예수가 "나는 참포도나무요 내 아버지는 농부라"라며 하나님을 농부로 비유한다. 열매를 맺지 못하는 가지는 자르고 열매를 맺는 가지는 더 많은 열매를 맺게 하려고 손질한다는 내용이다. 이는 포도재배학의 핵심 기술 가운데 하나인 전지pruning(가지치기) 작업을 떠오르게 한다. 실제로 겨울철에 하는 가지치기는 포도 재배의 핵심이라고 할 수 있을 정도로 중요하다. 가지치기를 하지 않으면 포도나무는 그 어떤 식물 못지 않게 수많은 가지와 줄기, 잎, 덩굴, 열매 등이 서로 뒤엉킨다. 무엇보다 제대로 익지 못해 당분도 맛도 영양가도 없는 열매만 잔뜩 맺는다.

이뿐만 아니다. 〈요한복음〉 2장의 '갈릴리 가나의 혼인 잔치'에서는 당시 혼인 문화에서 포도주가 어떻게 사용되었는지를 가늠해볼 수 있다. 예수가 처음으로 행한 기적으로, 어머니와 초대받아 간 혼인 잔칫집에서 포도주가 모두 떨어져 어머니의 부탁으로 물을 포도주로 바꾸는 기적을 행한다.

당시 갈릴리의 결혼 문화에서 혼인의 약속은 성문 앞 많은 사람이 보는 앞에서 신랑과 신부가 '포도주'를 함께 나누어 마시며 시작되었다고 한다. 이후 혼인 잔치를 신랑 측에서 준비해, 일주일 동안 문을 걸어 잠그고 손님들과 잔치를 한다. 이때 잔치의 핵심인 포도주가 떨어졌다는 것은 굉장히 큰 문제였다. 새로운 포도주를 마셔본 잔치 책임자는 신랑에게 흔히 좋은 포도주를 먼저 내놓고 손님들이 취한 뒤에 못한 것을 내놓는데, 당신은 지금까지 좋은 포도주를 남겨두었다며 칭찬한다.

'《성경》 속, 물에서 바뀌었다는 와인의 맛이 얼마나 훌륭했길래 잔치 책임자가 저런 말을 했을까?'라는 엉뚱한 생각이 들면서도, 예나 지금이나 좋은 와인을 먼저 내놓는 것은 마찬가지로구나 싶어 웃음이 난다.

또 〈누가복음〉 10장의 '선한 사마리아인' 비유에서도 강도를 만난 사람의 상처에 가장 먼저 포도주를 발라준다는 이야기가 나온다. 실제로 고대부터 중세까지 민간요법으로 와인을 다양한 증상에 처방하고 사용했다.

이처럼 와인은, 특히 종교가 중요한 역할을 했던 중세 기독교와 떼려야 뗄 수 없는 일종의 상징물이었다. 이 때문에 수도원과 교회를 중심으로 와인 양조는 발전해나갔고, 기독교 문화와 함께 유럽 곳곳에 전파됐다.

# 속세의 와인

만약 중세 수도원에서 와인을 성찬식에만 사용했다면 많은 양의 와인이 필요하지 않았을 것이다. 품질 좋은 와인이 필요했을지는 모르겠다. 당시 교회와 수도원에서는 성찬식에 쓸 양보다 훨씬 더 많은 와인을 생산했다. 왜 그랬을까?

중세에는 종교적이고 성스러운 용도의 와인도 있었지만, 철저히 세속적인 '식품'으로서의 와인 또한 존재했다. 성스럽고 종교적인 의미는 오직 제단에 오른 와인에만 부여됐을 뿐, 평소 음용되는 와인은 무척 대중적이었다. 이 둘은 놀랍게도 같은 시기에 공존하면서도 완전히 분리된 의미를 갖고 있었다. 종교적 성격이 강한 동시에 대중적인 식품이었던 것이다.

고대 로마 시대에도 와인은 어느 정도 대중적인 성격을 띠었지

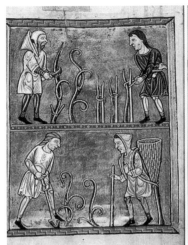

〈노르망디의 포도 재배와 와인 양조〉(12세기경). 네덜란드 왕립 도서관.

만 중세 때에는 매일 소비하는 물과도 같았다. 사람들은 물에 섞인 박테리아를 없애고 소독 효과가 있다고 믿었던 와인을 물에 조금씩이라도 희석해 늘 마셨다. 또한 '포도당'의 역할이 그러하듯 와인에는 몸이 필요로 하는 일정 이상의 칼로리와 당과 미네랄 등이 있었고, 몸을 따뜻하게 해주는 기능까지 있었다. 상처를 소독할 때도 와인을 사용했으며 불안증이나 불면증 같은 정신 문제에도 와인이 적극 처방됐으니, 이만하면 만능이었던 셈이다.

이처럼 중세에 와인을 대중적으로 음용할 수 있었던 데에는 당시 그만큼의 생산량이 받쳐주었기 때문이다. 11~14세기 유럽은 유난히도 기후가 온화하고 좋았던 덕분에 '제2의 농업혁명'이라고 불릴 정도로 농업기술이 발달했고 생산량이 높았다. 특히 현재의 이탈리아, 프랑스, 독일 등 포도 재배에 탁월한 지역은 포

〈포도주와 식사〉(1510). 자크 드 본 미사 경본.

도·와인의 생산량은 물론 품질도 높았다.

수도원 안에서도 와인이 대중적으로 음용되기는 마찬가지였다. 엄격하기로 소문난 베네딕트 수도회에서는 하루에 1헤미나 hemin/hemina(약 270㎖)의 와인을 수도사들이 매일 음용하기를 권했다. 비록 수도원 내에서 소비되는 와인이긴 했지만 제단 위에서 사용되는 것이 아닌 수도사들이 식품으로 섭취하는 용도였기에 이때의 와인은 전혀 종교적이지 않았다.

수도원은 지금으로 치자면 '농업기술연구원' 비슷한 역할을 맡아 기술을 연구하고 보급했다. 수도사들은 농노들과 열심히 포도밭을 가꾸었다. 수도원에서 양조된 와인은 종교적으로 사용되기도 했지만 수도사들이 소비하기도 했다. 수도원의 이름으로 상인들에게 팔고 거래해 이득을 남기기도 했으며, 일정 부분은 농노

〈술집에서의 흥청거림〉(1455). 플랑드르.

들이 가져가게끔 했다.

　또한 중세에는 타번tavern이라고 하는 초기 형태의 술집이 도시 곳곳에 생겨났다. 타번은 로마 시대와 중세 초기에는 숙박도 하고 술도 마실 수 있는 공간이었지만, 시간이 지나면서 점차 여관 inn과 술집tavern으로 명확히 역할이 구분됐다. 타번은 그 어느 곳에서보다 손쉽게 대중적으로 와인을 소비할 수 있었다. 규모가 큰 타번에서는 맥주를 직접 양조하기도 했고 대량의 와인을 저장

〈술집 테이블〉(1445). 라인란트.

해두는 와인 셀러를 구비해두기도 했다.

　타번을 배경으로 한 중세 그림을 살펴보면 당시 대중이 어떻게 와인을 소비했으며 그 문화가 어땠는지 알 수 있다. 재미있는 것은, 지금의 술집에서 볼 수 있는 모습과 어쩌면 별 차이가 없다는 점이다. 사람들은 유쾌하게 술을 마시고, 취하고, 게임을 하거나, 주정을 부리고, 쓰러져서 잠에 들고, 구토를 하는 등의 모습으로 묘사된다.

　물론 당시에는 여성이 남성과 같은 대우를 받지 못했다. 하지만 그림을 보면 여성이 와인을 마시는 모습을 어렵지 않게 찾을 수 있다. 아낙네들이 타번에 삼삼오오 모여 와인을 마시며 수다

〈좋은 태도와 나쁜 태도〉(1475). 브뤼허.

〈술 취한 사람을 치료하는 가장 손쉬운 방법〉(14세기). 중세 건강서적 삽화.

를 떨기도 한다. 혹은 일하는 중간 노동주를 마시는 모습도 있다.

사실 와인은 음식과 함께 늘 마시는 음료와 같았으므로 크게

와트리퀴에 드 쿠뱅,
〈여자들의 음주〉(1325).

〈농민들의 간단한 식사와
음주〉(14세기). 프랑스 국
립 도서관.

〈와인의 올바른 보관 방
법〉. 중세 요리책 삽화.

특별하지 않았을지도 모른다. 그만큼 와인이 대중화되었다는 의

미다.

# 나무통의 시작

와인 애호가 사이에서 '오크통oak cask'이란 단어는 무척이나 친숙하다. 어떤 종류의 오크통을 어떻게 얼마나 사용했는지에 따라 와인의 풍미는 완전히 바뀌어버린다. 현대 와인 양조에서 오크통은 상당히 중요하다. '오크 향'이라든지 '오크통 숙성', '오크통 발효' 등과 같은 단어가 추가되면서 말이다. 와인이 둥근 원형 모양의 나무통에 채워져 있고, 그 통들이 층층이 쌓여 보관되는 모습은 전혀 낯설지 않다.

그렇다면 와인은 언제부터 이런 나무통에 보관되기 시작한 것일까? 먼저 오크는 떡갈나무류의 아주 단단한 목재로 수백 가지종이 있다. 중세에는 굳이 오크 목재를 선별해 사용했을 리가 만무하니, 일단은 나무통이라고 하자.

〈포도의 압착과 술을 통에 넣기〉(1500). 장 마리옹 달력.

　나무통이 와인 양조에 처음 사용된 시기에 관해서는 의견이 분분하다. 고대 그리스 역사가 헤로도토스Herodotos에 따르면, 메소포타미아 문명에서는 이미 아르메니아 와인을 옮길 때 나무통을 사용했다. 하지만 고대 켈트족이 나무통을 발명·발전시켜 농산품이나 옷감, 맥주의 한 종류인 세르부아즈 등을 운송할 때 사용했다는 것이 정설이다.

　로마 시대에도 나무통은 이와 비슷한 용도로 사용됐다. 1~3세기 경부터는 와인을 보관하는 데도 나무통이 사용됐다고 추정한다. 하지만 고대에는 전반적으로 나무통보다는 암포라와 돌리엄 Dolium과 같은 흙으로 빚은 거대 항아리에서 와인을 발효하고 보관했다. 나무통이 와인을 보관하는 데 본격적으로 사용되기 시작한 시기는 중세부터였다. 단단한 유리가 발명되어 와인병에 담겨 유통되는 약 19~20세기 이전까지 와인은 대부분 나무통으로 유통됐다.

〈나무통 제조 기술자cooper가 뚜껑을 닫는 작업〉(1385). 성무일도서 삽화. 볼로냐.

    사실 나무통은 와인을 오래 보관하기에 전혀 적합하지 않다. 산화 때문이다. 지금에야 양조 기술이 발달해 원하는 맛과 향을 내기 위해 발효 숙성 단계에서 필요한 만큼 오크통을 사용할 수 있다. 하지만 중세에는 그런 기술이 없었을뿐더러 발효, 숙성, 보관을 전적으로 나무통에서 했다. 와인이 금세 산화할 수밖에 없었다. 이 탓에 중세 와인이 고대 와인보다 훨씬 맛 없을 거라는 주장도 있다. 고대에 사용한 암포라는 도기이기 때문에 성긴 나무통보다 산소 유입이 적고, 암포라 입구를 꽁꽁 싸매 산화를 최소화하려고 노력했기 때문이다. 중세 와인은 나무통 속에서 산화에 무방비한 상태로 노출됐을 뿐이다.

    중세에는 도대체 왜 와인을 보관하는 데 나무통을 사용했을까? 여러 이유가 있지만, 무엇보다 유럽에서 와인 소비량이 상당

〈와인 저장고〉(1385).
성무일도서 삽화. 볼로냐.

〈술집의 와인 셀러〉(1395). 롬바르디아.

히 많았기 때문이다. 고대 와인은 특정 계층을 위한 술이었다. 그
러나 중세에는 와인이 대중화되었다. 게다가 중세 말기에는 상인
층이 세력을 키우면서 유럽 바깥 동쪽 나라들과도 교역이 활발했

다. 와인을 대량 유통할 때 암포라나 돌리엄같이 거대하고 무거운 용기를 사용한다면 얼마나 비효율적이겠는가. 나무통은 생산 비용 자체도 싸고 만들기도 쉬웠다. 또 훨씬 가벼운 데다가 운송하다 깨질 위험도 없었다. 모양이 둥근 덕에 굴려서 옮길 수도 있고 층층이 쌓아 보관할 수도 있었다. 와인을 따라낼 때에도 나무통 중간에 작은 구멍을 뚫으면 그만이니, 와인 대량 운송과 보관에 특화된 장점이 있었다.

나무통이 사용되면서 와인 셀러의 풍경도 적어도 외관상으로는 현재와 비슷해졌다. 와인을 보관한 나무통을 쌓아놓은 모습 말이다. 규모가 작은 타번은 나무통 한두 개만 두고 장사했지만, 큰 타번은 꽤나 큰 셀러에 나무통 여러 개를 보관했다. 무엇보다 수도원의 셀러는 수십 개의 와인 나무통을 보관할 만큼 크고 웅장했다.

# 스위트 와인과 드라이 와인, 그리고 베네치아 상인

중세에도 여전히 와인의 산화는 큰 문제였다. 와인이 적절한 통제 없이 산소와 접촉하면 식초처럼 시어지고, 박테리아가 번식해 상하며, 이상한 맛과 냄새를 풍기기 때문이다. 그러한 이유로 공기를 완전히 차단시킬 수 있는 와인 용기가 만들어질 때까지 우리에게 익숙한 달지 않은 드라이 와인은 전성기를 맞이하기 힘든 상황이었다. 고대 그리스 로마 시대에 건조한 포도로 만든 스위트 와인이 최고급으로 여겨졌던 것도 이런 맥락에서였고, 중세에도 다를 바 없었다.

문제는 이런 스위트 와인을 아무 곳에서나 만들 수 없다는 데에 있었다. 포도의 당도가 충분히 높아지도록 포도가 성장하는 여름과 가을이 길어야 하고, 습하지 않고 건조해야 하며, 햇빛이 따사롭고, 일조량이 일정량 있어야 하며, 기후가 온화해야 했다.

중세 스위트 와인은 크레타섬과 키프로스섬에서 전통적으로 만들어져왔고, 유명했다. 이 섬들은 당시 독립적인 도시국가였던 베네치아공화국Venetian Republic에 속했다. 이 때문에 부유하고 찬란했던 무역 도시인 베네치아는 크레타섬과 키프로스섬의 스위트 와인을 동쪽으로 계속 수출했다. 베네치아와 양대 산맥을 이루었던 또 다른 도시 제노바Genoa 또한 리구리아Liguria 지역의 베르나차Vernaccia 포도 품종 등으로 만든 스위트 와인을 적극적으로 수출했다. 특히 북부 유럽은 건포도로 스위트 와인을 만들기에 적합한 기후가 아니었기 때문에 스위트 와인에 대한 수요가 상당했다. 실제 베네치아와 제노바의 상인들은 중세 중반까지 스위트 와인 무역을 거의 독점하다시피 했다. 현재까지도 키프로스섬에서는 코만다리아Comandaría라는 스위트 와인을 고대부터 내려온 방식으로 양조하고 있다. 이탈리아에서도 레치오토Recioto나 빈산토Vinsanto 같은 스위트 와인이 생산되고 있다.

중세 스위트 와인은 드라이 와인에 비해 한참 비쌌다. 적합한 기후 조건이 정해져 생산이 제한된 데다가 포도를 말려서 발효를 하는 등 양조 과정이 복잡했던 탓이다. 이러한 까닭에 스위트 와인을 고급으로 쳐주기는 했지만 대중은 일반 포도로 만든 드라이 와인을 음용했다. 품질보다는 양에 중점을 둔 드라이 와인은 보통 대량으로 생산됐기 때문이다. 다만 매년 가을 햇와인이 만들어질 때는 가장 신선하고 맛있는 드라이 와인을 마실 수 있었다.

중세 후반이 되면서 품질 높은 드라이 와인에 대한 수요가 점차 늘었다. 유난히 따뜻하고 온화했던 중세 유럽의 날씨가 13세

〈포도주 상인들〉(1345). 볼로냐.

기부터 소빙하기라 불리는 추운 기후로 변하기 시작해 17세기까지 이어졌다. 원래도 서늘했던 프랑스 북부, 독일, 영국, 네덜란드 등 북유럽 지역은 변화한 기후 탓에 와인 생산에 차질이 생겼다. 이미 와인 소비량이 증가했기 때문에 이 국가들은 점차 서늘한 기후에서도 생산할 수 있는 드라이 와인에 눈을 돌릴 수밖에 없었다.

건포도로 만든 스위트 와인의 인기는 근세로 넘어가는 시기,

주정강화fortified wine 와인과 스피리츠spirits(증류주) 등이 강세를 띠면서 줄어들기 시작했다.

# 보르도의 눈부신 발전

예나 지금이나 영국은 와인에 대한 갈증이 상당히 크다. 영국은 역사적으로 와인 경매가 가장 발달했고, 와인 심사 및 판별 등의 역사가 깊고 체계적이다. "와인도 많이 생산하지 않는 나라가 대체 왜?"라고 질문할 수 있지만, 거꾸로 생각하면 와인 생산량이 많지 않기 때문에 갈증이 큰 것일 수 있다. 유수한 와인 생산지들 옆에 있다 보니, 프랑스·독일·이탈리아 등지의 쟁쟁한 와인을 선별 수입해야 했기 때문이다. 중세 영국은 주요 와인 소비국 가운데 하나로, 영국 왕실은 와인에 대한 갈증이 특히 더 심했다. 처음에는 프랑스 알자스와 독일 라인강 유역의 와인을 수입했지만, 이내 곧 부상한 곳이 바로 프랑스의 보르도Bordeaux였다.

보르도는 지리적인 위치 덕분에 와인 생산지로서 상당히 수혜

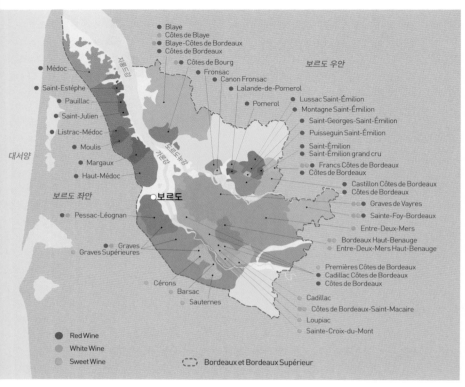

보르도 와인 생산지 지도. ©CIVB

를 입은 지역이다. 현재까지도 와인 생산지 가운데 거의 독보적
인 명성을 가지고 있다. 전 세계적으로 가장 비싼, 소위 '명품 와
인'을 생산하는 곳이다. 특히 매년 봄에 열리는 엉프리뫼르(292쪽
참조) 기간에는 엄청난 돈과 자본이 오가는 곳이기도 하다. 세계
어느 와인 생산지를 가보아도 보르도만큼 돈과 자본 냄새가 나는
곳은 없으리라. 이 시작은 중세로 거슬러 올라간다.

　보르도는 대서양을 끼고 있는 항구도시이기 때문에 와인을 교역하는 데 상당한 지리적 이점이 있었다. 육로보다는 해로가 발달했던 중세 때 보르도 와인은 가장 큰 와인 소비국이었던 영국의 왕실로 쉽게 접근할 수 있었다. 이뿐만 아니라 남부와 북부 유럽으로 가는 길목에 있었다. 당시 와인은 금방 상하고 산화에 취약했기 때문에, 소비국 입장에서는 지리적으로 가까운 곳에서 와인을 수입해 신선하게 마시는 것이 가장 중요했다. 현재에도 보르도에는 와인 거래와 관련된 수많은 직업이 있는데, 이 시초는 중세 와인 상인들이었다. 이들은 와인을 사서 본인 소유의 와인 저장고chai에 두고 영국과 스칸디나비아 등지로 수출했다.

보르도가 와인 생산지이자 수출의 중심지로 번성한 이유는 다만 지리적인 이점에만 있는 것은 아니다. 요컨대, 보르도 북쪽에 라로셸La Rochelle이라는 항구도시는 보르도보다 더 일찍 와인을 수출했다. 그럼에도 불구하고 라로셸의 자리를 후발주자였던 보르도가 차지했으니, 왜 그랬을까?

지금이야 영국과 프랑스는 명확히 구분된 국가이지만, 중세 후반까지만 해도 사실 '국가'라는 개념이 모호했다. 당시는 봉건제였기 때문에 지방 영주들의 힘이 셌다. 왕조차도 지방의 강력한 영주 하나를 마음대로 하지 못했다. 더구나 영국 왕실과 프랑스 왕실, 그 밖의 유럽 왕실은 서로 피를 나눈 친척 사이거나 혹은 결혼을 통해 묶인 가족 관계였다. 이 때문에 민족이나 국가란 개념이 희미할 수밖에 없었다. 왕실과 왕실, 영주와 영주, 왕실과 영주는 혼인 등을 통해 서로 영토가 섞이기도 하고 분리되기도 했으니, 국가 간의 영토 개념 또한 불명확했다.

프랑스와 영국의 관계 또한 마찬가지였다. 논란의 여지는 있지만 영국은 엄밀히 말해 프랑스의 봉건 제후국이었다. 프랑스와 영국은 말하자면 왕과 영주의 관계였다. 프랑스가 영국에 영토를 허락해주고, 영국은 프랑스의 말에 따라야 했다. 그러나 영국이 영토와 세력을 확장하려는 야욕을 품자 프랑스와 갈등이 벌어졌으니, 바로 그 유명한 '백년전쟁(1337~1453)'이다. 지리하게 이어지던 자그마치 100년여의 전쟁이 끝나고서야 비로소 프랑스와 영국의 영토 경계는 비교적 명확해졌다. 국가 체계도 점차 중앙 집권적 왕권 체제로 자리를 잡아 하나의 국가, 민족 개념이 어느 정도 정립됐다.

영국의 세력 확장이라는 야욕은 보르도 와인의 역사와도 긴밀한 연관성을 가진다. 1152년 프랑스 왕 루이 7세Louis Ⅶ는 아내 알리에노르 다키텐Aliénor d'Aquitaine과 이혼했다. 알리에노르는 결혼하기 전 집안으로부터 프랑스 남서부 지역 아키텐Aquitaine 영토를

프레더릭 샌디스, 〈알리에노르 다키텐〉. 카디프 국립박물관.

물려받은 부유한 영주였다. 그녀는 이혼하고 몇 개월 뒤 영국 왕 헨리 1세Henry I 의 손자인 헨리 플랜테저넷Henri Plantagenet과 결혼을 한다.

헨리 플랜테저넷은 1154년 헨리 2세Henry II로 영국 왕위에 오른 인물로, 이 결혼 덕분에 영국 왕실은 알리에노르가 가지고 있던 광활한 면적의 프랑스 아키텐 지역을 차지하게 됐다. 당시 영국은 이미 프랑스 노르망디 지역을 보유하고 있었기 때문에 결혼을 계기로 프랑스 남부와 서부 대부분을 손에 쥐게 됐다.

아키텐 지역에는 항구도시인 보르도와 라로셸이 모두 속해 있었지만, 보르도는 백년전쟁이 끝난 1453년까지 영국 영토였다. 라로셸은 1224년 프랑스에 반환됐다. 이러한 이유로 보르도는 대

현재의 아키텐 지역.

클레렛 와인 병. 영국 박물관.

략 300년 동안 영국 왕실에 와인을 거의 독점적으로 납품할 수 있었다.

보르도는 세금 등에 있어서 영국 왕실의 전폭적인 혜택을 받았다. 이 덕분에 14세기가 되자 영국에서 소비되는 와인 대부분이 보르도 와인이었다.

당시 영국인이라면 누구나 보르도 와인을 좋아했다. 보르도 와인은 레드 와인, 화이트 와인 가리지 않고 인기가 많았다. 특히 옅은 핑크빛을 띠는 와인이 인기를 끌었으니, 당시 영국에서는 '클레렛Claret'이라고 불렀다. 오늘날에도 식사 등에 곁들여 간편하게 마실 수 있는 테이블급 보르도 레드 와인을 일컬을 때 이 말을 사용한다.

중세 보르도 와인이 다른 지역의 와인에 비해 품질이 월등하게 뛰어났다거나 뭔가 특징이 대단했다고 말하기는 어렵다. 특히 오늘날 보르도 와인 생산지로 유명한 메도크Médoc 지구와 생테밀리옹Saint-Émilion 등지에서 와인 양조가 발달한 때는 17세기에 이르러서였다. 중세에는 블라예Blaye, 부르그Bourg, 그라브Graves 등 도르도뉴Dordogne강과 가론Garonne강 유역 정도에서만 와인을 생산했다. 사실 보르도 와인이 중세 때 발전할 수 있었던 이유는 영국 왕실과의 관계와 그로 인한 세금 혜택과 지리적 이점에 있다.

보르도에서 수출되는 와인 가운데 일부는 보르도 바로 아래 남부 지역인 가스코뉴Gascogne 지방의 생산품이었다. 보르도는 남부 가스코뉴보다 기후가 서늘하고 대서양의 영향을 받아 강수량이 일정치 않고 습한 편이었다. 반면 가스코뉴는 기후가 온화하고 건조했기 때문에 포도 농사에 더 적합했다. 영국에 아키텐 지역 영토를 선사해준 알리에노르 왕비 또한 가스코뉴 지역의 와인을 무척 좋아했다고 알려졌다. 아무튼 백년전쟁 이후 보르도와 가스코뉴 지역 모두 프랑스 영토로 반환된다. 물론 백년전쟁 이후에도 보르도는 영국으로 계속해서 와인을 수출했지만 영국의 영토로 있을 때보다 그 규모는 작아졌다.

보르도는 현재에도 전 세계 와인의 중심지이다. 중세 때 부르고뉴를 포함한 대부분의 주요 와인 생산지들은 수도사들이 발전시켰지만, 보르도는 상인층이 주도해 발전시켰다. 이러한 역사적 색채는 지금도 여전히 도시 깊숙이 남아 있다. 근대로 넘어오면서는 가장 먼저 와인과 자본주의를 영리하게 결부시킨 도시 또한 보르도였다. 오늘날에는 막대한 차이나머니China Money가 보르도에 유입되고 있다.

# 부르고뉴와 수도회 그리고 샤를마뉴

세계 와인의 영혼이라 불리는 부르고뉴는 중세에 와인 양조가 매우 활발하게 이루어져 굉장히 체계적인 시스템을 갖추었다. 부르고뉴 와인은 수도사들에 의해 알차고 치밀하게 차근차근 발전했다. 수도원을 중심으로 발전하다 보니 종교 인물 및 사건과도 연관이 깊다. 다만 부르고뉴는 프랑스 내륙에 위치한 터라 육로 이동 수단이 발달하지 못했던 당시 이곳의 와인이 외부에 적극적으로 알려지지 못했다는 아쉬움이 있다.

중세 부르고뉴 와인 양조를 이끌었던 이들은 단연 수도사들이었다. 생계 걱정에서 벗어난 종교인이자 지식인이었던 이들은 한층 더 심층적으로 포도 재배와 관련된 농업기술과 와인 양조 기술, 숙성법과 저장법, 포도밭 위치, 토양과 기후 등에 대한 테루

알브레히트 뒤러, 〈샤를마뉴의 초상〉.

아르까지 연구할 수 있었다.

부르고뉴 와인의 첫 전성기는 샤를마뉴(742~814) 때였다. 샤를마뉴는 신성로마제국의 시초라고 보는 시각이 있을 정도로 서유럽 역사에서 가장 중요한 인물 가운데 한 명이다. 서로마가 멸망하고 세력을 쌓은 프랑크 왕국의 카롤링거 가문에서 태어나 왕이 된 그는, 소위 '야만족'이라 불리던 프랑크족 출신이다. 글도 읽지 못했지만 탄탄한 군사술과 전략을 바탕으로 서유럽을 평정했다. 샤를마뉴는 정복한 서유럽 대륙을 효율적으로 통치하고 이민족 출신으로서 부족했던 문화·행정·정치적 약점을 극복하기 위해 로마 교회의 수호자를 자처하며 본인이 서로마제국의 후계자임을 명시했다.

당시 로마 교회는 서유럽 곳곳에 위치한 수도원을 중심으로 큰 영향력을 행사하고 있었다. 마을과 공동체의 중심에 있었던 터였다. 또한 로마 교회는 동로마와 사이가 좋지 않았기 때문에 강력한 지지 기반과 권력이 필요했다. 서로 이익 관계가 맞아 샤를마뉴와 교회는 일종의 상호의존 관계를 맺을 수 있었다.

본래 프랑크족과 같은 이민족들은 주로 맥주를 즐겨 마시는지라 와인 문화에 익숙하지 않았다. 이들에게 와인 문화를 가르치고 전파한 이들이 유럽 곳곳에 퍼져 있던 수도사들이었다. 샤를마뉴는 집권 기간 동안 넓은 토지와 영토, 포도밭을 교회에 증여했다. 덕분에 샤를마뉴 시대부터 로마 교회는 상당히 부유해졌고 지방 곳곳에서 권력을 행사하면서 신성로마제국의 문화 기반을 다질 수 있었다.

샤를마뉴는 부르고뉴 와인을 각별히 사랑했다고 알려졌다. 그래서인지 특히 많은 부르고뉴 포도밭을 교회에 헌납했다.

오늘날에도 '샤를마뉴'라는 이름이 붙은 부르고뉴 와인을 볼 수 있다. 바로 코르통 샤를마뉴Corton-Charlemagne 와인이다. 코르통

샤를마뉴가 소유했던 것으로 알려진 포토밭 코르통-샤를마뉴의 와인.

샤를마뉴는 그랑크뤼 포도밭 이름인데, 부르고뉴 본Beaune 도시 근처에 위치해 있다. 이 포도밭은 본래 샤를마뉴가 소유했었으나 775년 성 앙도슈 수도원Basilique Saint-Andoche de Saulieu에 헌납한 것으로 알려졌다.

현재 이곳에서는 오직 샤르도네 품종으로 만든 화이트 와인만 생산하는데, 이와 관련한 일화가 있다. 샤를마뉴는 원래 레드 와인을 무척이나 즐겨 마셔서 긴 턱수염이 늘 붉게 물들었다고 한다. 보다 못한 왕비가 레드 와인 대신 화이트 와인을 마셔보면 어떻겠냐고 제안했고, 그때부터 포도밭에 청포도를 많이 심었다는 것이다. 얼마나 신빙성 있는 일화인지 모르겠으나, 코르통 샤를마뉴 와인을 마실 때 한번쯤 떠올려볼 만한 일화가 아닐까.

부르고뉴에서 포도밭을 본격적으로 운영한 곳은 클뤼니 지역의 베네딕트회Ordo Sancti Benedicti 수도원이었다(지금의 클뤼니 수도원 L'Abbaye de Cluny). 이 수도원은 910년 부르고뉴 마코네Mâconnais 마을

포토밭을 연구하는 시토회의 수도사들. ©Sippin Somm

에 처음 설립됐고, 나중에는 프랑스 전역뿐 아니라 영국·독일·
스페인·이탈리아 지역까지 분원을 확장했다. 당시 베네딕트회 소
유의 부르고뉴 포도밭은 점점 늘었다. 13세기 초반에는 (오늘날의)
로마네 콩티Romanée-Conti, 라 로마네La Romanée, 라 타슈La Tâche, 리
슈부르Richebourg, 로마네 생비방Romanée-St.-Vivant 등 현재까지도 내
로라하는 품질 높은 포도밭들을 소유했다. 현재 즈브레 샹베르탱
Gevrey Chambertin 마을 대부분의 포도밭 또한 가지고 있었다. 이는
당시 십자군 전쟁과도 연관된다. 대표적인 중세 종교전쟁이었던
십자군 전쟁에 기사들이 참여하면서 본인의 토지와 포도밭 등을
헌납하고 떠났기 때문이다. 승리와 천국행을 바라면서 말이다.
　　베네딕트회의 양대 산맥으로 시토회Ordo Cisterciensis가 있었다.

사실 부르고뉴 와인 역사에 있어 시토회 수도사들의 업적은 말로 표현하기 어려울 만큼 크다. 시토회는 1098년 베네딕트회 규칙이 느슨해지고 세속화되는 것에 반대해 만들어졌다. 시토회 수도사들은 부르고뉴 포도밭 각각의 개성을 연구했는데, 이는 현재 부르고뉴 와인의 영혼이자 핵심인 클리마Climat 개념의 시초이다.

당시에는 서로 다른 토양과 미기후microclimate를 가진 인접한 포도밭들이 완전히 다른 스타일과 품질의 와인을 만들어낼 수 있다는 사실을 상상도 하지 못했을 때이다. 그럼에도 시토회 수도사들은 면밀하고 체계적으로 부르고뉴 포도밭 각각의 개성을 연구했다. 그 결과 1~2미터 간격의 포도밭이라도 토양과 지형의 미세한 차이가 있다면 포도의 맛과 향이 확연히 다르다는 점을 알아냈다. 요컨대, 테루아르 개념을 만들어낸 것이다. 현재까지도 부르고뉴 와인의 핵심은 테루아르 혹은 클리마라 표현되는 포도밭에 있다. 이 체계를 만들어내고 완성시킨 것이 바로 1000년 전의 수도사들이다. 이후 1861년 부르고뉴는 클리마 개념을 공식적으로 등급화했다. 1930년대에 이르러서는 이를 AOC 원산지 통제 시스템(252쪽 참조)에 녹여냈다.

부르고뉴 와인을 마셔보면, 바로 인접한 포도밭에서 같은 포도 품종과 양조 방법을 사용해 만들었음에도 그 맛과 향에 엄청난 차이가 난다. 이를 통해 당시 수도사들의 업적이 얼마나 대단한지를 새삼 느낄 수 있다.

시토회는 샤블리Chablis와 코트 도르Côte d'Or 지역 전역에 포도밭을 소유했으며, 부르고뉴 와인의 성지라 불리는 클로 드 부조Clos de Vougeot 포도밭 돌담 또한 시토회 수도사들이 만든 것으로 유명

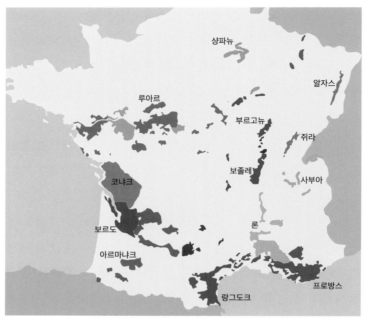

프랑스 와인 생산지 지도. 항구 도시인 보르도는 일찍부터 프랑스 전역과 영국 왕실 등까지 와인을 수출했다. 반면, 부르고뉴는 육상 교통이 발달하기 전까지 교역에 한계가 있었다.

하다.

하지만 이처럼 훌륭한 부르고뉴 와인은 중세 때 프랑스 및 유럽 전역에 널리 알려지지 못했다. 이는 단순히 운송이 어려운 탓이었다. 그나마 대도시 파리에 가까운 오세르Auxerre 같은 지역의 와인 정도만 '부르고뉴 와인'이라 뭉뚱그려 불렸다. 부르고뉴 와인이 비로소 눈에 띄게 알려진 때는 육상 교통이 발달하기 시작한 18세기가 넘어서다. 보르도의 사례와 비교해보건대, 지리적 위치가 이토록 중요하다.

이후 부르고뉴 와인은 4대에 걸쳐 부르고뉴 공국을 통치했던 발루아 왕가Dynastie de Valois(1328~1589)에 의해 더욱 발전했다. 특히 필리프 2세Philip II는 와인의 품질에 신경을 써 가메Gamay 품종 대신 피노누아Pinot Noir 품종을 장려했다. 비료 사용도 줄이게 해 생산량을 높이기보다 품질 좋은 와인을 만들도록 했다.

# 아비뇽 유수와 교황

중세 부르고뉴 와인이 지리 탓에 널리 알려지지 못했지만, 그렇다고 그 진가를 알아보는 이가 없지는 않았다. '아비뇽 유수' 기간 교황들이 대표적이다. 아비뇽 유수란 로마 교황청이 1309년부터 1377년까지 지금의 남프랑스 론Rhône 강변 도시 아비뇽Avignon으로 이전하게 된 사건이다. 이 배경에는 중세 동안 팽팽하게 이어져온 황제와 교황 사이의 권력 싸움이 있다.

중세는 신 중심의 시대였다. 교황과 성직자의 권위와 힘은 세속 권력인 황제, 영주, 기사의 권력과 비슷하거나 때로는 그 권력을 능가했다. 서로마가 멸망한 뒤 샤를마뉴가 처음 교황으로부터 황제 대관을 받았을 때만 해도 교황의 권력이 크지 않았다. 샤를마뉴가 로마 교회의 수호자를 자처했고 교회 또한 그 덕분에 더 큰 번영을 누릴 수 있었다. 샤를마뉴는 늘 본인이 교황 위에 있음을 명확히 했다.

그러나 신성로마제국 이후 점차 교회가 특히 지방의 토지와 봉건제를 바탕으로 경제적인 힘을 쌓아가면서 교황의 입김은 강해졌다. 11세기 중반에는 황제와 교황의 기 싸움이 수면 위로 드러나는 사건이 벌어진다.

신성로마제국 황제 하인리히 4세Heinrich Ⅳ와 교황 그레고리우스 7세Gregorius Ⅶ가 서임권을 놓고 팽팽한 기 싸움을 벌였다. 서임권이란 성직자 임명에 황제가 개입을 할 수 있느냐 없느냐에 관한 것이다. 서임권은 본래 교회의 권한이지만 오토 1세Otto Ⅰ 이후 교회가 세속 군주의 도움과 보호를 받으면서 서임권을 황제가 행사하게 됐다.

그러나 세력이 컸던 교황 그레고리우스 7세는 '황제에게 서임권이 없다'는 입장을 보였고, 황제 하인리히 4세는 성직자의 임명권이 당연히 자신에게 있다고 주장하면서 갈등이 불거졌다. 밀라노 주교 서임을 두고 교황과 황제는 충돌했다. 황제는 교황을 폐위시켰지만 오히려 교황에게 파문당하기에 이른다. 이에 황제가 1077년 1월 교황이 있던 카노사 성으로 찾아가 맨발로 눈을 맞으며 3일간 사죄했다. 이 사건이 그 유명한 '카노사의 굴욕'이다.

카노사의 굴욕 사건 이후에도 황제와 교황은 기 싸움을 계속했다. 그러나 영주와 기사 등 막강한 봉건 세력마저 황제를 견제하고 종교를 앞세운 십자군 전쟁까지 이어지면서 교회 권력은 중세 최절정에 이른다. 그러나 허울뿐인 기나긴 종교전쟁 속에서 교황청은 부패하고 자멸해버린다. 십자군 전쟁도 결국 얻은 것 없이

교황 그레고리우스 7세의 측근 투스카니의 마틸다에게
찾아가 무릎 꿇은 황제 하인리히 4세(12세기).

실패로 돌아가면서 교황권은 크게 손상되고 만다. 두 세기에 걸친 원정은 결국 유럽의 사회적 혼란과 분열을 불러일으킬 수밖에 없었다.

이즈음 다시금 황제와 교황의 권력 싸움이 시작됐다. 이번에는 교황 보니파키우스 8세Bonifacius Ⅷ와 프랑스 카페 왕조의 왕 필리프 4세Philippe Ⅳ가 맞붙었다. 결국 80세를 넘긴 고령이었던 교황이 선종하면서 황제는 권력을 되찾았다.

승기를 잡은 필리프 4세는 자신의 입맛에 맞는 클레멘스 5세Clemens Ⅴ를 교황으로 앉히고 로마에 있던 교황청을 프랑스령과 맞닿아 있던 아비뇽으로 옮겼다. 이에 1377년까지 교황들은 아비뇽에 머물게 되는데, 이 사건이 바로 '아비뇽 유수'다.

샤토네프 뒤 파프의 교황청 별장(16세기).

아비뇽은 프랑스 남쪽 론 지역에 위치한 도시이다. 남부 론에서 현재 유

아비뇽 초대 교황 클레멘스 5세.　　　　아비뇽 2대 교황 요한 22세.

명한 와인 생산지 하나가 바로 샤토네프 뒤 파프Châteauneuf du Pape
이다. 샤도네프 뒤 파프란 프랑스어로 '교황의 새로운 성'이란 뜻
이다. 이 지역에 과거 아비뇽 유수 당시 교황청의 여름 별장이 있
었기 때문에 지어진 이름이다.

아비뇽의 초대 교황 클레멘스 5세는 프랑스 보르도 출신이다.
와인을 무척 잘 알고 즐길 수 있는 인물이었는데, 그는 교황이 됐
을 당시 이미 보르도 페삭 레오냥Pessac Léognan 지역에 넓은 포도
밭을 소유하고 있었다고 한다. 와인을 좋아했던 클레멘스 5세는
여름 교황청의 별장 근처에도 포도를 심게 했다. 이 포도밭과 지
역 와인 양조를 더욱 발전시킨 인물은 아비뇽의 2대 교황인 요한
22세Johannes XXII였다.

'교황의 와인'이라 알려진 샤토네프 뒤 파프 와인은 특히 레드
와인이 유명하다. 지금도 보르도나 부르고뉴 와인 못지않게 높은
품질을 자랑하며 인기를 끌고 있다.

샤토네프 뒤 파프 와인의 대부분은 특유의 중세 스타일의 글씨체를 사용해 라벨을 표기한다. 시각적으로 구별하기 쉽고, 역사를 환기시키는 멋스러움이 있다.

조르지오 바사리, 〈교황 그레고리 11세의 로마 귀환〉(16세기).

아비뇽 교황청 경관.

아비뇽의 북쪽에는 부르고뉴가 위치하고 있다. 교황청과 가까운 곳에서 이미 품질 높은 와인을 생산하고 있었기 때문에 아비뇽 성직자들은 자연스럽게 부르고뉴 와인을 접했다. 결국 초대 교황 클레멘스 5세뿐만 아니라 아비뇽의 모든 교황과 추기경은 부르고뉴 와인과 사랑에 빠지게 된다.

특히 교황청을 다시금 로마로 옮기려고 시도했던 교황 우르바노 5세Urbanus V 때 일화가 재미있다. 당시 교황청을 다시 로마로 옮기기 위해 약 3년간 아비뇽 성직자들이 로마와 아비뇽을 오갔다. 이때 추기경들은 '부르고뉴 와인과 함께 가지 않으면 못 가겠다' '부르고뉴 와인 때문에 도저히 로마로 갈 수 없다'라고 말했을 정도였다고 한다. 당시 이탈리아의 역사가이자 시인인 페트라르카Francesco Petrarca는 "그들은 '그 와인' 없이 행복한 삶을 살 수 없다고 믿었다"라며 "그들은 부르고뉴 와인이 신이 주신 꿀이라 믿었다"라고 기록을 남겼다. 얼마나 부르고뉴 와인과 사랑에 빠졌으면!

아비뇽 유수 기간 동안 교황들의 사랑을 듬뿍 받았던 부르고뉴 와인은 품질이 더 정교해졌다. 샤토네프 뒤 파프에서는 와인 양조가 본격적으로 시작됐으며, 론 지역 남쪽에 맞닿은 루베롱Lu-beron 및 프로방스Provence 지역까지 영향을 받아 와인이 활발히 생산됐다.

요컨대 '교황이 사랑했던 와인'이란 수식어는 샤토네프 뒤 파프에만 붙을 것이 아니라, 부르고뉴 와인에도 붙어야 한다.

# 취향의 시작

중세 말기, 특히 르네상스 시기에 접어들면서 와인을 일종의 '취향'으로 '향유'하는 이들이 나타났다. 이들은 '양'보다는 '질'에 관심이 있었다. 스위트 와인만을 최고로 치던 경향도 조금씩 바뀌며, 드라이 와인 또한 좋은 품질로 차별화해 만들 수 있다는 인식도 작게나마 생겼다. 예를 들면, 부르고뉴 시토회 수도사들은 그 해답을 토양과 테루아르에서 찾았다. 부르고뉴 발루아 공작 가문은 품종에서 찾았다. 그리고 아비뇽의 교황들은 이런 부르고뉴 와인의 정교함을 알아보고 향유할 줄 알았다.

비단 프랑스 부르고뉴에서만 일어난 변화가 아니었다. 독일도 품질 좋은 드라이 와인으로 유명했다. 물론 소수 특권 계층만이 아는 사실이었지만. 독일의 모젤Mosel과 라인가우Rheingau 지역,

특히 라인가우의 호크하임Hochheim 마을의 드라이 와인이 유명했다. 현재까지도 독일과 프랑스 알자스를 대표하는 포도 품종 리슬링Riesling이 당시에 두각을 나타냈다.

왕실, 성직자, 영주, 기사 등 특권층 사이에도 어느 지방의 어떤 품종 와인이 맛있다더라는 취향이 생겼다. 물론 고대에도 팔레르눔 와인처럼 유명한 와인이 있었지만, 이 와인이 유명한 것은 딱히 '생산자 노력'의 결실이 아니었다. 하지만 르네상스 시기에는 프랑스의 부르고뉴나 독일 라인강 유역의 생산자들은 저 나름의 기준을 가지고 토양과 자연 환경을 체계적으로 분석하고 연구했다. 최대한 맛있는 와인을 만들어내기 위해 과학적으로 접근한 것이다. 르네상스 시대의 취향은 바로 이러한 연구와 생산자의 노력을 바탕으로 생긴 것이기 때문에 고대와는 다르다.

움베르토 에코의 소설 《장미의 이름》에는, 중세 말기 르네상스를 겪는 중 수도원 내의 혼란스러움을 생생하게 엿볼 수 있다. 과학과 인간의 지성은 중세 전체를 관통했던 신 중심 세계관과 많은 부분에서 충돌했다. 과학적 접근 방법을 높게 평가하고 인간의 이성 또한 신이 주신 선물이라 생각해 이를 적극 받아들이는 수도사가 있었던 반면, 철저히 신 중심의 사고만을 고집했던 수도사도 있었다. 이 때문에 많은 분파와 패러다임, 철학, 세계관이 팽팽하게 맞서고 또 공존하던 때가 중세 말 르네상스 시대였다.

신 중심 세계관에서는 인간의 노력은 별로 쓸모없을지 모른다. 그럼에도 당시 일부 생산자들은 적극적으로 포도밭을 연구했고, 과학적이고 체계적인 접근법으로 데이터와 자료를 축적해 더 나은 와인을 만들기 위해 노력했다. 그렇다고 순식간에 와인의 품질이 좋아지지는 않는다. 여전히 와인 보관 기술은 충분하지 못했기 때문에 드라이 와인은 금세 시어지기 십상이었다. 품질을 높이기 위해 노력한 생산자도 소수에 불과했다. 하지만 이런 소수의 노력은 르네상스 시대가 중세에서 근세로 넘어가는 과도기적인 역할을 했다는 맥락에서 의미를 갖는다. 중세 말, 와인을 향유하고자 하는 욕망과 합리적이고 체계적인 방법으로 품질을 개선시키고자 하는 생산자의 노력이 결국 근세로까지 이어져 와인의 품질을 한층 높일 수 있었으니까 말이다.

르네상스 시대를 대표하는 화가인 라파엘로Raffaello Sanzio는 '성모 마리아'를 모티프로 한 그림을 자주 그렸다. 그 가운데 성모 마리아 그림의 모델이던 여인과 관련한 재미있는 이야기가 있다.

나그네가 숲속에서 늑대에게 쫓기다 나무 덤불에 몸을 숨겼다가 한 와인 생산자의 딸의 도움으로 구사일생으로 살았다. 그는 자신을 살려준 나무와 와인 생산자 딸에게 보답으로 어떤 방식으로든 '불멸할 것'이라고 예언했다. 몇 년 뒤 와인 생산자의 딸은 결혼해 두 아이를 낳았고, 나무는 와인을 담는 나무통이 됐다.

어느 날 화가 라파엘로가 길을 걷다 우연히 와인 생산자의 딸과 그녀의 아이들을 마주치고는 그들의 아름다움에 매료돼 그녀와 아이들을 모델로 성모 마리아 그림을 스케치했다. 그런데 당시 캔버스가 없었던 라파엘로는 급한 대로 거리에 마침 있던 와인 나무통에 그림을 그렸는데, 바로 나그네를 숨겨주었던 그 나무로 만든 통이었다. 결국 예전 나그네의 예언대로 와인 생산자의 딸과 나무는 라파엘로의 그림을 통해 영원히 살 수 있었다.

본래 중세 성모 마리아의 이미지는 매우 종교적이고 신비스러

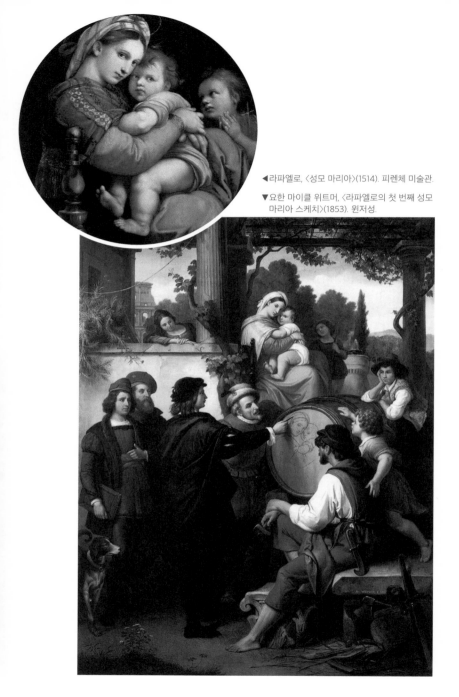

◀라파엘로, 〈성모 마리아〉(1514). 피렌체 미술관.

▼요한 마이클 위트머, 〈라파엘로의 첫 번째 성모 마리아 스케치〉(1853). 윈저성.

운 모습으로 표현된다. 하지만 르네상스 시기로 접어들면서 라파엘로의 성모 마리아 작품들처럼 훨씬 더 일상적이고 인간적인 모습으로 표현된다. 특히 라파엘로의 작품은 가장 인간적인 감정인 모성애를 드러내는 성모 마리아 그림이란 평을 받는다.

이야기에서 와인은 성모 마리아와 연관되면서 신비스러움을 가지기도 하지만, 한편으로는 일상적이고 대중적인 모습을 대변한다. 요컨대 '한 와인 생산자의 딸' '거리에 마침 있던 와인 나무통' 같은 묘사로 말이다. 이는 당시 와인의 역할과도 매우 비슷하다. 와인이란 상당히 종교적인 상징을 가지면서도, 한편으로는 어느 거리에서나 볼 수 있던 흔하고 대중적인 술이었다.

미켈란젤로, 〈바쿠스〉(1497).
바르젤로 미술관.

중세에는 오직 기독교 색채가 강한 그림이 각광받았지만, 중세 말 르네상스 시대 작품에는 그리스 로마 신화 속 신들이 다시 등장했다. 특히, 광기 어리고 과격하다 여겨져 중세 기독교인에게 강력하게 배척당했던 와인의 신 디오니소스/바쿠스 또한 작품의 소재로 자주 등장했다. 다만 고대와 달리 그 모습이 훨씬 인간적이고 유쾌하며 아름답게 묘사됐다.

카라바조, 〈바쿠스〉(1598). 우피치 미술관.

귀도 레니, 〈술 마시는 바쿠스〉(1628). 알테 마이스터 미술관.

시저 보이티우스 반 에베르딩겐, 〈왕좌에 앉아 있는 바쿠스—님프들이 바쿠스에게 포도주와 과일을 권한다〉(1658~1670). 쿤스트 팔라스트 박물관.

▲〈바쿠스의 승리〉(3세기). 로마 시대 모자이크.

▼디에고 벨라스케스, 〈바쿠스의 승리〉(1628~1629). 프라도 미술관.

두 그림은 '바쿠스의 승리'라는 같은 주제를 가지고 있지만, 고대 로마 시대에는 바쿠스를 신격화해 표현한 반면, 중세 말 르네상스 시대에는 바쿠스를 훨씬 인간적이고 유쾌한 모습으로 표현했다.

페테르 파울 루벤스, 〈비너스, 큐피드, 바쿠스 그리고 케레스〉(1612~1613). 헤센 카셀 박물관.

니콜라 푸생, 〈바쿠스의 어린 시절〉(1625~1635). 루브르 박물관.

# 대항해 시대

중세 말기 '대항해 시대'라 불리는 때는 르네상스 시기와 맞물려 있다. 대항해 시대는 콜럼버스Christopher Columbus의 대서양 횡단 등을 포함해 15~16세기 서유럽 국가들이 바다로 나아가 신대륙에 진출한 때를 말한다. 물론 유럽인 입장에서나 신대륙일 뿐, 그곳은 원주민이 잘 살고 있던 곳이지만. 사실 신대륙 진출이란, 유럽인들이 낯선 대륙을 발견해 그곳의 원주민들을 약탈하고 식민지화한 뒤 금과 은을 캐내고 원주민을 죽이고 노예로 삼아 무역으로 어마어마한 경제적 이득을 취한 '사건'이 아닌가.

대항해 시대가 시작되기 전까지 당시 전 세계 부의 80퍼센트는 중국과 인도가 양분하고 있었다. 말하자면, '동양'이 유럽에 비해 문화 수준과 과학 기술이 월등이 높았으며 자원이 풍족하고 부유

안드리스 반 에르트벨트, 〈동인도 두 번째 원정에서 암스테르담으로 돌아오는 선박들(1599년 7월 19일)〉(1610~1620). 조니 반 헤프텐 갤러리.

했다. 탄탄한 제조업과 생산력, 농업 기술, 무역 수준이 뒷받침됐기 때문인데, 중세 유럽은 이처럼 고도로 발달한 정세에 끼어들 틈이 없었다. 유럽은 동양과 무역을 할 때 마땅히 내세울 만한 공산품이 없었기 때문이다. 선박 기술도 중국이 현저히 앞서 있었다. 유럽의 바닷길 개척보다 100여 년이 앞선 때에 명나라에서는 환관 '정화鄭和'가 62척의 거대 함대를 거느리고 세계 일주에 나섰으니 말이다. 심지어 정화의 배는 무게가 수천 톤이었던 반면 콜럼버스의 배는 150톤 안팎이었다고 한다.

아무튼 유럽은 신대륙 발견을 통해 어마어마한 양의 금과 은을 얻었고, 이를 발판으로 그토록 염원하던 세계 무역 시장에 끼어들 수 있었다. 이것이 결정적으로 유럽이 세력을 키워 세계의 판도를 바꾼 계기가 된 것이다. 광활한 토지를 가졌던 중국은 굳이 위험 부담을 떠안고 해상로를 개척할 이유가 없었지만, 유럽 특히 포르투갈이나 스페인 같은 국가들은 땅도 작은 데다 바다 말고는 길이 없었기에 목숨을 걸고 탐험에 나설 수밖에 없었다. 딱히 이렇다 할 기술도, 진귀한 물건도, 지리적 이점도 없던 유럽인에게 신대륙은 그야말로 '노다지'와 다름없었다.

이야기가 길어졌지만, 내가 하고 싶은 질문은 바로 이것이다. 그렇다면 과연 이 대항해 시대에 '와인'의 위상은 어땠을까? 사실상 모든 것이 '팽창'했던 그 시대, 와인의 위상은 어떻게 바뀌었을까? 정답은 '더 낮아졌다'이다.

중세 말이라 해도, 여전히 제대로 된 와인 보관 기술이 발달하지 않았던 때라 장기간의 항해로 교역되는 와인은 품질이 높지 않았다. 더구나 대항해 시대를 거치며 와인을 대체할 수 있는 수많은 기호품이 동양에서 쏟아져 들어왔다. 오스만제국에서는 커피가 수입됐고, 커피 맛을 알게 된 유럽인은 인도, 브라질, 중남미 등지에 커피나무를 심기 시작했다. 포르투갈이 마카오에 무역회사를 설립한 뒤 차tea 또한 처음으로 유럽에 소개됐다. 마야와 아스테카 문명에서 번성했던 카카오를 원료로 한 초콜릿도 새로운 기호품이었다. 물론 와인과 같은 알코올은 아니었지만, 일종의 기호품이라는 범주 내에서 와인을 대체하기 시작했다. 게다가 술과 다르게 카페인 성분은 오히려 정신을 맑게 해주었기 때문에 그 인기는 엄청났다.

한편, 술 가운데 '증류주'가 놀라울 정도로 발전했다. 대항해 시대 전까지 증류주는 유럽에 존재했다고 하기 어려웠다. 증류 distillation 기법을 유럽인도 알고 있었지만, 술을 만들기 위해 사용하기보다는 증류해 만든 엑기스를 약이나 연금술에 사용하는 수준에 불과했다.

페르디난드 볼, 〈와인 상인 길드 위원회〉(1663). 알테 피나코테크 미술관.

증류주를 만들어 판매하기 시작한 이들은 네덜란드인이었다. 네덜란드도 당시 적극적으로 해양 패권 다툼에 뛰어들었다. 네덜란드 상인은 오랜 항해 탓에 와인이 금방 쉬어버리자 아쉬운 나머지 증류 기법을 와인에 사용해 브랜디brandy를 만들어냈다. 처음에는 항해할 때 선원들이 마시기 위함이었다. 그러다 유럽인이 보관하며 마실 수 있는 술에 목말라 있다는 사실을 알아차린 뒤, 네덜란드 상인은 적극적으로 브랜디를 상품화시켜 큰 수익을 얻었다. 이런 증류 기법을 통한 양조가 유럽과 아메리카 및 아프리카 신대륙에 퍼져, 다양한 재료로 만든 각종 증류주가 인기를 얻었다. 포도로 만든 브랜디, 사탕수수로 만든 럼주, 곡식으로 만드는 위스키나 진 등 재료에 따라 맛과 종류도 다양했다. 오랜 항해에도 쉽게 상하지 않는다는 강점을 가진 증류주는 바야흐로 전에는 없던, 와인의 막강한 경쟁자가 된 것이다.

독일의 증류기(17세기 추정).

16~17세기를 거치면서 증류주의 인기는 더욱 높아졌다. 그 중심에 '진gin'이 있었다. 진의 시초는 네덜란드에서 약용으로 만든 '예네버르jenever/genever'라는 것인데, 주니퍼Juniper(노간주) 열매를 포함한 여러 허브의 맛과 향이 배일 수 있게 증류한 술이었다. 약용으로 쓰이던 헤네버르는 네덜란드와 영국과의 30년 전쟁 와중에 영국에 소개됐다. 영국에서 진이라는 이름으로 알려지며 약용이 아닌 기호품 술로 인기를 얻었다. 증류주와 스피리츠와 같은 새로운 술이 와인과 맥주보다 대중적으로 음용되기 시작했다. 특히 손쉽게 구할 수 있고 가격이 쌌던 진이 인기를 얻으면서 바야흐로 진은 런던의 국민 술이 됐다.

하지만 맥주와 와인에 비해 진은 알코올 도수가 높았기 때문에 이로 인한 문제 또한 불거졌다. 마치 마약처럼 진에 취한 사람들이 수많은 범죄와 사회문제를 일으킨 것이다. 18세기 당시 영국

윌리엄 호가스, 〈맥주 거리와 진 거리〉(1751).

에서 진의 소비가 급격하게 늘어나 사회적 물의를 일으켰던 현상을 진 광풍Gin Craze이라고 부른다. 급기야 18세기 중반에는 진 대신 맥주를 마시자는 계몽운동이 일어났다. 1751년에는 진 소비를 통제하는 법안까지 발효됐다.

　당시 계몽주의적이고 사회 비판적인 색채를 띤 화가 윌리엄 호가스William Hogarth는 진 대신 맥주를 마시자는 메시지를 본인의 그림을 통해 드러냈다. 맥주 거리beer street와 진 거리gin lane의 풍경을 비교해 그린 그림이다. 맥주 거리는 평화로운 모습인 반면, 진 거리는 마치 마약 소굴처럼 묘사됐다. 너무 과장된 것이 아닌가 싶기도 하지만, 실제로 당시의 모습을 반영한 것이라고 하니 그 문제가 얼마나 심각했는지 알 수 있다.

　그렇다면 와인이 동양으로 흘러 들어가진 않았을까? 이슬람 문화권은 술을 마시지 않는 대신 커피를 마셨다. 고대부터 와인을 만든 오랜 역사가 있지만, 종교적인 이유에서 마시지 않았기에 새삼스레 와인 문화를 전파할 일도 없었다. 중국과 한국에는 서양의 포도주가 중세 말경 왕실에 들어왔다는 기록이 있다. 하지만 이미 전통 곡주가 있던 터라 딱히 포도주가 인기를 끌 이유가 없었다. 설사 교역을 했더라도, 너무나 거리가 멀었기 때문에 굳이 유럽 와인을 마실 이유가 없었을 것이다. 과실주라면 와인과 비슷한 머루주 같은 더 신선한 술이 이미 있었을 테니 말이다. 상황은 인도 역시 비슷했다. 요컨대, 동양에서는 딱히 와인을 원할 만한 유인이 없었다.

이런 이유들로 대항해 시대 때 드라이 와인은 딱히 이득 볼 일이 없었다. 그렇다고 당시 와인 교역이 완전히 사라지지는 않았다. 네덜란드 상인은 '주정강화 와인'을 유행시키기 시작했다. 주정강화 와인이란 발효 중간이나 발효한 뒤에 브랜디를 넣어 알코올 도수를 높인 와인을 말한다. 높은 알코올 덕분에 저장기간이 상당히 길었다. 결국 긴 항해와 교역에 특화된 와인이었다. 대항해 시대 상인들은 다양한 지역의 와인을 대량으로 구입해 직접 블렌딩하기도 했다. 맛이 가볍고 밋밋한 값싼 와인에 아주 진하고 농축된 프랑스 카오르Cahors 와인이나 포르투갈 와인을 섞는 식이었다. 스위트 와인도 여전히 좋은 와인이란 인식이 있었다. 당시 네덜란드 식민지였던 남아프리카공화국의 콘스탄시아Constantia 와인은 특권층 사이에 인기 상품이었다. 말린 머스캣Muscat 품종 포도로 만든 이 와인은 상당히 강렬하고, 향기로운 향을 가졌으며 아주 달았다.

1 빌렘 칼프, 〈와인잔과 은접시가 있는 정물화〉(1660). 맨체스터 아트 갤러리.

2 페테르 클라스, 〈타는 촛불이 있는 정물화〉(1627). 마우리츠하위스 미술관.

3 윌렘 클라스존 헤다, 〈블랙베리 파이가 있는 아침 식사〉(1631). 드레스덴 국립 박물관.

이 시기 네덜란드 정물화에서는 독특한 모양의 유리 와인잔을 엿볼 수 있다. 이 잔은 뢰머Römer 와 인잔이라 불리는데, 잔 아래 미끄러지지 않도록 유리 장식을 했다. 15~17세기 독일과 네덜란드에서 주로 사용됐다.

1 얀스테인, 〈춤을 추는 연인〉(1663). 워싱턴 국립 미술관.

2 얀스테인, 〈방종한 살림살이〉 (1663~1664). 잭 앤 벨 린스키 콜렉션.

3 〈시골 남자에게 와인 한잔을 따라주는 소년〉(1650). 브리스톨 시티 미술관.

1 요하네스 페르메이르,
  〈한잔의 와인〉(1658~1660). 베를린 국립회화관.

2 요하네스 페르메이르, 〈와인 잔〉(1660).
  헤르조그 안톤 울리히 미술관.

3 다비트 테니르스, 〈가을〉(1644).
  런던 내셔널 갤러리.

4 제라드 터 보르히,
  〈한 손에 편지를 든 어린 숙녀와 와인 한잔〉(1665).
  시네브리초프 미술관.

5 제라드 터 보르히,
  〈술 취한 군인과 술 마시는 여인〉(1658~1659).

근대

# 기술의 발달과 유리병

대항해 시대를 거치면서 서구 유럽 입장에서 세계는 팽창했다. '신' 중심이던 중세 문화는 르네상스를 기점으로 '인간' 중심의 근세적 세계관으로 넘어갔다. 인간의 합리성, 이성, 과학, 철학적 사고 등을 중시한 것이다. 이는 계몽주의enlightenment 운동으로 이어졌다. 계몽주의란, 인간에게 '빛'을 가져다주는 것은 결국 철학과 과학 같은 인간의 이성이라는 사상이다. 유럽은 미신적이고 폐쇄적이었던 중세의 암흑기를 벗어나 과학, 철학, 사회학, 정치학 등을 활발히 발전시켜갔다. 자유와 평등이라는 사상과 국가의 개념을 공고히 해나갔다. 중세 말기와 근세를 지나며 종교와 정치 분야에서는 각종 혁명이 일어나 한 꺼풀 벗겨진 새로운 세계관으로 도약했다.

역사의 이러한 흐름은 와인 역사와도 긴밀하게 연결돼 있다. 와인의 시작은 '자연'이었다. 하지만 자연에는 한계가 있었다. 와인을 '신이 내려준 선물'이라 여겼지만 와인을 진정한 형태로 완성시킨 것은 결국 인간의 힘이었다. 오랜 시간 저장을 할 수 없었던 와인을 지금처럼 숙성이 가능한 술로 탈바꿈시킨 것은 결국 과학과 기술이었다. 요컨대, 와인을 숙성해 마실 수 있었던 것은 인류 역사에 있어 비교적 근래에 이루어진 일에 불과하다.

와인을 보관하기 위해 사용했던 용기는, 신석기시대 토기든 고대 암포라든 중세 나무통이든 정도의 차이는 있지만 산소 차단이 완벽하지 않기는 매한가지였다. 와인의 질 향상에 결정적인 역할을 한 것은 용기였다. 산소를 완전히 차단해 와인이 산화되지 않도록 보호할 수 있는 용기의 재료가 바로 유리다.

유리라는 소재는 근세에 들어 갑자기 나타난 것이 아니다. 고대에도 있었으며 그 나름대로 쓰임새에 따라 발전해왔다. 중세에도 유리공예가 있었지만 그 기술이 정교하지는 않았다. 유리 제품은 늘 희귀하고 까다로운 물건이었다. 특히 17세기 이전까지의 유리는 무척 얇고 깨지기 쉬웠기 때문에 보관과 운송에 사용하기 곤란했다.

유리가 와인을 보관하고 운송하고 심지어 오랜 기간 숙성시킬 수 있을 만큼 단단해진 것은 석탄 연료의 발달과 큰 연관이 있다. 유리는 1700도에 육박하는 높은 화력에 모래를 녹여 만든다. 과거에는 나무를 썼지만, 석탄을 사용하면서 화력이 몇 배로 강해진 덕분에 훨씬 두껍고 무겁고 단단한 유리를 만들 수 있었다.

견고한 유리병을 만든 사람은 영국인 케넬름 딕비 경Sir Kenelm

견고한 유리 제조법을 고안해낸 케넬름 딕비 경.

Digby이라고 알려져 있다. 딕비는 당시 유리 공장을 운영했다. 1633년 그는 석탄 연료의 높은 화력으로 유리를 만드는 방법을 고안했다. 높은 비율의 탄산칼륨과 석회로 구성된 모래를 사용해 한층 두껍고 튼튼한 유리를 만들었다고 한다.

딕비 경이 와인을 보관하기 위한 목적으로 유리병을 만든 것은 아니지만, 와인 애호가라면 그에게 감사를 표해야 할 것이다. 산화되지 않은 맛있는 와인을 마실 수 있게 된 공의 절반은 그에게 있으니까.

근래에 딕비 경에 대한 재평가가 이루어지면서, 영국의 한 와인 회사는 그의 업적을 기리며 와인 이름으로 딕비 경의 이름을 사용했다. 최근에는 딕비 경의 삶을 주제로 한 책이 영국에서 출간되기도 했다.

와인병은 발전을 거듭해서 충분히 안전하게 세워놓을 수 있는 안정적인 형태로 만들어졌다. 과거에는 유리병의 바닥 쪽이 유리를 부는 모양glass blow대로 만들어져 뚱뚱하고 동그랗게 제조됐다. 그러나 시간이 흐를수록 현재 우리가 볼 수 있는 모양과 같은 길쭉한 형태의 병으로 바뀌었다. 1730년대에는 맬릿mallet이라는 이름의 병 모양이 생기면서 병 바닥이 넓고 평평하고 병목이 얇

여러 모양의 와인병.

아지는 형태가 됐다. 1740년대에 이르러서는 비로소 현재와 흡사한 원기둥cylinder 모양을 갖추게 된다. 이런 식의 와인병 모양은 여러 와인을 쌓아 보관하는 데 특히 용이했다.

유리 기술이 발전하면서 틀mold을 사용해 일정한 모양과 용량의 병을 대량으로 생산할 수 있게 됐다. 와인을 보관하고 운송하기에 충분히 튼튼하면서 안정적이고, 용량과 모양까지 안성맞춤인 와인병이 만들어진 것이다. 유리병은 와인 정보를 기재하는 데도 효과적이었는데, 펜으로 유리병에 마킹을 할 수도 있었고 종이를 붙일 수도 있었다. 19세기에 이르러 현재와 비슷하게 와인 정보가 프린트된 라벨을 유리병에 붙이는 방식으로 발전했다. 하지만 생산자가 직접 와인병에 와인을 병입하는 것은 20세기 중반이 돼서야 보편화됐다. 이전에는 배럴barrel 단위로 와인을 구입

와인병의 여러 형태

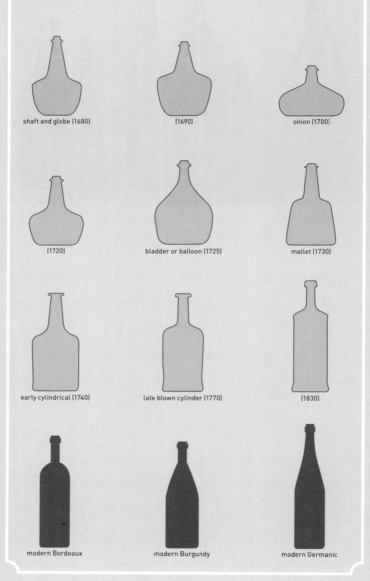

shaft and globe (1680)

(1690)

onion (1700)

(1720)

bladder or balloon (1725)

mallet (1730)

early cylindrical (1740)

late blown cylinder (1770)

(1830)

modern Bordeaux

modern Burgundy

modern Germanic

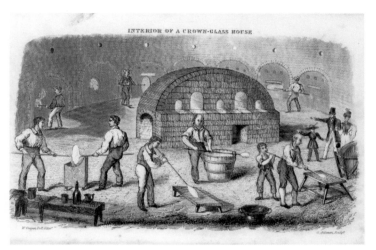

크라운유리crown glass를 제조하는 모습.
윌리엄 쿠퍼의 《크라운유리 공예사와 유리 기술자를 위한 매뉴얼》 삽화(1835).


한 중간 상인이 와인을 병입했다. 유리 공장에서 기계식으로 유리병이 대량 생산된 것도 20세기 들어와서야 가능해졌다.

# 코르크

유리는 공기와의 접촉을 완전히 차단하는 물질이다. 와인의 역사를 되돌아보건대, 언제나 '산화'로 인한 변질이 문제였던 것을 생각해보면 엄청난 혁명이 아닐 수 없다. 그렇다면 '유리병의 입구를 무엇으로 어떻게 막느냐'가 문제이다. 여기에서 와인병의 짝꿍인 코르크Cork가 등장한다.

코르크는 정확히 무엇일까. 그리고 왜 좋을까. 코르크는 너도밤나무과인 '코르크참나무Cork Tree, Quercus suber'의 질긴 겉껍질로 만든다. 탄력성이 매우 높아 별다른 처리를 하지 않아도 와인병 입구를 완벽히 밀봉할 수 있다. 액체와 기체가 통과하기 어렵고, 열전도성이 낮으며, 충격 흡수력이 있다. 이 덕분에 와인을 상하지 않게 보관하는 데 탁월하다. 게다가 값싸고 가벼우며 쉽게 분

코르크 마개로 입구를 막은 부서진 암포라. ⓒ올브강 소버

리되지 않는 데다 깨질 위험도 없으니, 와인을 운송할 때 특히 빛을 발하는 매우 편리한 소재였다.

코르크참나무의 가장 바깥쪽에 있는 보호 조직인 겉껍질은 다른 나무와 달리 제거하면 계속 새롭게 자라난다. 일정 기간이 지나면 바깥 겉껍질은 성장을 멈추고 나무와 분리되기 때문에 나무 성장에 나쁜 영향을 주지 않고 떼어낼 수 있다. 코르크참나무는 지중해 연안에서만 자라는데, 세계 코르크 생산량의 50퍼센트를 포르투갈이, 25퍼센트를 스페인이 차지하고 있다.

유리처럼 코르크 역시 근세에 갑자기 등장한 재료가 아니다. 2000년 전 고대 이집트에서 코르크를 암포라의 마개로 사용했다는 기록이 있다. 무척 놀라운 선견지명이 아닐 수 없다. 하지

코르크 생산을 위해 껍질을 벗겨낸 코르크참나무와 겉껍질.

만 유리병보다 훨씬 입구가 컸던 암포라를 완전히 밀봉하기에 코르크는 역부족이었다. 한편 로마인들은 발을 따뜻하게 하기 위해 코르크 신발을 만들어 신었고, 물에 뜨는 성질을 이용해 고기를 잡을 때 부표로도 사용했다.

반면 중세까지 스페인과 포르투갈은 무슬림인 무어인Moor 통치하에 있었기 때문에 코르크를 적극적으로 생산하고 수출하지 못했다. 12세기 무어인이 이베리아반도에서 사라진 뒤부터 비로소 코르크를 자유롭게 생산하고 수출할 수 있었다. 17세기 들어 견고한 유리병이 등장하면서 병 입구를 완전히 막아줄 새로운 마개가 필요해졌고, 자연스럽게 그 역할을 코르크가 담당했다.

코르크나무 껍질 수확은 대략 25년이 된 나무부터 시작한다.

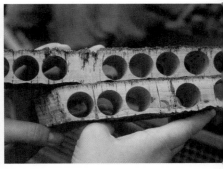

▲압착시킨 껍질에 원통 모양 구멍을
뚫어 코르크 마개를 만든다.

◀코르크커터가 손으로 일일이 코르크
를 잘라 마개를 만드는 모습.

처음 겉껍질을 떼어낸 뒤에 8~14년에 한 번꼴로 다시 자란 껍질
을 수확한다. 포르투갈에서는 한 나무의 껍질을 9년에 한 번만 벗
겨내도록 법으로 정해두었다.

현대에 코르크를 만드는 방법은 이렇다. 코르크나무 겉껍질을
공장으로 옮긴 뒤 여러 공정을 통해 최대한 부드럽고 평평하게
만들어 원통 모양으로 구멍을 뚫는다. 그러나 근세 초기에는 이
와 같은 공장 시스템이 없었기 때문에 칼을 가지고 손으로 일일
이 코르크를 잘라 마개를 만들었다. 바로 코르크커터cork cutter가
하는 일이었다.

이처럼 와인 용기에 유리병과 코르크 마개를 사용하면서 와인
을 급격한 산화 과정 없이 안정적으로 오랜 기간 보관할 수 있었

다. 고대부터 내려오던 와인의 고질적인 문제가 해결된 것이다.

코르크는 현재까지도 와인병 마개로 가장 많이 사용되고 있다. 현대에는 스크류캡이나 합성수지 등 코르크보다 더 완벽하게 산소를 차단할 수 있는 방안이 있다. 갈수록 스크류캡과 같은 마개가 많이 사용되는 추세이다. 그런데도 여전히 코르크 마개가 널리 사용되는 이유는 무엇일까? 바로 코르크 마개로만 가능한 '병숙성' 때문이다. 코르크 마개로 닫힌 와인병이 옆으로 뉘여 올바르게 보관된다는 가정하에 코르크 마개는 1년에 1밀리그램 정도의 산소를 와인병 안에 유입시킨다고 한다. 이처럼 아주 적은 양의 산소는 와인의 화학적 성질을 천천히 변화시키고, 마침내 세월이 차곡차곡 쌓였을 때 무척이나 복합적인 풍미를 가진 와인으로 변모시킨다. 물론 이것은 어디까지나 병 숙성으로 혜택을 볼 수 있는 소수의 와인에 한한다. 사실 대부분의 와인은 병 숙성 없이 신선하게 마시는 것이 가장 맛이 좋다.

코르크 마개는 결정적인 단점이 있는데, 바로 코르크 오염Cork Taint에 의해 와인이 부패하는 경우가 평균 3~5퍼센트 정도 발생한다는 점이다. 코르크는 나무 재질이기 때문에 그 속에 이미 존재하던 곰팡이가 문제를 일으키는 경우가 가장 많다. 정확히는 TCP라는 성분과 곰팡이가 만나 생기는 TCA가 문제를 일으킨다. 맛있는 와인을 기대하고 열었는데, 코르크 오염으로 인해 퀴퀴한 향이 확 올라올 때의 기분이란! 이 때문에 코르크 와인보다 스크류캡을 선호하는 생산자와 소비자가 늘고 있다.

훌륭한 품질의 와인이 적정 시간 동안 아주 잘 '병 숙성'된 경우 그 맛은 말로 표현할 수 없을 정도로 복합적이며 아름답다. 와인에는 수많은 매력이 있지만 와인이 가지는 일종의 '시간성'과 '역사성'은 그 어떤 술과도 비교할 수 없다. 시간에 따라 달라지는 와인의 맛과 향! 하지만 이것은 어쩌면 역사 속에서 만들어진 일종의 '우연'일지 모른다. 유리병과 코르크 마개의 조합이 이와 같은 화학적 작용을 발생시킬지는 그 누구도 예견하지 못했을 테니까.

# 샴페인을 들자

　견고한 유리병과 코르크 마개의 혜택을 가장 직접적으로 받은 와인은 무엇일까? 물론 모든 와인이 유리병과 코르크 마개 덕을 보았지만 와인 종류 하나를 꼽는다면 샴페인이 아닐까 싶다. 사실 혜택 정도가 아니라 지금의 샴페인을 탄생시켰다고 해도 과언이 아니니 말이다.

　샴페인Champagne은 프랑스 샹파뉴Champagne 지역에서 전통적인 방식으로 생산한 스파클링 와인이다. 다시 말해, 스파클링 와인이라도 샹파뉴 지역에서 만들어진 것이 아니면 샴페인이라고 말할 수 없다.

　샹파뉴 지역은 파리와 상당히 가깝다. 예로부터 부르고뉴 와인은 외부에 잘 알려지지 못했어도, 샹파뉴 와인은 지리적 접근

성 덕분에 프랑스 도시 곳곳과 유럽 전역에 잘 소개되는 편이었다. 재미있게도 17세기 이전까지 샹파뉴에서는 스파클링 와인을 생산하지 않았다. 정확히 말하면, 당시에는 스파클링 와인이라는 스타일 자체가 존재하지 않았다. 지역의 특성 때문에 와인 속에 탄산이 발생하는 것을 그저 실수로만 치부했을 뿐이다. 샹파뉴 사람들은 와인 속에 탄산이 생기는 것을 '악마의 장난'이라고까지 생각했다. 보글보글 거품이 생길 뿐만 아니라 심지어는 폭발하기까지 하니 정확한 이유와 대처법을 몰랐던 당시에는 몹시 당황스러웠을 것이다.

샹파뉴 지역은 와인을 생산하기에 상당히 춥고 서늘하다. 양조 기술이 충분히 발달하지 못한 당시에는 추운 겨울이 되면 발효가 멈추고 봄이 되면 발효가 다시 일어나는 일이 반복됐다. 이 과정에서 탄산이 생겨났다. 정확한 이유를 몰랐던 와인 생산자들은 매번 골머리를 앓아야만 했다.

그 유명한 동 페리뇽Dom Pérignon 수도사도 마찬가지였다. 동 페리뇽은 17세기 중반에 약 47년 동안 샹파뉴 오빌레 수도원Abbaye Saint-Pierre d'Hautvillers에 있었다. 그는 특별히 와인 양조에 열정적이었다. 샹파뉴 지역 포도 농사 방법을 혁신적으로 발전시키면서 당시 샹파뉴 와인의 품질을 한 단계 높인 장본인이다. 포도나무 가지치기, 포도 열매 생산량 제한, 수확 방법과 시기 조절 등 다양한 연구와 실험을 통해 샹파뉴 지역 포도 품질을 수직 향상시켰다. 이뿐만 아니라 여러 품종과 포도밭의 포도를 섞어 와인을 만드는 블렌딩 기법과 맑은 포도즙을 쉽게 낼 수 있는 압착기 등 신기술도 도입했다.

모엣샹동 샴페인 하우스의 수도사 '동 페리뇽' 동상.

재미있게도 알려진 것과 달리 동 페리뇽은 스파클링이 아닌 스틸 와인 연구에 헌신했다. 당시 샹파뉴 지역의 모든 와인 생산자가 그랬듯 동 페리뇽 역시 의도치 않게 발생하는 탄산 탓에 골치 아팠다. 그는 거품과 탄산을 최대한 제어해 고품질 스틸 와인을 만들고 싶었다. 결국, 동 페리뇽이 다양한 기법을 고안하고 연구했던 이유는 스파클링 와인이 아니라 높은 품질의 일반 와인을 만들기 위함이었다. 다만, 그의 연구 덕분에 샹파뉴 지역의 포도와 와인 품질이 향상됐다. 결과적으로 그의 연구는 오늘날 샹파뉴 와인의 위상에 밑바탕이 됐다.

오늘날 '동 페리뇽'은 가장 유명하고 성공적인 샴페인 브랜드의 이름으로 사용된다. 이 때문에 동 페리뇽이 샴페인의 창시자라고 알려졌지만, 그건 반만 맞는 사실이다. 마케팅의 귀재로 알려진 메르시에 샴페인 하우스Mercier Champagne House의 창립자 외젠 메르시에Eugène Mercier가 '동 페리뇽'을 브랜드 이름으로 등록하면서 동 페리뇽을 '샴페인의 아버지'라고 스토리텔링했다고 한다. 이후 모엣샹동Moët&Chandon이 메르시에를 인수해 고급 샴페인 이름으로 '동 페리뇽'을 사용했으니, 마케팅의 승리인 셈이다.

당시 샹파뉴 지역 와인에 탄산이 생겨 발생한 가장 근본적인 문제는 탄산 섞인 와인을 보관할 만한 튼튼한 용기가 없었다는 데에 있다. 얇은 유리병은 탄산 때문에 깨지기가 일쑤였다. 나무통은 마개가 날아가 버리는 등 보관 자체가 어려웠다. 그러나 이 문제를 해결해줄 두껍고 단단하며 무거운 유리병이 영국에서 발명되자, 비로소 샴페인 탄산에도 깨지지 않는 안정적인 보관 용기가 탄생했다. 물론 오늘날의 샴페인 병처럼 단단한 유리병은 19세기에 이르러서야 만들어졌지만 과거와 비교한다면 장족의 발전이 아닐 수 없었다. 이전에는 10병 가운데 1병만 깨지지 않았다면, 이젠 10병 가운데 5병은 깨지지 않았다. 비로소 '버블이 퐁퐁 솟아오르는' 이 특별한 와인을 외부에 소개할 수 있게 된 것이다.

특히 프랑스의 태양왕 루이 14세Louis XIV 사후 섭정했던 오를레앙Orléans 공작 필리프 2세가 샴페인을 좋아하면서 프랑스 왕궁에서 큰 사랑을 받았다고 알려졌다. 이 새로운 형태의 와인은 프랑스뿐만 아니라 금세 유럽 특권층의 무한한 사랑을 받았다. 현재까지도 이어져 내려오는 샴페인의 고급스럽고 럭셔리한 이미지는 모두 이때부터 시작됐다. 샴페인은 당시 최고급 레드 와인에

페데르 세베린 크뢰위에르, 〈Hip Hip Hurrah!〉(1888).

비해 두세 배 이상 가격을 쳐줘야 살 수 있었다. 와인병이 (아직까지는) 잘 깨지는 데다가 공급량은 많지 않은데 인기는 많다 보니 그마저도 없어서 못 살 정도였다고 한다.

이러한 인기를 등에 업고 18세기부터는 모엣샹동과 같은 전문 샴페인 하우스들이 설립되면서 보다 정교한 형태의 샴페인이 생산됐다. 특히 뵈브 클리코Veuve Clicquot 샴페인 하우스에서는 샴페인 양조법의 핵심인 르뮈아주Remuage 기법을 고안하고 완성시켰다. 르뮈아주 기법이 발명되기 전까지 샴페인은 지금처럼 맑고 투명하지 않았다. 탁하고 효모 찌꺼기가 떠다녔다. 뵈브 클리코 샴페인 하우스에서는 퓌피트르Pupitre라는 특별히 고안된 선반에 샴페인 병을 거꾸로 꽂아 매일 조금씩 돌리며 병목으로 효모 찌꺼기를 모으는 르뮈아주 기법과, 모아진 찌꺼기만을 깔끔하게 빼

추수감사절 저녁을 위한 특별한 금색 포장 샴페인 광고(1912).

낼 수 있는 데고르주망Dégorgement이라는 과정을 고안했다. 이 덕
분에 샴페인은 지금의 맑고 투명한 모습이 됐고, 비로소 기포가

퐁퐁 피어오르는 아름다운 모습을 자랑할 수 있었다.

이뿐만이 아니다. 와인 메이커가 원하는 방식대로 두 번 발효하기 위해 효모와 당을 따로 첨가하는 티라주Tirage 기법도 고안됐다. 하지만 이 과정에서 조금이라도 당이 적정량을 초과하면 와인병 안에 압력이 과하게 높아져 제 아무리 튼튼한 영국제 와인병이라고 해도 폭발하기 일쑤였다. 이를 해결하기 위해 샹파뉴 지역의 장바티스트 프랑수아Jean-Baptiste François라는 약사가 당과 기압과의 관계를 연구해 정확히 필요한 양의 당을 계산할 수 있었다.

아돌프 자크송Adolphe Jacquesson이란 인물은 1844년 뮈즐레Muselet라는 장치를 고안했다. 바로 오늘날에도 사용되는 샴페인 병 코르크 위에 씌워진 와이어다. 처음 발명됐을 때는 지금과 똑같은 모양이 아니었고 불편하기도 했지만, 뮈즐레 덕분에 코르크는 한층 더 안정적으로 유지돼 샴페인이 더욱 널리 유통될 수 있었다.

샴페인 탄산은 '악마의 장난'이라고까지 불릴 만큼 골칫거리였다. 하지만 인간의 노력으로 현재까지도 이처럼 사랑받는 와인이 된 것을 생각하면, 와인 양조에 있어 '사람'의 역할이 얼마나 큰지 새삼 깨닫는다.

# 주정강화 와인과 유럽의 정세

17~18세기에 유럽에 혜성처럼 나타나 유난히 인기를 끌었던 와인은 샴페인뿐만이 아니었다. 포르투갈의 '포트Port', 포르투갈령 마데이라섬의 '마데이라Madeira', 스페인의 '셰리Sherry' 등 주정강화 와인이 당시 유럽, 특히 영국에서 열렬한 인기를 끌었다.

주정강화 와인은 발효하는 도중이나 발효한 다음에 브랜디를 넣어 알코올 도수를 높인 와인이다. 통상 일반 와인의 최대 알코올 도수가 15~16퍼센트라면, 주정강화 와인은 22퍼센트까지 올라간다.

브랜디를 언제 어떻게 넣느냐에 따라 와인의 당도가 달라질 수 있다. 예를 들어, 발효 중간에 브랜디를 넣어 발효를 멈추면 당이 남아 스위트 와인이 된다. 와인을 어떻게 숙성하느냐에 따라서도 스타일이 완전히 달라진다. 그 숙성 방법만 해도 수십 가지다.

주정강화 와인은 일반 와인에 비해 오랜 보관이 가능하다. 이는 기본적으로 높은 알코올 덕분이며, 와인 스타일에 따라 높은 당도 역시 장기 보관을 가능하게도 한다. 어떤 주정강화 와인은 숙성 과정에서 고의적으로 와인을 산화 또는 열화시켜 하나의 스타일로 만들어낸다. 이 와인들은 오랜 시간 선박 안에서 뜨거운 열을 받거나 산화해도 상하지 않고 오히려 맛있어진다는 독특한 장점이 있다. 이 때문에 17~18세기에는 오랜 여행에도 끄떡없는 주정강화 와인이 큰 인기를 끌었다. 어둡고 두껍고 튼튼한 유리병에 담긴 와인은 유럽 바다 곳곳을 누비는 '특혜'를 누렸다.

영국에서 원래 인기가 있었던 대표적인 주정강화 와인은 스페인의 셰리였다. 스페인 헤레스Jerez 지역에서 전통적으로 만들어진 셰리는, 15세기 영국과 프랑스에 수출되면서 특히 영국에서 큰 인기를 얻었다. 셰리는 셰익스피어의 희곡에도 자주 등장한다. 셰익스피어 자신도 셰리의 열렬한 애호가로 유명했다.

15세기 말 아메리카 신대륙을 발견할 때 콜럼버스는 셰리 와인을 숙성시키던 스페인의 항구도시 산루카 데 바라메다Sanlúcar de Barrameda를 기지로 삼았다. 이 영향으로 16세기에는 많은 양의 셰리가 아메리카 대륙으로 운송됐다. 요컨대, 북미 대륙에 처음 들어간 와인이 바로 셰리였다. 16세기 엘리자베스 1세 때와 18세기 초반 영국과 스페인 사이에 관계가 악화됐을 때 수출이 잠시 주춤하기는 했지만, 영국에서 셰리의 인기는 계속됐다.

한편 포트는 17세기 무렵 등장한 새로운 와인이다. 17세기, 영원한 앙숙인 프랑스와 영국이 무역 전쟁을 벌여 영국으로 수출되던 프랑스 와인은 거의 전면적으로 끊겨버렸다. 영국 상인들은 상대적으로 좋은 관계를 유지하던 포르투갈에서 새로운 와인을 찾았다. 이때 발견한 와인이 도루Douro강 유역의 진하고 강한 레드 와인이다. 이 와인을 런던까지 운송하는 과정에서 상하지 않게 보존하기 위해 브랜디를 첨가한 것이 주정강화 와인 '포트'의 시작이다.

본격적으로 포트와인이 영국에서 큰 유행을 한 때는 1703년 영국과 포르투갈이 '메수엔 조약Methuen Treaty'을 맺으면서부터였다. 이 조약으로 영국은 포트와인을 특혜 관세 품목으로 지정했다. 당시 다른 국가 와인에 비해 관세를 3분의 1 이하로 부과해 가격적으로 매우 큰 경쟁력을 얻을 수 있었다. 하지만 18세기 중반부터는 포트와인이 과도하게 생산·공급되면서 품질이 낮아지자, 영국에서 급격히 그 위상을 잃기도 했다.

포트와 셰리 와인은 비교적 오늘날에도 잘 알려져 있다. 하지만 마데이라 와인은 와인 애호가라도 잘 모르는 경우가 많다. 그런데 17~18세기의 '히어로'는 단연 마데이라였다.

마데이라는 포르투갈령 섬이다. 지리적으로 아프리카 대륙에 더 가까워 포르투갈이 아프리카와 북미로 진출하는 교두보로 마데이라섬을 활용했다. 포르투갈 사람들이 마데이라에 포도를 처음 들여와 와인을 양조했을 때, 마데이라 와인은 딱히 이렇다 할 특징이 없었다. 하지만 마데이라가 포르투갈 해양 진출의 중간 기착지로 중요해지고 장기간 항해를 앞둔 선원들이 섬에 유입되면서, 마데이라 와인의 필요성이 높아졌다. 다만 장기간 항해할 경우 와인이 심하게 상해버리는 문제가 있었다. 선원들은 와인에

포르투갈 해양 진출의 중간 기착지였던 마데이라섬에서는 장기간 항해할 선원들을 위한 와인이 만들어졌다.

와인 경매에 나온 19세기에 생산된 마데이라 와인.

와인을 만들기 위해 포도를 통에서 으깨는 모습. 윌리엄 사무엘, 《마데이라의 기억들》 삽화(1834).

사탕수수로 만든 증류주를 섞는 아이디어를 냈다. 18세기에는 사탕수수 증류주 대신 포도로 만든 브랜디를 넣기 시작해 비로소 마데이라라는 주정강화 와인이 완성됐다.

마데이라 와인은 17~18세기 인도양으로 향하는 네덜란드 동인도회사 선박들에 큰 인기를 얻었다. 네덜란드 사람들은 적극적으로 마데이라를 소비했고 수출했으며 발전시켰다. 재미있게도 기온이 매우 높은 적도 부근을 항해한 마데이라 와인이 더 맛있고 특별한 풍미를 지닌다는 사실을 선원들이 알아차렸다. 일종의 열화와 산화가 일어나 독특한 스타일의 와인이 만들어진 셈이다. 이 때문에 마데이라섬 사람들은 와인을 미리 선박과 같은 환경에 노출시켜 숙성하는 방법을 고안했다. 현재 만들어지는 마데이라는 이와 같은 과정을 재현하기 위해 고안된 특별한 시설에서 천천히 숙성된다.

마데이라는 1776년 미국이 독립선언을 하는 역사적인 순간 토머스 제퍼슨Thomas Jefferson의 잔에 채워진 와인이자, 미국의 초대 대통령인 조지 워싱턴George Washington이 하루 한 병씩 마셨다는 와인이다. 이처럼 마데이라는 미국과 인연이 깊다. 이는 당시 정치 상황과도 맞물려 있다.

영국이 포르투갈과 무역 관계를 긴밀히 하면서 아메리카 대륙의 영국 식민지들은 마데이라를 적극 수입했다. 18세기에는 마데이라섬에서 생산된 와인의 4분의 1가량이 영국의 북미 식민지, 예컨대 뉴잉글랜드 등지로 수출됐을 정도이다.

하지만 영국이 칠년전쟁에 가담하며 돈이 부족해지자, 북아메리카 식민지에서 과도한 세금을 거둬들이면서 문제가 발생했다.

1776년 미국의 독립선언식에서 의원들이 마데이라 와인을 손에 들고 건배했다.

1764~1765년 모든 설탕과 문서에 세금을 납부하도록 하더니, 식민지의 거센 항의에 직면하자 설탕세와 인지세를 철회하는 대신 수출입 품목에 무거운 관세를 부과한 것이다.

당시 무거운 관세를 피해 본인의 해운 회사를 통해 밀수업을 해오던 미국의 존 행콕John Hancock은, 1768년 마데이라를 포함한 몇 가지 물품을 들여오다 영국 정부에 선박을 압류당하고, 영국 정부에 거액의 탈세분을 지급하라는 고소를 당했다. 이때 존 행콕의 변호를 맡았던 사람이 이후 미국의 제2대 대통령이 된 존 애덤스John Adams였다. 자연스럽게 존 행콕은 미국 독립 혁명을 주도하는 이들을 경제적으로 후원하고 친분을 쌓게 된다. 존 행콕의 선박이 압류당한 지 5년이 지나 '보스턴 차 사건'이 일어난다. 이 사건을 계기로 그동안 영국 정부에 쌓인 식민지인들의 분노가 터졌고, 3년 뒤인 1776년 미국은 독립을 선언했다.

아이러니한 것은 영국의 식민지였기 때문에 마데이라를 접했던 미국인들이 바로 그 마데이라로 건배를 하며 식민 시대의 종결을 알렸다는 점이다.

세계적인 경매회사 소더비Sotheby's나 크리스티Christie's가 진행하는 경매에 종종 등장하는 아주 오래된 빈티지의 와인은 주로 주정강화 와인이다. 2016년 크리스티 와인 경매에서는 1795년산 마데이라를 선보였는데, 대략 1만 9600달러(약 2500만 원)에 낙찰됐다. 크리스티의 첫 와인 경매는 1776년에 열렸다. 당시 창립자인 제임스 크리스티는 1766년산 마데이라를 첫 경매에서 판매한 바 있다. 제임스 크리스티는 250년 뒤 본인의 이름을 딴 경매 회사에서 본인이 처음으로 판매한 와인과 비슷한 시기의 와인이 경매될지 상상이라도 했을까?

오래 보관할 수 있다는 특징 때문인지 유독 주정강화 와인은 시간을 넘나드는 상징성을 가진다. 꼭 타임머신처럼 말이다.

# 귀부병에 걸린 포도

　고대와 중세에도 스위트 와인은 고급 와인으로 각광받았지만 만드는 법은 언제나 같았다. 수확을 늦춰 포도나무에 오래 둔 채로 포도를 그대로 말리거나, 수확한 뒤에 말려 당을 농축시켜 발효하는 방식이다. 고대 그리스 이전부터 내려온 방식이다.

　17세기 후반에 접어들면서는 새로운 방식으로 만드는 스위트 와인이 등장한다. 바로 귀부병貴腐病, Noble Rot에 걸린 포도로 와인을 만드는 방식이다. 오늘날 프랑스 보르도의 소테른Sauternes, 헝가리 토카이Tokaj, 프랑스 알자스Alsace, 독일 등지에서 이런 스타일의 와인이 생산되고 있다. 정확히 누가 만들었는지 언제 어디에서 어떻게 시작됐는지 알 수 없다. 다만 유럽에서 인지도를 얻기 시작한 시기는 대략 17세기 후반에서 18세기 초반경이다. 헝

귀부병에 걸린 포도는 수분이 증발해 껍질 표면이 쭈글쭈글해지고 당분이 농축돼 단맛이 난다.

가리에서는 16세기부터 이미 만들어졌다고도 한다.

귀부병에 걸린 포도는 보트리티스 시네레아Botrytis Cinerea라고 하는 곰팡이균 탓에 수분이 증발해 껍질 표면이 쭈글쭈글해지고 결국엔 당분이 농축돼 단맛을 낸다.

이 곰팡이가 좋은 방식으로 발현되기 위해서는 여러 까다로운 자연환경 조건이 필요하다. 자칫하다가는 포도를 못 쓰게 만들 뿐인 회색곰팡이Grey Rot로 전락해 농사를 망쳐버릴 수 있다. 그야 말로 한 끗 차이이기 때문이다.

귀부병에 걸린 포도가 생기려면 적당한 온도와 습도가 필수적이다. 온도와 습도가 너무 낮으면 곰팡이가 아예 생기지 않고, 온도와 습도가 높기만 하면 곰팡이가 과하게 번식한다. 한편으로는 곰팡이균을 어느 시점에서 말려 멈추게 할 쨍쨍한 햇빛과 약간의 건조함도 필요하다. 그래야 곰팡이가 생겼다, 멈췄다, 생겼다, 멈췄다를 반복하며 비로소 '훌륭한' 귀부병에 걸린 포도가 만들어진다. 아침이면 잔잔한 안개가 끼어 습기를 머금지만, 낮이면 바람이 부는 가운데 강하고 쨍쨍한 햇빛이 비추는 그런 환경이 가장 좋다. 이 모든 자연조건이 맞아 떨어져야 하기 때문에 귀부병 포도로 와인을 만들 수 있는 지역은 매우 한정돼 있다.

게다가 곰팡이는 균일하게 발생하지 않기 때문에 여러 번에 걸쳐 손으로 직접 수확해야 한다. 예컨대, 같은 포도나무나 포도송이 안에서도 곰팡이의 영향을 많이 받은 것, 중간 정도로 받은 것, 전혀 받지 않은 것 등으로 다양하게 나뉘기 때문이다. 이처럼 수확을 하는 데도 많은 시간과 비용이 들어가기 때문에 귀부 와인은 생산량도 적고 아주 비싼 가격에 팔릴 수밖에 없다.

이 새로운 방식의 스위트 와인(특히 보르도의 소테른)은 18세기에 유럽과 북미 대륙에서 입소문을 타더니 금세 고급 와인으로 부상했다. 특히 현재까지도 독보적인 명성을 자랑하는 소테른의 샤토 디켐Château d'Yquem 와인은 당시에도 애호가들의 사랑을 한몸에 받았다.

# 보르도의 샤토 오브리옹

17세기 중후반, 프랑스 보르도에서는 새로운 시도가 일고 있었다. 그때까지 와인을 마시는 대중들에게 "이 와인이 어디서 온 와인이냐"는 전혀 중요하지 않았다. 워낙 여기저기 와인들이 섞여 만들어지기도 했거니와, 생산지보다는 와인 중간 상인의 역할이 더 중요했기 때문이다.

물론 높은 계층의 사람들은 조금 달랐다. 앞서 말했듯 "부르고뉴 와인이 맛있다더라" "독일 라인강 유역 와인이 그렇게 향긋하더라" 하는 등 와인 산지에 대한 선호도와 그에 따른 가격 프리미엄이 분명 존재했다. 샴페인이나 소테른 같은 새로운 종류의 와인에 열광한다든지, 마데이라를 비싼 돈을 주고 구입한다든지 하는 취향도 있었다.

하지만 이들마저도 어떤 '와인 생산자'가 와인을 만들었는지에 대한 궁금증은 크지 않았다. 현대에는 가장 중요한 와인 생산자와 와이너리에 대한 정보가 당시에는 크게 중요하지 않았다.

17세기 중반 아르노 드 퐁탁Arnaud Ⅲ de Pontac이란 사람은 어쩌면 미래를 내다보았을지 모른다. 그는 보르도의 유명한 5대 샤토 Château(보르도 지방의 와이너리) 가운데 하나인 샤토 오브리옹Château Haut-Brion의 전신을 이끌던 사람이다. 샤토 오브리옹은 보르도의 페삭 레오냥지역에 포도밭을 두고 있었는데, 아르노는 일찍이 이 지역의 특별함을 알아봤다. 본인 포도밭의 특별한 자갈 토양에서 자라난 포도가 다른 지역 포도와 품질이 다르다는 사실을 알아차린 것이다.

아르노는 당시 와인 상인(네고시앙)들이 여기저기에서 사들인 포도를 섞어 값싼 와인을 만들어 판매하는 방식을 무척 싫어했다. 아르노는 다른 포도와는 섞지 않은, '오브리옹Haut-Brion'이라는 자신의 와이너리 이름을 건 와인을 홍보하기 시작했다. 놀랍게도 이 방식은 아주 큰 효과를 거두었다. '생산자'가 누구인지 명시하고 품질에 자신을 나타낸 아르노의 와인이 긍정적으로 받아들여진 것이다.

어느 정도 성공을 거두자, 그는 아들을 영국 런던으로 보내 술집을 순회하며 오브리옹 와인을 영업하게 했다. 결국에는 런던에 퐁탁스 헤드Pontac's Head라는 오브리옹 와인 독점 판매 술집을 차렸다. 이 술집은 큰 성공을 거두었다. 당시 런던에서 가장 인기 있고 트렌디한 곳으로 부상했으며, 수많은 영국 와인 애호가와 유명인의 사랑을 한몸에 받았다.

17세기 거대한 샤토가 지어지기 전, 프랑스 보르도 와이너리 샤토 오브리옹의 모습.

17세기 영국의 정치인 새뮤얼 피프스Samuel Pepys는 1663년 일기에 "오브리옹Ho Bryan이라 불리는 프랑스 와인을 마셨는데, 지금까지 내가 마셔본 와인 가운데 가장 훌륭하고 특별한 맛을 가졌다"라고 적었다. 10년간 쓴 그의 일기에는 보르도의 와인을 일컫는 단어인 '클레렛'이 자주 등장하지만 특정 와이너리의 이름을 언급한 것은 오브리옹뿐이었다.

미국의 3대 대통령 토머스 제퍼슨 또한 1787년 보르도에 방문했다가 오브리옹 와인에 반해 샤토에서 와인을 직접 공수해왔던 것으로 알려져 있으며, 샤토 오브리옹은 미국에 처음 이름이 알려진 보르도 샤토였다.

오브리옹 이야기가 특별한 것은 당시로서는 익숙하지 않던 '브랜딩branding'이란 마케팅 기법을 사용했기 때문이다. 아르노 드 퐁탁은 포도밭 토양인 테루아르의 특별함과 와인 생산자가 가지는 고유성을 일찌감치 이해한 선구적인 인물이었다. 보르도는 '샤토'라고 불리는 각각의 와이너리 중심으로 와인이 생산되는데, 샤토 오브리옹이 바로 그 샤토라는 개념의 시작이었다. 이후 보르도의 많은 와이너리가 오브리옹을 모델로 해 샤토를 건립해 보르도에 샤토 시스템이 정착했다.

샤토 오브리옹은 1855년에 보르도 샤토 등급을 매길 때, 유일하게 메도크 지역이 아닌 그라브 지역의 1등급 와이너리로 이름을 올렸다. 지금까지도 수많은 이들을 매료시키며 보르도 최고 와이너리 가운데 하나로 군림하고 있다.

# 와인 셀러와 숙성, 그리고 시민사회로의 변화

　바야흐로 17~18세기 서구 사회는 중세 봉건사회에서 벗어나 근대 사회로 향하는 길목에 있었다. 왕과 귀족 등 특권층 중심의 사회 제도가 붕괴하고 법률상 자유롭고 평등한 시민이 지배하는 사회로 이행하는 과정이었다. 그사이에 시민혁명이라 불리는 일련의 사건이 연달아 일어났다. 예를 들면 영국의 명예혁명(1688), 미국의 독립선언(1776), 프랑스혁명(1789~1799)이다. 경제적으로는 17세기부터 시작된 영국의 중상주의 정책이 산업혁명으로 이어졌다. 이는 유럽과 미국 대륙으로 번지며 18~19세기 자본주의라는 새로운 패러다임으로 이어졌다.

　이러한 모든 변화의 중심에는 바로 '자유롭고 독립적인 개인의 발견'이 있었다. 고대처럼 미신적인 것들에 사로잡히거나 중세와

프랑스혁명으로 자유롭고 독립적인 개인의 시대가 도래했다.

같이 신에 종속돼 살아가는 것이 아니라, 비로소 인간을 중심으로 한 세계관으로 탈바꿈한 것이다.

와인에 대한 시각도 마찬가지였다. 와인은 더 이상 고대와 같이 특권계층만을 위한 것도 아니었고, 중세처럼 종교적인 상징성을 띠거나 생존을 위해 마시는 생필품이 아니었다. 와인 애호가들은 이제 본인 입맛에 맞는, 더 맛있고 좋고 희귀하며 새로운 와인을 적극적으로 찾아 나섰다. 비로소 와인은 하나의 취향이 되고 미식gastronomy과 연결됐다. 고대 이후 처음으로 원시인이 마시던 '포도주'와는 다른 접근이 시작됐다.

결정적으로는 과학의 발달이라는 또 다른 축이 있었다. 과거에는 스위트 와인이나 주정강화 와인이 아니고서야 일반 와인을 오래도록 저장한다는 것은 꿈도 꾸지 못할 일이었다. 금방 산화해

상해버렸기 때문이다. 하지만 기술의 발달로 '와인을 저장한다'
는 개념이 가능해졌다. 심지어는 '숙성'을 해서 마실 경우 더욱
깊고 독특한 풍미를 맛볼 수 있다는 사실을 알게 됐다. 이 때문에
좋은 와인을 여러 병 사서 보관하며 마시는 게 가능해졌다. 와인
애호가들은 와인을 구매해 콜렉팅하기 시작했다. 자신만의 와인
셀러를 만든 것이다.

과거에는 와인의 맛은 별로 중요하지 않았다. 신선한 와인을
마시는 것이 가장 의미 있었다. 와인으로 유명한 몇몇 생산지도
있었지만, 지역을 뭉뚱그려 말했을 뿐이지 구체적으로 어떤 포도
밭에서 나온 어떤 생산자가 만든 와인임은 알 수 없었다. 하지만
근세에 와서는 와인에 대한 구체적인 정보들이 부각되기 시작했
다. 어떤 지역에서, 어떤 와인 생산자가, 어떤 방식으로 만든 와
인이며, 맛은 어떠한지. 생산자들도 점차 과학적인 방식으로 포
도 재배와 양조 과정을 연구할 필요성을 느꼈고 와인의 품질 향
상을 위해 노력했다.

생각해보면 이런 변화는 고작해야 300~400년 사이에 이루어
졌다. 요컨대, 1만여 년 전부터 시작했을 와인의 역사에서 보면
아주 짧고 눈 깜짝할 사이에 벌어진 일이다.

# 레스토랑의 시작, 미식의 향연

　음식을 집이 아닌 공간에서 조리해서 다른 누군가에게 판매하고, 손님들은 '공적인 공간'에 모여 돈을 내고 식사를 한다는 개념, 즉 현대 '식당' 혹은 '레스토랑'의 개념은 언제 시작됐을까?

　고대에는 왕족이나 신을 위해 일하는 하인들이 그들만을 위한 요리를 준비했다. 중세에는 공동체 생활을 하던 수도원에 요리를 담당하는 인력이 수도사들의 식사를 담당했다. 그러나 이러한 것들은 현대 '레스토랑'이 가지는 의미와 조금 거리가 있다.

　로마 시대 말부터 시작해 중세까지 번성했던 타번이나 여관 또한 현대의 식당과 얼핏 비슷한 역할을 하기는 했다. 그러나 타번은 술 판매, 여관은 숙박 제공이 1차 목표였다.

　중세에는 케이터러caterer라는 직업이 있었다. 주로 행사나 연회를 대상으로 음식을 주문받아 제공하는 이들이었다. 케이터러는 일종의 상공업 조합인 길드guild에 묶여 있어서, 길드에서 공식적으로 인정한 케이터러가 아니면 음식을 판매할 수 없었다. 그러다 보니 타인을 위해 음식을 준비하는 요리사가 일할 수 있는 곳은 주로 부유한 계층이나 귀족의 저택뿐으로 아주 제한됐다.

변화는 프랑스혁명과 비슷한 시기에 왔다. 17~18세기를 거치면서 요리사들은 밖으로 나왔다. 이는 시민혁명과 함께 세력을 확장한 부르주아bourgeois 계급과 연관이 컸다. 시민혁명 이전에는 왕족과 귀족이 사회를 지배하며 모든 주도권을 쥐고 있었다. 하지만 르네상스 이후 상업이 발달하고 산업화되면서 '정치권력'이 아닌 '경제력'을 바탕으로 세력을 키운 시민들이 나타나는데, 이들이 바로 부르주아다. 돈은 많지만 정치적 힘은 없었던 부르주아는 점차 불만이 쌓여갔다. 마침 프랑스 사회 내 쌓일 만큼 쌓였던 부패와 부조리가 터지고 농민층의 저항이 겹치면서, 경제력과 교육력을 바탕으로 한 똑똑한 부르주아는 시민혁명을 주도해 사회 시스템을 완전히 바꿔버리기에 이른다. 새로운 시스템은 부르주아가 노동자 계급을 착취하는 구조로 다시금 변질돼버리긴 했지만, 시민혁명을 계기로 자유와 평등을 표방한 민주주의 사회로 패러다임이 변했고, 자본주의가 싹텄다.

왕족과 귀족층이 무너지면서, 궁전과 저택에 있던 요리사들은 일거리를 찾아 밖으로 나오기 시작했다. 그리고 이들의 손님이 된 사람은 바로 경제력이 탄탄했던 부르주아층이었다. 프랑스혁명 전후로 '오트퀴진haute cuisine'이라고 하는, 쉽게 말해 수준 높은 고급 요리 문화가 부르주아 사이에 퍼져갔다. 바야흐로, 누구든

〈앙리 2세와 카트린 드 메디시스의 초상화〉(16세기). 샤토 다네 미술관.

돈만 있다면 요리사가 만든 훌륭한 고급 음식을 즐길 수 있는 시대가 온 것이다.

더불어, '요리'를 돈을 받고 판매하는 근대식 레스토랑도 처음 생겨났다. 근대 레스토랑의 첫 시작은 1765년 파리 루브르에서였다. 불랑제Boulanger라는 이름의 프랑스인이 양고기를 넣은 스튜를 판매하는 식당을 열었는데, 당시로서는 술집도 여관도 아닌 곳에서 식재료도 아닌 음식을 판매하는 일이 영 어색했다. 아니나 다를까, 고기를 판매하던 길드에서 불랑제에게 소송을 걸었다. 의기양양하던 길드의 바람과는 달리 소송에서 불랑제가 이기자 파리에는 음식을 판매하는 식당들이 생기기 시작했다.

사실 프랑스의 '오트퀴진' 자체는 프랑스혁명 훨씬 이전에 생긴 미식 문화다. 프랑스 요리 문화를 완전히 선도했다고 알려진 여인이 있으니, 바로 '카트린 드 메디시스Catherine de Médicis'이다.

1519년 이탈리아에서 태어난 그녀는 14세의 나이에 훗날 프랑스 왕이 된 앙리 2세Henri II와 혼인했다. 카트린은 크게 두 가지로 유명하다. 하나는 앞서 언급한 프랑스 미식 문화를 완전히 새롭게 만들어놓았다는 사실이고, 또 하나는 개신교 신도들을 학살한 사건인 위그노 대학살을 주동한 점이다.

이탈리아인이었던 카트린은 프랑스로 갈 때 당시 프랑스에는 없던 '포크'를 처음 들여갔다. 아티초크, 브로콜리, 파슬리, 시금치, 트러플과 같은 새로운 식재료와 파스타, 셔벗, 커스터드, 마카롱(최초의 마카롱은 이탈리아의 것이었다)과 같은 이탈리아 요리를 가져갔다. 이탈리아에서 요리사들을 함께 데려가 프랑스 요리를 더욱 고급화하고 다양하게 만들었으며, 프랑스 상류층 식사 에티켓을 정립하는 데 기여했다고 한다. 그녀는 무척이나 열정적이고 예술적이고 지적인 여성이었다고 알려져 있다.

그런데 남편 앙리 2세가 세상을 떠나고 첫째아들 프랑수아 2세 François II마저 즉위한 뒤 일찍 죽고 말았다. 둘째아들인 샤를 9세 Charles IX가 열 살이란 나이에 왕위에 오르면서 카트린은 섭정攝政, 즉 대리 통치를 하게 된다.

당시 프랑스에서는 역사상 가장 광적인 종교전쟁이 벌어지고 있었다. 구교인 로마 가톨릭과 칼뱅주의를 따르는 개신교 사이의 갈등이 상당했던 것이다. 그 종교전쟁마저 물려받았던 카트린은 본인의 위치와 아들의 왕권 유지를 위해 신교도와 구교도 간의 갈등을 적극 이용했다. 당시 권력이 상당했던 기즈 가문les Guise과 연합해 개신교도를 학살한 '성 바르톨로메오 축일의 학살(위그노 학살)'을 주동했다.

19세기 프랑스 파리 고급 레스토랑 '레 트루아 프레르 프로방소'의 모습(1842).

카트린 드 메디시스는 프랑스 오트퀴진 문화의 발판을 제공한 장본인이자 프랑스 상류층 문화를 더욱 세련되고 고급스럽게 만들어낸 업적을 세웠지만, 한편으로는 피비린내 나는 부도덕한 사건 한가운데에 있던 두 얼굴의 인물이었다.

이때부터 내려온 프랑스 고급 음식 문화는 오직 왕실과 귀족층에서만 향유됐다. 하지만 프랑스 시민혁명을 거치면서 시민계급도 즐길 수 있게 되었다. 경제적으로 탄탄한 부르주아가 식문화를 주도하며 프랑스 미식 문화는 더욱 더 화려한 황금기를 맞이한다.

앙투안 보빌리에Antoine B. Beauvilliers라는 이름의 프랑스 요리사는 1786년 파리에 상당히 큰 규모의 레스토랑을 열었다. 그의 식당은 가장 제대로 된 근대식 레스토랑의 원형이란 평가를 받는다. 우아한 다이닝 룸과 잘 훈련된 웨이터, 훌륭한 와인 셀러와 주방을 갖췄다고 알려진다. 이후 마리앙투안 카렘Marie-Antoine Carême과 같은 저명한 셰프이자 요리 연구가 등이 가세하며 프랑스는 바야흐로 서양 고급 요리 역사에 큰 획을 긋는다.

미식 문화의 발달은 곧 와인 문화의 진보를 의미하기도 했다. 17세기 이전만 해도 프랑스에는 코스 요리라는 개념이 없었다. 17~18세기에 걸쳐 미식 문화가 발달하며 코스 요리가 보편화됐다. 이러한 발전과 함께 와인 또한 음식과 곁들여 마시는 음료라는 개념이 생겨났다.

앙투안 보빌리에의 레스토랑에는 '아주 크고 훌륭한 와인 셀러'가 있었다는 기록이 많다. 와인이 비로소 '메뉴'의 일부분을 차지하게 됐는데, 예컨대 오늘날 레스토랑에서 볼 수 있는 '와인 리스트'가 생긴 것이다. 더불어 맥주는 펍pub에서, 위스키나 진은 바bar 혹은 술집tavern에서, 커피는 카페café나 커피하우스coffeehouse에서, 그리고 와인은 음식과 함께 레스토랑restaurant에서 마시는 것으로 역할이 나누어졌다.

와인은 퀴진, 즉 고급 요리와 한데 묶인 것이다. 이는 마치 어떤 미술 작품을 관람하거나 음악을 향유하는 것과 비슷한 형태로 발전했다. 와인을 즐기는 에티켓과 매너가 중요해지고 와인을 평가하고 감상하는 행위가 생겨났다. 예술 작품을 비평하듯, 요리와 와인을 비평하는 문화도 생겨나기 시작했다. 물론 이런 취미는 경제적·지적·문화적 수준이 뒷받침돼야 했으니, 부르주아 계층에서 유행처럼 번졌다. 비단 프랑스에서뿐만 아니라 영국과 독일 등 유럽 전역으로 퍼지며, 와인은 비로소 하나의 미식적이고 미학적인 문화로 자리 잡았다.

# 와인에 관한 새로운 시선

18세기는 계몽주의 시대였다. 이 사상은 정치·경제·사회·종교·과학 등 분야를 넘나들며 영향을 미쳤는데, 인간의 이성과 과학을 중심으로 어두운 무지에서 해방되자는 기조였다. 형이상학적인 관점보다는 상식과 경험을 중요시하며 개인의 자유와 평등, 인간의 비판적 사고 등을 중시하는 사상이었다.

이 같은 움직임이 책으로 편찬된 것이 '백과사전'이다. 18세기 유럽 전역에서는 나라마다 백과사전이 만들어지기 시작했다. 백과사전에는 하나부터 열까지 인간의 삶과 결부되는 모든 정보를 담고자 했다. 와인과 레스토랑 문화 또한 일종의 갖추어야 할 상식과 매너로 여겨져 거의 모든 백과사전에 수록됐다. 예를 들어, 독일의 백과사전에는 와인에 관해 다섯 페이지 넘게 할애됐는데,

피에르 오귀스트 르누아르, 〈뱃놀이 일행의 오찬〉(1881).

이는 기하학과 논리학에 관해 각각 스물두 줄, 열일곱 줄을 적은 것과는 확연히 비교될 정도로 많은 양이었다.

18~19세기에는 이처럼 새로운 미식 문화와 함께 자연스레 와인에 관한 전문적인 글 또한 편찬되기 시작했다. 요컨대, 와인에 관한 비평과 저널리즘이 이때부터 태동했다고 볼 수 있다. 가장 대표적인 책은 부르고뉴 출신 와인 상인이었던 앙드레 줄리앙 André Jullien이 1816년에 편찬한 《알려진 모든 와이너리들의 지형학 Topographie de Tous les Vignobles Connus》이다. 이 책에서 그는 프랑스뿐만 아니라 캘리포니아, 남아메리카, 남아프리카 케이프 지역 등의 와인을 등급별로 평가했다. 심지어는 중앙아시아 타타르 지역 와인까지 포함해 아주 방대한 양의 정보를 담았다.

줄리앙의 평가는 추후 보르도의 '1855 와인 분류classification'라

<와인 테이스팅>(19세기).
영국 미술학교.

는 역사적인 분류 체계에도 반영된다. 줄리앙은 이미 보르도 1등
급 샤토로 라피트Lafitte, 라투르Latour, 마고Margaux 그리고 오브리
옹Haut Brion을 뽑은 바 있었다. 1822년에는 후속작으로《소믈리에
를 위한 매뉴얼 Manuel du Sommelier》이라는 책을 출간하며, 말하자면
최초의 근대적 와인 전문 작가로 자리매김했다.

이후 와인을 보다 다양한 관점에서 조명한 서적과 와인 전문
비평가·작가가 나타났다. 예를 들면, 보르도 한 지역의 와인에 대
해서만 집중적으로 조명한 책, 와인을 어떻게 평가하고 비평하는
지에 관한 책, 포도 재배와 농사 기술·구체적인 양조 방법에 관해
기술한 책 등이 있다. 와인을 고르는 방법 등 대중을 위한 가볍고
위트 있는 책, 소믈리에 등 와인 전문가를 위한 책, 와인 생산자
를 위한 기술적인 책까지 다양한 분야의 와인 책이 출간됐다.

토머스 조지 쇼의 《와인, 포도나무 그리고 와인 셀러》 원본.

1864년 토머스 조지 쇼Thomas George Shaw가 쓴《와인, 포도나무 그리고 와인 셀러Wine, The Vine, and the Cellar》에는 "와인 테이스팅과 와인에 관한 이야기에는 어마어마한 양의 사기가 첨가돼 있다"* 라는 구절이 있는데, 현재에도 농담 삼아 하는 이야기와 비슷하다는 점이 눈에 띈다.

---

\* In wine tasting and wine talk there is an enormous amount of humbug.

# 와인과 사랑에 빠진 미국 대통령

　18~19세기의 와인 애호가를 거론할 때, 가장 먼저 생각나는 인물은 바로 미국의 3대 대통령이자 미국의 독립선언서를 작성한 것으로 유명한 토머스 제퍼슨이 아닐까 싶다. 그는 명실상부 못 말리는 와인 애호가였다. 제퍼슨이 1784~1789년 프랑스 대사로 일했을 당시, 그는 프랑스 전역뿐만 아니라 독일과 이탈리아 등 와인 생산지를 여행하며 수많은 와인을 테이스팅하고 또 구입했다. 이때의 경험은 와인에 대한 토머스 제퍼슨의 생각을 통째로 바꿔버리는 계기가 됐다고 알려져 있다. 최근 1791년에서 1803년 사이 그가 구입했던 와인 목록이 공개됐다. 그가 얼마나 와인을 사랑했고 어떤 종류의 와인을 구입했는지, 18~19세기에는 어떤 와인이 있었는지 등을 상세히 알 수 있다. 대통령 재임

미국의 3대 대통령 토머스 제퍼슨은 와인 애호가이면서 수집가로 유명하다.

기간 동안 토머스 제퍼슨은 본인이 마실 와인과 백악관에서 손님들과 함께 마실 와인을 직접 선택해 구입했다. 그는 와인의 이름과 구입 가격 및 방법 등 구체적인 내용까지 기록해 남겼다. "샴페인 100병을 172.50달러에 구입했고, 1798년산 보르도의 샤토 마고 와인을 36병 구입했다"는 등의 기록이었다.

와인 애호가이자 전문가로서 토머스 제퍼슨의 혜안은 대단했다. 그는 중간 상인을 거치지 않고 와인 메이커에게 와인을 직접 조달받는 방식을 택했다. 보편적으로 중간 상인은 와인을 나무통에 운반했는데, 와인 맛이 변질될 것을 우려해 토머스 제퍼슨은 생산자가 직접 병입한 와인을 선호했다. 그는 또한 어떤 와인들은 숙성할 가치가 있으며, 숙성을 통해 더욱 풍부하고 복합적인 맛을 얻어낼 수 있다는 사실을 경험을 통해 알아냈다. 오래된 빈티지의 와인들을 테이스팅하며 자신만의 기준을 쌓아간 것이다.

토머스 제퍼슨은 부르고뉴에 여행 갔을 당시 "샹베르탱Cham-bertin, 부조Vougeot, 본Vosne의 와인들은 맛과 향이 강하다"는 글을 남겼다. 이는 그의 후각과 미각이 얼마나 예민하고 뛰어났는지

1985년 런던 크리스티 경매에 나와 고가에 낙찰된 토머스 제퍼슨 소유의 프랑스 보르도 샤토 라피트 와인. 하지만 이내 가짜였다는 사실이 밝혀져 큰 이슈가 되었다.

알려주는 사례이다. 그는 프랑스 보르도, 부르고뉴, 론과 독일 라인Rhine 지방의 와인과 샴페인을 즐겼다. 특히 프랑스 보르도의 스위트 와인 소테른과 마데이라섬의 주정강화 와인 마데이라를 가장 좋아했다고 알려져 있다. 물론 그는 현재 보르도 5대 샤토라 알려져 있는 와이너리의 와인도 즐겼다.

1985년 런던 크리스티 경매에 토머스 제퍼슨이 소유했었다는 와인이 출품됐다. 그의 이니셜 "Th. J"가 적혀 있는 1787년산 샤토 라피트 와인이었다. 당시 10만 5000파운드(약 2억 원)에 낙찰됐다. 그런데 그 와인은 가짜였다는 사실이 밝혀진 해프닝도 있었다. 이 사건은 거꾸로 말하면 와인 애호가로서 토머스 제퍼슨이 갖는 상징이 어떠한지 알려준 셈이다.

토머스 제퍼슨은 자신의 나라인 미국에서도 어떻게 하면 좋은 와인을 생산할 수 있을까 많이 고민했다. 이탈리아에서 포도나무를 수입해와 버지니아주에 심게 하는 등 포도 농사를 적극 지원했다. 와인에 붙는 세금을 최소화시켜 미국 시민들이 더 많은 와인을 마시기를 장려하기도 했다. 싸고 질 나쁜 알코올을 마시느니 좋은 와인을 마시는 것이 국민 건강에 훨씬 이익이라며 홍보했던 "와인이 싼 곳에서는 그 어떤 시민도 취하지 않는다"*라는 말은 아주 유명하다.

---

\*     No nation is drunken where wine is cheap.

# 보르도의 샤토와 등급분류표

보르도 역사는 볼 때마다 늘 감탄하게 된다. 현재까지도 여전히 와인 시장의 '돈의 흐름'을 사실상 주도하는 보르도는 태생부터 경제경영 감각을 타고난 도시인 듯하다. 앞서 살펴보았듯, 보르도는 바다와 가깝다는 지리적 이점과 영국과의 역사적 관계 덕분에 중세 때부터 일찌감치 와인의 도시로 자리매김했다. 이후 17세기 중반에는 네덜란드 상인들이 지속적으로 보르도 와인을 수출하면서 보르도 와인은 유럽 전역으로 퍼졌다.

사실 샤토 오브리옹 이전까지는 딱히 '어느 샤토'의 와인이라거나 '어느 생산자'의 와인이라는 개념이 없었다. '보르도 와인'이나 '클레렛' 정도로만 알려졌다. 그러나 17세기 중반 샤토 오브리옹의 마케팅이 성공을 거두자 18~19세기 보르도에는 '샤토'

프랑스 보르도의 와이너리 '샤토 피숑 롱그빌'의 전경.
1850년 건축가 샤를 뷔르귀에스트가 설계했다.

물결이 본격적으로 일어났다. 그 중심에는 프랑스혁명 이후 세력
을 키운 금융가와 상인 등 부르주아층이 있었다.

　현재에도 보르도 와인이라고 하면 '어느 샤토인가?'가 중요하
다. 마치 부르고뉴에서 '어느 포도밭인가?'가 중요하듯 말이다.
'샤토château'란 말 그대로 '성castle'을 의미한다. 보르도에서는 샤
토를 개별 와이너리를 지칭할 때 사용한다. 보르도 와인 라벨에
는 흔하게 '성' 그림이 그려져 있는데, 실제로 대다수 보르도 와
이너리 건물은 정말 으리으리한 성처럼 지어져 있다. '샤토'는 하
나의 상징으로 보르도 와인의 역사와 전통을 보여주는 듯하다.

　그런데 샤토 건물 대부분은 19세기 중엽 이후에 만들어졌다.
사실 이 '샤토'라는 상징은 현대 보르도 와인 이미지의 거의 대부
분이라고 해도 과언이 아니다. 19세기 샤토들은 앞다투어 고풍스
럽고 웅장한 건물 짓기에 나섰다.

물론 보르도 와인의 역사가 아주 오래됐고 유서 깊지만, 한편으로는 보르도 사람들이 마케팅과 브랜딩에 타고난 면도 있다. 보르도 와이너리들은 '샤토'라는 개념을 기초로 해 와인을 마케팅했다. 이 과정에서 '그렇다면 최고의 와인을 만드는 샤토는 어디인가?'라는 질문이 나오자, 자연스럽게 사람들은 샤토의 등급을 매기고 싶어 했다.

샤토 등급 분류는 보르도 와인 상인과 브로커, 상공회의소, 비평가 사이에서 비공식적으로 시작됐다. 이후 1855년에 이르러 체계화되고 공식화돼 그 유명한 '1855 보르도 와인 등급'이 탄생했다. 명실공히 전 세계에서 가장 유명한 와인 등급 분류표이며, 200년 가까이 된 것임에도 현재까지 진리와 다름없이 받아들여지고 있는 체계이다.

1855 보르도 와인 등급은 나폴레옹 3세 때 파리 만국박람회에 내놓기 위해 만들어졌다. 말하자면, 프랑스 대표 특산품인 와인을 외국인에게 쉽고 친근하며 명료하게 소개하기 위함이었다. 보르도의 수많은 샤토 와인을 체계 없이 소개하는 것보다 가장 대표적인 샤토 와인 몇 개만을 등급별로 소개하는 것이 더 효율적이고 효과적이었을 테니 말이다.

1855 보르도 와인 등급은 당시에도 지금에도 가장 유명한 보르도 와인 생산지인 메도크와 소테른 지역만을 후보 대상지로 했다. 메도크에서는 총 58개(현재 61개)의 샤토를 1차로 추려내고, 이 샤토들을 다시 1등급에서 5등급까지로 나누었다. 그 유명한 '보르도 5대 샤토'는 바로 이 1등급 샤토들을 의미한다. 이 가운데 샤토 라피트, 샤토 라투르, 샤토 마고가 1등급 샤토로 이름을 올

렸다. 여기에 예외적으로 메도크가 아닌 그라브 지역의 샤토 오브리옹이 포함돼 총 네 개가 당시 1등급 샤토로 이름을 올렸다. 현재 5대 샤토라고 불리는 이유는 메도크에 위치한 2등급이었던 샤토 무통 로칠드Mouton Rothschild가 1973년 2등급에서 1등급으로 승격됐기 때문이다. 소테른 지역은 총 두 등급으로 나누어지며, 독보적인 1등급은 현재까지도 최고로 알려진 샤토 디켐이다.

　1855 보르도 와인 분류표는 와인 애호가들 사이에서 여전히 진리처럼 받아들여진다. 1등급 샤토 와인들은 경매에서 매년 신기록을 달성하며 팔려나간다. 특히 오래되고 좋은 빈티지는 부르는 게 값이며, 웃돈을 주고도 구하려야 구할 수가 없다. 이 샤토는 5등급이지만 2등급 버금간다든지, 가난한 자를 위한 1등급 와인이라든지, 비록 2등급이지만 품질은 1등급과 비슷한 슈퍼 세컨드Super Second 와인이라든지 하는 스토리가 덧붙여지면서, 사실상 1855 분류표는 보르도의 전부가 됐다.

　등급표라고 하는 것이 일견 의미는 있지만, 이성적으로 생각해 보자면 정말로 200년 전에 만들어진 분류표가 지금까지 이토록 범접할 수 없고 바뀔 수 없는 '그 무엇'으로 군림할 수 있을까? 이런 의문이 남는 것은 어쩔 수 없다. 분류표는 나폴레옹 3세 때 공식화되기 전에도 비공식적으로 존재했다고는 하지만, 사실 그것은 순전히 당시 팔리던 가격에 의한 것이었다는 의견도 있다. 여러 와인 브로커와 상인, 평론가와 애호가가 만들어낸 등급표이지만 결국은 가격순으로 매겨진 등급이라는 것이다. 또한 1855 등급표는 보르도의 메도크와 소테른 지역 와인만을 반영했고, 메도크에서도 오직 레드 와인만을 대상으로 한 것이었기 때문에 이에

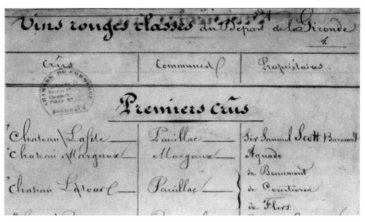

나폴레옹 3세 때 파리 만국박람회에 출품하기 위해 작성된 〈1855 보르도 와인 등급표〉 일부.

따른 한계도 있다.

아무튼, 와인 등급 분류는 당시 그 어느 곳에도 없던 체계였다. 예나 지금이나 '등급'이라고 하는 것은 마케팅을 하기에 아주 적절한 도구이다. 애초에 시작 자체가 외국인에게 보르도 와인을 홍보하기 위해 만들어진 것이기 때문에 브랜드화하기에도 적합했다.

200여 년이 지난 지금까지도 보르도는 고급 와인의 성지로 군림한다. 그 배경에는 보르도의 샤토라는 이미지와 상징, 1855 보르도 와인 등급표와 5대 샤토라는 막강한 무기가 존재한다. 교통이 발달했던 지리적인 여건도 무시하지 못하지만 말이다.

# 이탈리아·스페인·독일

그렇다면 이 시기 다른 유럽의 와인은 어떤 방향으로 발전했을까? 사실 당시 프랑스와 다른 유럽 국가의 상황을 비교하기란 그리 공평하지 않다. 비록 많은 대외적인 전쟁과 내전을 겪었지만, 프랑스는 명실상부 중세부터 근대까지 탄탄한 경제력과 정치력으로 서유럽을 이끈 국가였기 때문이다. 반면 로마제국의 위대한 명성을 가졌고, 와인 생산의 유구한 역사와 탁월한 자연환경을 가진 이탈리아는 안타깝게도 조금 다른 이야기를 가지고 있었다.

이탈리아가 통일된 때는 바야흐로 1861년의 일이다. 무슨 말이냐 하면, 서로마제국이 476년 멸망한 이래 이탈리아는 거의 갈기갈기 분열돼 도시마다 각자의 역사를 이루며 살아갔다. 그렇기 때문에 19세기 중엽 통일되기 전까지 이탈리아에는 도시별 가문

별 역사는 있어도 이탈리아라는 하나의 국가 자체의 줄기를 찾기 어려웠다. 중세 베네치아공화국이라든지, 제노바나 피렌체와 같은 부유한 도시가 있었고, 메디치 가문과 같은 유명한 세력들이 있었으며, 르네상스라는 거대한 흐름과 레오나르도 다빈치와 미켈란젤로 같은 걸출한 인물들, 무엇보다 교황의 땅인 로마가 있었지만, 이 모든 것이 하나의 통일된 이탈리아에서 일어났다고 말할 수는 없었다. 그보다는 각각의 분열된 도시와 문화권에서 생긴 역사라고 보는 편이 옳겠다.

요컨대, 영국이나 프랑스나 독일 등은 민족 내지는 국가 정체성을 중세 때부터 천천히 만들어나갔다. 반면, 이탈리아는 19세기 중엽 통일될 때까지 아주 애매하고 분열된, 그래서 다양한 정체성을 가지고 있었다.

북부 이탈리아는 제노바, 피사, 베네치아 등 여러 도시 국가로 분리돼 성장했다. 남부는 이슬람, 바이킹, 십자군, 스페인, 프랑스 등 수많은 외부 세력이 통치한 터라 여러 문화가 뒤섞일 수밖에 없었다. 중부 이탈리아는 오랫동안 교황의 땅으로 있으면서 정치 체제보다는 종교 문제에 민감해, 이 지역들을 묶어 하나의 통일된 세속적 국가로 만들기에는 한계가 있었다.

이탈리아는 분명 와인으로 유명한 지역이었다. 고대 이탈리아의 팔레르눔 와인이 최고급으로 유명했다고 앞서 언급한 바 있다. 또한 제노바나 베네치아 같은 도시는 주변 지역의 와인 특산품을 거래하며 많은 부를 축적했다. 이탈리아는 와인과 포도를 생산하는 데 천혜의 환경이기 때문에, 언제나 와인과 포도가 경제의 중심이 될 수밖에 없었다.

빈센트 반 고흐, 〈술을 마시는 사람들〉(1890).

역시 문제는 통일 전까지 이탈리아에서는 체계화된 틀 없이 각각의 지역과 문화적 배경에서 제각각 와인을 생산했다는 점이다. 도시별로 정치적 안정성과 경제적 배경이 다르다 보니 통일된 역사와 기술이 축적되기 어려웠다. 지역별로 스타일과 품질의 차이가 컸고, 품질보다는 생산량에 신경을 쓰는 생산자가 많았다.

하지만 19세기 통일을 전후로 이탈리아에서는 근대화 물결에 힘입어 피에몬테Piemonte와 토스카나Toscana 지역 등에서 좋은 품질의 와인을 만들고자 하는 움직임이 일어났다. 이탈리아 토착 품종을 본격적으로 연구하고 실험하는 이들이 생겨났고, 프랑스 등 다른 유럽 국가의 와인 양조기법과 스타일에 영향을 받기도 했다. 여전히 시작 단계였지만 말이다.

스페인도 처지가 그리 다르지는 않았다. 중세 이베리아반도는 이슬람 세력의 침입과 여러 왕국의 난립으로 매우 혼란스럽고 유동적이었다. 1469년 카스티야왕국과 아라곤왕국의 합병으로 통일된 왕국이 만들어지고, 콜럼버스가 아메리카 신대륙을 발견하며 16~17세기 가장 강력한 국가 가운데 하나가 되기에 이르렀다. 그러나 이 또한 오래가지는 못했다.

18세기 초 스페인의 왕위계승을 둘러싸고 스페인, 프랑스, 영국, 오스트리아, 네덜란드 사이에 전쟁이 벌어졌다. 결과적으로 스페인은 주변국들에 꽤 많은 영토를 내주게 된다. 19세기 초에는 나폴레옹의 침공으로 스페인은 사실상 무정부 상태가 되고, 이 틈을 타 아메리카 식민지들이 독립운동을 하자 정치적 혼란이 심화되고 만다. 이런 상황에서 스페인은 딱히 와인을 체계적으로 근대화할 겨를이 없었다. 그나마 대항해 시대를 거치며 명성을 얻었던 셰리 와인이 그 위상을 오래 유지했다. 와인의 역사에서 손에 꼽히는 스페인의 업적 하나는 칠레, 아르헨티나, 멕시코 등 당시 스페인 식민지에 유럽 포도 종을 심고 와인 양조를 소개한 것이다.

19세기에 이르면서 스페인에도 와인 양조에 있어 새로운 실험과 도전이 나타난다. 예를 들어, 지리적 위치 탓에 사실상 외부와 단절된 리오하Rioja 지역에 처음으로 상업적 와이너리가 생겨 와인이 외부로 수출되기 시작했다. 또 템프라니요Tempranillo 같은 토착 품종을 연구해 품질 좋은 레드 와인을 만들고자 하는 움직임도 있었다. 카탈루냐Cataluna 지역에서는 프랑스 샴페인에 감명받아 샴페인 제조 기법으로 만든 스파클링 와인이 처음 만들어졌다. 현재 카바Cava라고 불리는 스페인 스파클링 와인의 시초이다.

독일은 '라인강 유역의 와인'이라고 하여, 섬세하고 향기로운

19세기 후반 폴 세잔의 정물화.
당시의 와인병과 와인잔 등의 모양을 볼
수 있다.

화이트 와인이 중세 때부터 꾸준히 특권층 사이에서 인기를 끌었
다. 중세 독일 와인은 수도원을 중심으로 발전했고, 근대에 이르
러서는 피노누아 같은 적포도로 만든 레드 와인 생산을 연구하는
등 새로운 움직임도 있었다.

　하지만 1618년에서 1648년까지 30년간 이어졌던 종교전쟁인
'30년전쟁'은 독일을 말 그대로 황폐화시켰다. 1789년 프랑스혁
명을 전후해서는 독일 라인강 유역에 온갖 세력이 난립해 매우
혼란스러웠다. 19세기에 이르러서야 비로소 독일의 체제는 안정
됐고, 이때부터 와인 양조에 관한 체계적인 투자가 시작됐다.

폴 고갱, 〈아를에서의 와인 포도 수확, 인간의 고통〉(1888). 오드로코 미술관.

먼저 라인강 유역 위주였던 와인 생산지는 프랑켄Franken, 바덴 Baden 같은 지역으로까지 넓어졌다. 또한 오늘날에도 독일 와인의 정체성을 형성하는 '당도'에 의한 분류법이 시작됐다. 이 분류법 은 1830년대 물리학자 페르디난트 웩슬레Ferdinand Oechsle가 정립 한 시스템이다. 포도가 익은 정도 및 당도에 따라 등급을 나누고 그것을 웩슬레Oechsle라는 단위로 표기한다. 당도에 따라 와인을 카비네트Kabinett, 슈패트레제Spatlese, 아우스레제Auslese, 베렌아우 스레제Beerenauslese, 트로켄베렌아우스레제Trockenbeerenauslese, 아 이스바인Eiswein 등으로 나눈 것이다. 이는 독일 와인에서 가장 중 요한 개념이다.

　19세기 들어서는 귀부병noble rot 포도와 늦게 수확한late-harvest

귀스타브 쿠르베, 〈포도주를 든 노인〉
(1860).

포도를 사용해 만든 스위트 와인이 거듭 발전했고, 새로운 스타
일의 스파클링 와인도 발명됐다. 독일은 이탈리아나 스페인과 비
교했을 때 훨씬 일찍 적극적으로 근대적 양조 기술을 받아들이고
발전시켰다. 일찌감치 이산화황sulfur dioxide을 와인 양조에 사용해
산화를 막았고, 나무통을 소독했으며, 유난히 추운 해에는 인위
적으로 당을 첨가하는 행위를 허용해 알코올 도수를 높였다.

　요컨대, 국내외 혼란스러운 상황이 일단락되고 각 국가와 민족
이 일종의 정체성을 갖기 시작하면서 유럽인들은 비로소 본인들
이 생산해오던 와인에 보다 깊은 관심을 갖게 된 것이다. 어떻게
하면 더 맛있고 좋은 와인을 만들 수 있을까 하는 생각이 생산자
사이에도 퍼져나가던 시기였다.

# 화학방정식

　인간이 나날이 발전시켜나가던 과학기술은 와인 품질에 직접적인 영향을 끼쳤다. 막연히 '포도를 으깨서 저장해뒀더니 보글보글 거품이 나고 열이 발생하더라' 하던 신석기 시대적 발상에서 인류가 드디어 벗어난 것이다. 이는 루이 파스퇴르Louis Pasteur의 공로였다.

　파스퇴르는 프랑스의 생화학자로 세균학의 아버지라 불리며 인류 발전에 말할 수 없는 공을 세웠다. 그가 인류에 남긴 위대한 공헌은 병원체와 면역 시스템, 백신 등에 이르기까지 방대하지만, 와인에 관한 것만 살펴보자면, 그가 밝힌 '발효fermentation'의 원리는 와인의 맛과 향, 품질을 현대적으로 바꾸어놓는 데 결정적인 역할을 했다.

파스퇴르는 대학 교수로 있을 때 '포도주가 너무 빨리 산화돼 와인의 맛이 변질된다'는 와인 생산자들의 불만을 듣고 발효에 흥미를 가지기 시작했다고 한다. 이전까지 사람들은 발효는 자연적으로 발생하는 것이라고만 생각했다. '그냥 두었더니 저절로 포도가 알코올이 되더라'라는 생각인데, 과학자들도 이 자연발생설에 동의하고 있었다. 하지만 파스퇴르는 효모yeast라고 하는 균이 발효의 원인임을 알아냈다. 알코올 발효는 산소가 없는 상태에서 효모가 당을 분해해 이산화탄소와 에탄올로 바꾸어 방출하는 생물학적 대사 과정임을 밝혀낸 것이다.

또한 양조 및 보관 과정에서 공기 중에 존재하는 미생물이나 외부 세균이 유입돼 와인이 상한다는 사실을 알아내, 와인 맛을 보존하는 데 혁혁한 전환점을 마련했다. 요컨대, 와인이 식초화되는 것은 '아세토박터acetobacter'라는 세균 때문이며, 휘발성산 volatile acidity을 줄이는 것이 와인의 품질을 높이는 데 도움을 준다는 점 등을 발견한 것이다.

파스퇴르는 자신의 이름을 딴 '파스퇴르 공법pasteurization' 즉, '저온살균법'도 고안했다. 와인 양조 과정에서 불필요한 세균을 제거해 와인 맛을 보존하는 데 도움을 준 것이다. 나아가 다양한 종류의 산酸, acid과 미생물 그리고 숙성 과정에서의 화학적 반응 등에 관한 수없이 많은 연구와 발견을 바탕으로 '양조학oenology'의 기틀을 마련했다. 사실상 현대 와인의 시작은 파스퇴르에서 비롯했다고 할 수 있다. 그만큼 파스퇴르는 현대 와인 발전에 커다란 업적을 남겼다.

와인은 발효라는 화학적 반응에 의한 산물이기 때문에 와인에 있어서 과학적 접근 방식은 매우 중요하다. 18~19세기 이전까지는 와인 품질을 높이기 위해 오직 포도밭에서 이뤄지는 포도 재배에 국한해 노력할 뿐이었다. 물론 포도밭에서 이루어지는 과정, 즉 농업 기술 또한 오늘날에는 과학적 접근법이 수반되며 와인 품질을 좌지우지하는 근본 역할을 한다. 하지만 이에 못지않게 중요한 것이 바로 양조 기술이다.

양조학은 거의 전적으로 현대 과학기술에 뿌리를 둔다. 포도가 처음 으깨지는 순간부터 와인이 병입될 때까지 매순간 화학 작용이 일어난다. 양조학에 있어 과학적 연구는 필수불가결한 까닭이며, 양조학이 현대적 와인의 시작점이라고 볼 수 있는 근거다. 사실 무엇보다 과학은 와인의 가장 오랜 골칫거리였던 부패를 막아냈다. 요컨대 핵심은 '멸균'이었다. 또한 양조 과정에서 와인 생산자가 내리는 무수히 많은 선택은 결과적으로 와인의 정체성을 빚어낸다. '어떤 포도밭의 어떤 품종 포도를 사용하느냐'만큼 중요한 것이 바로 발효와 숙성 과정이기 때문이다.

이제 모든 것이 다 갖추어졌다. 와인을 하나의 취향으로 즐길 줄 아는 애호가도 생겼으며, 생산자들은 보다 개성 있고 품질 높은 와인을 만들기 위해 노력했다. 과학 발전으로 와인 보관 상태는 그 어느 때보다 좋았고 맛과 향은 생생했다. 19세기, 어쩌면 와인의 황금기가 시작될지도 모를 일이었다.

# 필록세라

19세기에 관해 이야기하면 내 마음도 다 설렌다. 소설의 기승전결로 따지면 이제 절정 혹은 클라이맥스를 찍어야 할 시점이다. 그런데 불현듯 누구도 예상하지 못했던, 당시로서는 비참하고 잔인하기까지 한 사건이 벌어진다. 물론 역사라는 맥락에서 보았을 때, 이런 어둠 같은 사건 속에서도 의의는 존재한다. 모든 것이 그렇듯이. 하지만 당시 새로운 모습의 소비자와 생산자가 부상한 상황에서 와인이 과학기술이라는 프로펠러를 달고 막 비상하려는 찰나에 날개를 꺾어버린 사건이 결국 벌어진 것이다.

필록세라Phylloxera. 이 무시무시한 진딧물에 관한 이야기는 와인을 좋아하거나 와인에 조금이라도 관심이 있는 사람들에게는 무척 친숙할 것이다. 그만큼 와인 역사에 엄청난 타격을 주었기 때문이다.

기본적으로 필록세라는 작은 노란색 진딧물로 포도나무 뿌리에 기생하며 오직 포도나무만을 공격한다. 이 진딧물은 아메리카 대륙에 서식하다 19세기 중엽 미국 포도 종을 수입하면서 유럽에 함께 들어왔다. 이미 면역력이 있던 미국 포도 토착품종에는 큰 타격이 없었으나 유럽 포도 품종에는 매우 치명적이었다. 유럽 종은 이 진딧물에 대한 어떤 면역력도 저항 능력도 없었기 때문에 필록세라는 순식간에 말 그대로 유럽 포도밭을 황폐화시켰다.

처음 필록세라가 유럽에서 보고된 때는 1863년이었다. 프랑스의 경우 1875년에만 해도 와인 생산량은 8450만 헥토리터였지만, 필록세라가 프랑스 전역에 퍼진 뒤인 1889년 생산량은 70퍼센트가 급감해 2340만 헥토리터 정도였다. 이 사태를 해결하기 위해 많은 과학자가 무수히 노력했지만 필록세라 치료법을 찾을 수 없었다.

한 줄기 빛은 1873년 미국인 과학자 찰스 밸런타인 라일리 Charles Valentine Riley의 연구에서부터 시작됐다. 요컨대, 면역력이 있는 미국 포도 종 뿌리를 유럽 포도 종에 접목grafting하는 방법이었다. 접목은 두 개의 살아 있는 식물 세포를 하나의 식물로 만드는 과정으로 현재까지도 매우 중요한 포도 농사 기술이다.

문제는 접목이 그리 쉬운 일이 아니라는 데에 있었다. 처음 접목 아이디어가 제기된 뒤 연구원들은 프랑스와 미국을 오가며 연구와 실험을 거듭했다. 수많은 미국 포도 품종 가운데 어떤 품종이 필록세라에 저항력이 가장 강한지를 찾아야 했다. 그 미국 포도 품종이 유럽 포도 품종과 잘 접목돼야 했으며, 프랑스 특유의

"필록세라, 이 진정한 미식가는 최고의 포도밭만 찾아냈고 스스로 최고의 와인이 되기에 이르렀다!"
영국 잡지 《펀치Punch》 만평.

석회질 토양에 잘 적응하는 개체여야 했다. 여간 까다로운 조건
이 아닐 수 없었다.

끝이 보이지 않는 지난한 연구가 지속되는 와중에 드디어 연
구를 마무리 지은 영웅이 나타났으니, 바로 미국의 포도재배학자
토머스 볼니 먼슨Thomas Volney Munson이다. 그의 연구가 성공한 덕
분에 필록세라는 마침내 정복됐고, 1880년대 말에서 1890년대
미국 품종과 유럽 품종이 접목된 포도가 활발하게 심겼다. 토머
스 볼니 먼슨은 이 공로로 1888년 프랑스 정부로부터 기사 훈장

을 받았다. 이는 미국인으로는 과학자 토머스 에디슨에 이어 두 번째였다.

이 해결책은 필록세라가 유럽에 퍼진 지 거의 20년 만에 발견됐다. 이미 황폐화된 포도밭을 재건하는 데는 너무나 큰 비용과 노력이 필요했다. 20년이란 세월 동안 와인 생산을 그만두고 떠난 사람도 많아, 사실상 유럽 와인은 정체 상태일 수밖에 없었다. 하늘을 찌를 듯하던 유럽 특히 프랑스 와인의 자존심에 크나큰 타격을 준 사건이었다.

필록세라가 정복됐다고 해서 필록세라가 더 이상 존재하지 않는 것은 아니다. 현재에도 여전히 여러 와인 생산지에 골고루 분포해 서식하고 있다. 다만, 면역력을 가진 뿌리를 접목했기 때문에 이제는 그리 치명적이지 않을 뿐이다. 이 와중에 필록세라로부터 비교적 안전한 지역도 있었다. 이런 곳은 필록세라로 유럽이 고통받을 때 오히려 와인을 발전시킬 수 있었다.

예컨대, 칠레는 아주 높은 안데스산맥의 공을 톡톡히 봤다. 칠레는 아르헨티나와의 경계가 높은 안데스산맥으로 가로막혀 있고 다른 면은 모두 바다로 둘러싸여 있어, 고립된 지리적 위치가 필록세라라는 재난을 피할 수 있었다. 또한, 필록세라는 모래 토양sandy soil에서는 살아남지 못해 모래 비율이 높은 포도밭들은 필록세라의 공격에서 비교적 안전할 수 있었다.

# 어둠의 시대

필록세라가 유럽에서 발견된 때는 1863년경이지만, 그 이전에
도 이미 프랑스 와인 품질에는 적신호가 켜져 있었다. 1845년 미
국에서 들어온 흰가루병 Powdery mildew을 일으키는 곰팡이가 유럽
포도나무에서 발견됐기 때문이다. 이 곰팡이 또한 유럽 전역으로
퍼져나갔지만, 다행히 금방 살충제를 발견해 진압할 수 있었다.
물론 피해가 없는 것은 아니었다. 뒤이어 나타난 치명적인 필록
세라에 비해 피해가 적었을 뿐이었다.

필록세라 치료법은 앞서 살펴보았듯이 유럽에서 처음 필록세
라가 보고된 뒤 약 20년이 지나 개발됐다. 이미 황폐해진 포도밭
을 새롭게 개간하고 다시 맛있는 와인을 만들어내는 데에는 전에
비해 훨씬 많은 시간과 노력과 돈이 필요했다. 하지만 문제는 이

것만이 아니었다. 미국 포도 품종의 뿌리와 유럽 포도 품종을 접목하는 대처 방안이 나온 뒤에도 새로운 문제들이 생겨났다.

첫 번째 문제는 품질에 대한 의구심이었다. 미국 포도 품종은 유럽 포도 품종에 비해 '열등하다'는 인식이 워낙 지배적이었다. 실제로도 유럽 포도 품종과 비교하면 미국 포도 품종은 풍미가 '폭시foxy'하다고 한다. 약간의 사향musky 냄새 혹은 털옷에서 나는 어떤 동물성animal 향이 나는 편이라 품질에 대한 의심은 커져 갔다.

처음 부르고뉴에서는 미국 포도 품종을 받아들이지 않으려고까지 했다. 물론, 다른 대안이 없었기에 결국 받아들였지만 말이다. 현재 미국 품종 뿌리를 유럽 포도 종에 접목한 포도나무는 아주 보편적으로 사용되고 있다. 와인의 맛과 향이 아주 좋다. 그러나 미국 포도 품종과 유럽 포도 품종을 접목한 것이 아닌 교배hybrid시킨 품종이나, 미국 포도 토착품종 자체는 여전히 폭시하다는 의견이 지배적이어서 현재로서는 와인 생산에 거의 사용되지 않는다.

두 번째 문제는 실제 와인의 질이 현격히 떨어지기 시작했다는 점이었다. 미국 포도 품종이 들어오면서 필록세라나 흰가루병 같은 새로운 질병도 함께 침투했다. 와인 생산자는 이 문제를 해결하기 위해 전보다 훨씬 더 많은 돈을 투자해야 했다. 필록세라 탓에 새롭게 접목된 개체를 새로 심어야 했고, 포도밭을 다시 개간하고, 새로운 곰팡이와 균을 없애기 위해 살충제를 때마다 구매해야 했다. 그러다 보니 늘어난 비용을 만회하기 위해 생산자들은 품질을 높이기보다 생산량을 늘리는 데 집중했다. 품질 개선보다 생산량을 늘려 판매율을 높이는 편이 수익 회수가 빨랐기 때문이다. 거기에 농약과 살충제의 발달은 실질적으로 생산량을 높일 수 있게끔 만들어주었다.

결과적으로 생산량에만 집중한 저품질의 밍밍하고 텁텁한 와인이 시장에 난무하기 시작했다. 이미 '좋은 와인'을 경험한 바 있는 소비자들은 와인에 크게 실망했다. 와인의 위상 또한 현격히 낮아졌다. 이 무렵 유럽에서는 다시 맥주와 위스키, 럼 같은 스피리츠가 와인의 대체재로 부상했다. 스피리츠와 각종 리큐르를 섞어 만든 칵테일도 이때 많은 인기를 얻었다.

유럽의 와인 시장이 휘청했을 때 만약 미국, 칠레, 아르헨티나, 남아프리카공화국 등지의 와인 품질이 좋았다면 새로운 틈새시장niche market을 개척할 수 있었을 것이다. 하지만 20세기 초반까지도 이들은 계속해서 와인 양조에 시행착오를 겪고 있었다. 유럽에 필록세라가 판치고 와인 시장이 침체했을 때, 유럽의 많은 생산자가 신대륙으로 넘어가 새로운 와이너리를 개척했다. 그럼에도 당시에는 아직 품질이 높은 수준에 이르지는 못한 단계였다. 물론 그 모든 실험과 노력이 쌓여 지금의 신세계New World 와인이 탄생할 수 있었다.

# 금주운동과 금주법

　혼돈은 여기서 끝이 아니었다. 19세기와 20세기 초를 거쳐 계속된 금주운동Temperance Movement이 이어졌기 때문이다.

　술은 사실상 인류와 언제나 함께해왔다. 특히 와인은 중세에 약용으로도 쓰였고, 남녀노소 할 것 없이 필수로 음용하는 일종의 물과도 같았다. 하지만 근세에 이르러 와인이나 맥주보다 훨씬 더 독한 증류주가 나타났다. 기껏해야 알코올 도수가 15도를 넘지 않는 와인에 비해, 증류주는 도수가 50도 이상을 웃돌았다.

　술에 의한 부작용은 사회에 큰 문제가 됐다. 18세기 영국에서 있었던 진 광풍을 기억할 것이다. 특히 빈민층 사이에서 증류주인 진 소비가 늘면서 마약에 취한 듯 진에 취한 이들로 인해 심각한 사회문제가 발생했다. 부르주아층은 진 음용을 제한하자는 일종의 계몽운동을 펼쳤다.

금주운동은 와인이나 맥주가 아니라 알코올 도수가 높은 스피리츠를 타깃으로 시작됐다. 특히 산업혁명과 맞물려 과도하게 술에 취한 노동자들이 기계를 다루다 다치거나, 큰 문제를 일으키는 위험한 사건이 연달아 발생했다. 사람들은 그제야 과도한 알코올이 인간의 건강에 어떤 영향을 미치는지 본격적으로 연구하기 시작했다.

알코올 도수가 높은 술의 음용을 자제하자는 운동은 미국 대륙에서도 이어졌다. 일종의 '건강한 신체와 마음'을 가진 '시민citizenship'을 강조하는 의미였다. 미국 대통령 토머스 제퍼슨이 '싸고 도수 높은 알코올보다 와인 마시기'를 장려한 것도 이러한 맥락에서였다.

1830년대에 이르면서 절대금주주의teetotalism라는 운동이 일어났다. 이전과는 다르게 '과도한 알코올 섭취를 자제하자'가 아니라 '그 어떤 술도 마셔서는 안 된다'라는 기조였다. 즉 알코올 도수가 높은 증류주만이 아니라 맥주와 와인까지도 금주 범위에 들어간 것이다.

1833년 영국 프레스턴Preston에서 시작된 절대금주주의 운동은 전국으로 퍼지더니 미국에까지 영향을 주었다. 재미있는 것은 절대금주주의가 영국 차티스트운동Chartism(인민헌장운동)과도 일정 정도 결부됐다는 점으로, 노동자의 무지와 빈곤은 술 때문이라는 관점이 배경이 됐다. 당시 노동자 계급과 술은 떼려야 뗄 수 없었다. 노동자는 과도한 음주와 만취의 주범으로 여겨졌고, 고용주인 자본가는 노동자의 음주 습관을 싫어하고 두려워하기까지 했

너새니엘 커리어, 〈주정뱅이의 진화 과정〉(1846).

다. 영국의 차티스트운동은 당시 노동자 계급의 참정권 확대를 위함이었다. 노동 운동가들은 절대금주주의를 내세워 자신들의 동료를 계몽시키고, 금주를 통해 노동자도 충분히 이성적이고 합리적인 사고를 해 선거에 참여할 수 있음을 보여주고자 했다.

절대금주주의는 또한 종교적인 믿음과도 연결돼, 1838년에는 가톨릭 금주운동이 영국에서 크게 일어나기도 했다.

1840년대에는 미국에서도 본격적으로 금주운동이 일어났다. 알코올중독증을 벗어나기 위한 남성들의 사적인 모임 및 사소한 금주 캠페인부터, 미국금주협회American Temperance Society의 활동, 기독교청년회YMCA와 같이 종교와 연결된 움직임까지 나타났다. 당시 가장 호응을 얻었던 것은 영국에서와 비슷하게 노동자층의 음주였다. 노동자의 알코올중독으로 인한 가정 파괴와 가정 폭력, 빈곤의 세습, 이로 인한 청소년 문제 등을 큰 사회적 문제라본 것이다. 이는 그 나름의 성과를 얻었다. 비록 2년 뒤에 폐지되긴 했지만 1838년 매사추세츠주에서는 몇 가지 스피리츠류의 판매를 금지하는 법이 생겼고, 1851년 메인주에서는 처음으로 완전한 금주법Prohibition이 통과됐다.

1861~1865년에는 남북전쟁으로 금주운동이 주춤했다. 그러다 다시 1869년 금주당Prohibition Party이 창당됐고, 1874년 여성기독교금주협회WCTU, Woman's Christian Temperance Union가 만들어지면서 금주운동이 다시 급물살을 타기 시작했다. 1881년 캔자스주를 시작으로 미국 남부의 주들은 금주법을 제정했다. 정치인들은 너도 나도 할 것 없이 표심을 얻기 위해 금주법을 밀어붙였다. 결국 1919년 미국 영토 내에서 0.5퍼센트 이상 알코올이 포함된 음료의 주조, 판매, 유통이 불법화됐다.

사실 금주법의 배경에는 수많은 이해관계가 얽히고설켰다. 금주법에 찬성할 이유는 차고 넘쳤다. 먼저, 기독교 근본주의 세력은 술을 모든 사회 문제의 근원으로 여겨 프로테스탄트적 윤리를 내세웠다. 당시 미국은 자유로운 사회 분위기와 이주민의 유입, 대량의 범죄 발생 등 구조적 문제가 많았다. 이를 개인의 방탕한 생활 탓으로 돌려 술을 마시지 않는 금욕 생활을 주장한 것이다.

종교와 결부된 여성 운동도 한몫했다. 특히 노동자층의 알코올중독이 사회적 문제로 떠올랐다. 술을 팔던 설룬Saloon에서 돈을 탕진하고, 술에 취해 아내나 아이에게 폭력을 휘두르는 남편이 많아지자, 여성 인권 운동가들은 금주법을 지지했다. 당시 여성 운동가 가운데 캐리 네이션Carrie A. M. Nation이라는 인물이 가장 유명하다. 그녀는 기독교 근본주의 페미니스트로 금주와 금연 운

▲여성기독교금주협회 회원들이 "술을 댄 입을 우리에게 대지 말라"는 슬로건을 들고 있다.
▶한 손에는 《성경》, 한 손에는 손도끼를 든 여성 운동가 캐리 네이션.

동을 주도했다. 실제 한 손엔 《성경》을, 한 손에는 손도끼를 들고 각종 술집을 찾아다니며 기물을 부수는 등 급진 운동을 했다.

금주법에 찬성하는 사람들은 이들뿐만이 아니었다. 노동자 층의 만취로 인한 근무 태만과 사고로 골머리를 앓던 자본가 계층, 이민자들의 불법적인 터전이 됐던 술집을 못마땅해하던 보수주의자, 아일랜드계가 술을 마시고 소란을 피우는 게 싫다는 인종차별주의자 등 온갖 세력이 금주법을 지지했다. 결정적으로 1914~1918년 제1차 세계대전이라는 배경이 있었다. 전시 상황이다 보니 곡물 보급량을 유지해야 한 터라 증류주 제조가 금지됐다. 이러한 전시금주법 상정에 이어 1919년에 이르러 완성된 형태의 금주법까지 제정된 것이다. 미국의 금주법에는 적대국이었던 독일계 사람들이 주도하던 미국의 맥주 산업을 견제하고자 하는 의도도 있었다고 한다.

▲〈어떻게 오하이오주 프레드릭타운의 여성들이 마을에서 독한 증류주 암거래를 금지시켰는가〉
동판화.

▼미국의 금주법을 지지하는 당시 만평들.

요컨대, 그때는 마치 꼭 그래야만 하는 것처럼 모든 사람이 금주법을 향해 달려갔다. 이제와 따져보면 정말이지 터무니없는 법이 아닐 수 없다. '자유'라는 개념 위에 세워진 미국에서 금주법이라니!

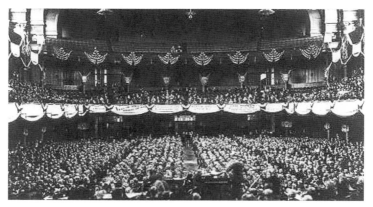

'금주당Prohibition Party' 창단식(1869).

금주법의 결과는 참혹했다. 14년이란 시간 동안 '단순히 무엇인가를 금지한다고 해서' 문제가 해결되는 것이 결코 아니며, 외려 어마어마한 부작용을 낳을 수 있다는 사실을 각인시켜주며 끝이 났다.

일차적으로는 주세를 거두지 못해 정부는 급작스러운 재정난을 겪어야 했다. 각종 포도, 밀, 보리, 감자, 옥수수 같은 술의 밑재료가 되는 농업에도 엄청난 타격이 갔다. 아이러니하게도 기독교 근본주의자들이 금주법을 밀어붙였지만 이들은 성찬식을 위해 포도주를 사용해야 했다. 이뿐만 아니라 의료용으로 사용되던 알코올은 어떻게 할 것인지, 제한적으로 생산을 허용해야 하는지 등 혼란이 많았고 규제 또한 쉽지 않았다. 더 재미있는 것은 금주령하에서도 돈이 많은 이들이 술을 구해 마시는 것은 어렵지 않았다는 사실이다. 가장 쉽게는 외국에 나가서 술을 마시면 될 일이었다. 종교용이나 의료용으로 만들어지는 술을 구하거나, 불법적이지만 외국에서 술을 들여와도 될 일이었다.

　서민들만 당시 판을 치던 '불량주'의 처절한 희생양이 됐다. 술에 대한 관리 감독이 사라졌기 때문에 알코올 도수가 너무 높은 밀주를 마시고 죽은 사람도 있었다. 마셔서는 안 되는 공업용 알코올을 섞은 술을 마셔 건강을 잃는 사람도 부지기수였다. 알코올중독에 걸린 사람들은 병원을 찾지 못하고 죽어갔다. 미국은 애초에 유럽 이민자들이 세운 나라였고, 와인은 특히나 이들 문화에서 매우 큰 부분을 차지했다. 몇천 년을 마셔온 것을 단순히 '금지'한다고 해서 해결될 문제가 결코 아니었던 것이다.

　금주령의 가장 큰 부작용은 밀주 산업에 갱단이 연루돼 엄청난 세력을 키웠다는 점이다. 특히 알 카포네Al(phonse) Capone라는 이탈리아계 마피아가 대표적이다. 금주법 덕분에 미국의 마피아와 같은 갱단은 승승장구했고, 이전과는 차원이 다른 잔혹한 범죄를 일으켰다. 심지어는 정부와의 유착 관계로 공공연하게 부정부패를 저질렀다. 미국 역사상 가장 어처구니없는 법안은 미국 근본주의 세력에 의해 수많은 문제와 부작용에도 불구하고 끝끝내 지켜지다가, 대공황의 혼돈 속에서 1933년 취임한 프랭클린 루스벨트Franklin Delano Roosevelt가 금주법을 폐지하며 막을 내렸다. 온 국민의 열렬한 지지 속에 말이다.

# 세계의 판도가 바뀌다

1914~1918년 제1차 세계대전과 1939~1945년 제2차 세계대전이 벌어졌다. 인류 역사상 유례가 없던 전쟁이었다. 물론 인간의 역사에서 전쟁이 없었던 적은 없다. 전쟁, 전쟁, 전쟁, 또 전쟁의 연속이었기 때문에 특별할 게 없다고 생각할지 모르겠지만, 세계대전의 스케일은 가히 남달랐다. 부족과 부족이 싸우고, 왕국과 왕국이 싸우고, 종교와 종교가 싸우던 것에서 이젠 전 세계가 전쟁의 무대가 된 것이다. 그 출혈은 말로 표현할 수 없었다.

한 번도 '세계대전'을 겪어본 적 없었던 인간은 막대한 후유증을 겪게 될 것이라 상상조차 못 했으리라. 더구나 과학기술과 무기가 발달한 이후 전쟁 결과는 끔찍하기만 했다. 인류 역사상 가장 큰 피해를 남긴, 그토록 파괴적이었던 세계 전쟁은 결국 원자

폭탄이라는 무지막지한 무기로 끝이 나고야 말았으니까.

유럽 대부분의 국가와 미국이 모두 연루된 이 끔찍한 전쟁 속에서 와인이 질적으로 발전하기란 여간 쉬운 일이 아니었다. 심지어 유럽은 필록세라, 미국은 금주법이라는 폭풍우가 이미 휩쓸고 간 뒤였다. 세계대전 중에는 와인보다 증류주가 더 인기 있었다.

〈우리의 프랑스 병사들을 위해 와인을 모아주세요〉 캠페인 포스터(1916).

양조도 간편하고 오랜 저장이나 극한 보관 환경에서도 쉽게 상하지 않았다. 게다가 전쟁의 참혹함을 잊게 해줄 만큼 알코올 도수가 독했기 때문이었다.

같은 맥락에서 주정강화 와인이 다시 인기를 얻었다. 하지만 병사들에게는 알코올 도수가 비교적 낮은 일반 와인이 대량으로 보급됐다. 참전 병사들에게 와인은 지친 심신을 달래주는 아주 중요한 보급품이었지만 와인의 품질이 좋지는 않았다. 시민혁명 이후 미식적이고 미학적인 방식으로 향유되던 와인의 황금기가 금세 끝나버리고 만 것이다.

1차 세계대전 때 프랑스군에 대량 보급되었던 와인(1915).

1945년 세계대전이 끝난 뒤 현재까지 고작 70년 남짓한 시간, 인간은 별안간 평화라는 단어를 외쳐대기 시작했다. 세계대전 이후에도 전쟁이 없지 않았다. 지금도 세계 곳곳에서 전쟁이 일어나고 있다. 강대국은 늘 인자한 얼굴로 평화를 외치지만, 뒷구멍으로는 약소국을 움직여 지역 전쟁을 부추겨 무기를 팔아 이익을 두둑하게 챙긴다. 1945~1989년 소위 냉전Cold War 시대에는 그나마 이런 행태가 겉으로 드러나기라도 했지만, 현재는 수법이 더욱 교묘해졌다.

어찌됐든 이제 모두가 한 마음으로 '평화'를 외치는 이유는 간단하다. 핵이라는 무시무시한 살상무기까지 발명된 지금, 과거처럼 전쟁을 했다간 인류 전체가 종말에 이르고 말 테니까. 버튼 하

▲프랑스 병사가 포도주통에 경례하는 모습을 그린 만평
(1917). 포도주통에 써진 '피나르pinard'는 1차 세계대전 때
프랑스 군인에게 보급된 와인을 일컫는다.

▶프랑스 마을에서 와인을 보고 있는 미군. 당시 와인은 중요
한 군대 보급품이었다.

나에 한 민족이, 한 국가가 깡그리 사라지는 것은 일도 아닐 테니
말이다. 이런 이유로 계속 평화를 외쳐댄 탓에 현대인들은 종종
과거를 잊는다. 인류는 몇천 년 동안 전쟁을 하며 살아왔는데, 고
작 몇십 년 평화로운 현재가 당연하다는 듯 여긴다. 마치 뼛속부
터 스스로 평화로운 존재였던 것처럼. 생각해보면 무엇인가를 음
미하고 즐기고 그 대상에 대해 찬탄할 수 있다는 것은, 타고난 시
대와 배경이 주는 특권인지 모르겠다. 우린 늘 잊고 살지만 우리
모두는 무척이나 특별한 시대에 살고 있는 셈이다.

　세계대전을 거치면서 유럽은 거의 초토화됐다. 산산조각 나고

바스라져 세계정세의 주도권을 잃고 말았다. 세계대전 이후 시대는 미국과 소련의 차지였다. 세계의 판도가 완전히 바뀌어버렸다. 냉전 시기, 두 국가의 자본주의와 공산주의 이념은 팽팽하게 맞섰다. 이후 1990~1991년 소련이 해체되면서 바야흐로 미국의 시대가 열렸다. 이에 따라 와인의 판도도 완전히 바뀌었다.

오직 유럽 중심이었던 와인의 세계에서 이제는 미국을 비롯한 신대륙의 와인들, 즉 '신세계 와인'이라 불리는 와인이 약진하기 시작했다. 이런 변화는 유럽 와인 산업에 새로운 자극을 주어 어느 정도 윈윈win-win하면서 와인 시장의 '파이'를 키워갔다. 모처럼 겉으로나마 평화로운 시대에 과학기술과 현대화를 모터로 장착한 와인은 오직 앞으로 뛰쳐나갈 일만 남았던 것이다.

현대

# 거짓 와인들

　유럽과 미국에서 필록세라와 금주법, 두 차례의 세계대전을 겪으면서 문제가 된 것은 다름 아닌 '거짓 와인'이었다. '거짓 와인'이라니. 그렇다면 '진짜 와인'은 무엇인가. 아니, '와인'은 무엇인가.

　현대에는 '포도주'에 대한 명확한 정의가 있다. 포도주란 신선하게 수확된 포도의 즙juice을 발효해 만든 술이다. 이는 1907년 프랑스 정부가 만들어 배포한 포도주 정의에 대한 가이드라인이다. 그 이전까지는 포도주에 대한 명확한 개념이 없었다.

　필록세라와 금주운동, 금주법, 세계대전 등을 거치며 와인의 의미는 급속도로 희미해졌다. 거짓 와인은 예컨대, 저품질 와인에 브랜디나 위스키 같은 독한 스피리츠를 섞는 식으로 만들어진다. 사람들은 섞는 것에 도가 텄는지 무엇이든 섞기 시작했다. 물처럼 밍밍한 와인에 주정강화 와인을 섞어 알코올 도수를 높였다. 보르도 와인을 조금 첨가한 뒤에는 '보르도'에서 만든 와인이라 속여 팔기도 했다. 와인에 탄산을 섞고는 '샴페인'이라고 우기기도 했다. 품질 낮은 레드 와인에 '부르고뉴'란 이름을 적어 판매하는 것도 부지기수였다. 그나마 이런 류는 적어도 포도주스를 발효해 만든 술이니 다행이었다. 건포도에 열을 가해 끈적한 포도 농축액을 만든 뒤 온갖 종류의 알코올을 섞은 '메이드 와인made wine'도 판을 쳤다. 이것은 아예 와인이라고 말할 수 없었다.

상황이 이렇다 보니 와인 생산자와 소비자 모두의 원성이 자자했다. 올바른 방식으로 와인을 만들던 생산자도 손해를 봤고 소비자도 피해를 입었다. 특히 프랑스인들은 이런 현상을 아주 큰 위협으로 느꼈다. 이들에게 와인은 자존심이었기 때문이다. 와인에 대한 평판이 바닥을 쳤으니 대책이 시급했다. 프랑스 정부는 직접 나서서 와인이 무엇인지 가이드라인도 만들었지만, 이것만으로는 아주 부족했다. 묘안이 필요했다.

묘안은 바로 프랑스 남부 론 지역의 샤토네프 뒤 파프 마을에서 나왔다. 이 마을은 과거 아비뇽 유수 때 교황의 별장이 있어 포도밭이 개간됐던 곳이 아니던가. 와인의 위상이 땅에 떨어지고 가짜 와인이 판치자 1923년 샤토네프 뒤 파프의 와인 생산자들은 자신들의 와인을 보호하기 위한 방안이 필요하다고 생각했다. 와인 생산자들은 샤토 포르티아Château Fortia 와이너리의 주인 피에르 르 루아 드 부아조마리에Pierre Le Roy de Boiseaumarié(이하, 바롱 르 루아 Baron Le Roy)를 찾아갔다.

프랑스 '샤토네프 뒤 파프'를
프랑스 최초 법적으로 보호받
는 와인 생산지역이 되도록 이
끈 바롱 르 루아.

    바롱 르 루아는 실제 법학을 공부했던 사람이라 당시 지역 와
인 생산자들 가운데 법을 가장 잘 알고 있었다. 와인 생산자들은
마땅한 대책이 있지는 않았다. 단순히 자신들의 와인을 보호할
수 있는 일종의 협회 같은 조직을 만들고 싶었을 뿐이다. 그런데
바롱 르 루아는 와인 생산자들에게 예상을 뛰어넘는 방안을 제시
했다. 지역 와인에 아주 엄격한 규칙을 만들자고 제안한 것이다.
    예컨대, '샤토네프 뒤 파프'라는 이름을 붙이기 위해서는 지역
내 아주 제한된 포도밭에서만 포도를 재배해야 한다. 당을 인위
적으로 첨가하지 않은 채로 알코올 도수는 최소 12.5퍼센트를 넘
어야 한다. 반드시 정해진 포도 품종만을 사용해야 한다 등이었
다. 당시 이런 규칙은 아주 생소했던지라 와인 생산자들은 당황
을 금치 못했다. 특히 바롱 르 루아가 정한 제한된 생산 지역은
토양이 아주 척박해서 잘 농작해봐야 라벤더 같은 허브 종류 작

물이나 포도만이 겨우 자랄 수 있었다. 충격을 받은 와인 생산자들은 한 목소리로 바롱 르 루아의 의견에 반대했다. 그에게 의뢰를 했던 것을 단단히 후회하며 말이다.

바롱 르 루아는 고집을 꺾지 않았다. 샤토네프 뒤 파프 지역 와인의 품질과 이름을 지키기 위한 방법은 생산 조건을 엄격하게 하는 것밖에는 없다고 생각했다. 특히 바롱 르 루아는 척박한 토양에서 자란 포도가 훨씬 농축되고 맛있다는 사실을 알고 있던 터였다. 그는 1926년 이러한 규정 사항을 법원에 제출했고, 법원은 의견을 받아들였다.

샤토네프 뒤 파프가 프랑스 와인 역사상 최초로 '법적으로 보호받는 생산 지역'이 된 것이다. 법률에 따른 모든 조건을 충족하지 않으면 더 이상 와인에 '샤토네프 뒤 파프'란 이름을 사용할 수 없었다. 지역 와인의 이름을 보호하고 지키면서, 동시에 품질까지 향상시키는 놀라운 묘안이었다.

바롱 르 루아가 제시한 생산 조건은 현재까지도 프랑스 와인 품질 관리의 중추적 역할을 하는 '원산지 통제 명칭AOC' 법률의 근간이 됐다. 그의 명석한 두뇌와 혜안, 대의를 생각하는 거시적인 안목은 가히 놀라울 따름이다.

# 혁신적인 변화, 프랑스의 AOC

　바롱 르 루아가 주도했던 샤토네프 뒤 파프의 변화는 머지않아 프랑스 전역으로까지 퍼졌다. 와인 품질에 관해 고민하고 지역 와인의 이름을 보호하고자 하는 와인 생산자들이 늘어난 것이다. 가짜 와인을 내놓거나, 품질 높은 비티스 비니페라 품종 대신 교배 품종을 사용하거나, 덜 익은 포도로 밍밍한 와인을 생산하거나, 허가되지 않은 방식으로 당을 과도하게 첨가하는 등 와인 품질을 떨어뜨리는 행태가 프랑스 곳곳에서 일어나고 있었다. 물론 이런 상황에 큰 불만이 없는 와인 생산자도 많았다. 먹고 살자고 하는 일인데, 굳이 힘들게 지역 와인을 보호하고 품질을 개선시킬 필요가 있을까 여긴 것이다. 그럼에도 소수는 먼 미래를 봐야 한다고 주장했다. 와인 산업이 지속적으로 발전하고 성장하기 위해서는 반드시 일정한 가이드라인과 품질을 높이려는 노력이 필요하다고 말이다.

당시 샤토네프 뒤 파프 지역에 바롱 르 루아가 있었다면, 보르도에는 조제프 카푸스Joseph Capus가 있었다. 그는 보르도 카디약Cadillac 지역 농업학 교수이자 보르도 지롱드Gironde 농업부에 소속된 고위 공무원이었다. 그는 포도밭 병충해 문제와 포도밭 개간, 포도 품종 접목 등의 주제를 심도 있게 연구했다. 사실 그는 바롱 르 루아 훨씬 이전, 그러니까 1906년 단순히 지역별로 와인 생산지를 구분할 것이 아니라 생산 조건을 만들어

마르크 샤갈, 〈와인을 손에 든 부부의 초상〉(1917~1918).

통제해야 한다는 의견을 낸 적 있었다. 이 의견은 당시에는 말도 안 되는 이야기라며 완전히 묵살당했다. 이후 1925~1926년 바롱 르 루아가 샤토네프 뒤 파프에서 와인 생산 규제 법안을 통과시키는 과정을 보며 조세프 카푸스는 자신이 옳았음을 깨닫고 다시금 관련 법안을 준비하기 시작했다. 그는 안 그래도 지롱드의 부시장으로 진급한 터였다.

기본 골자는 바롱 르 루아가 제시했던 것과 비슷했다. 와인이 만들어질 수 있는 생산 지역을 제한하고, 포도 품종이나 생산량,

양조 과정 등에 관한 규칙을 정해 이에 따르게 하는 방식이었다. 하지만 이에 따른 반발은 역시나 거셌다. 더군다나 샤토네프 뒤 파프 사례와 달리 프랑스 전체 와인 생산지를 대상으로 한 터라 더욱 그러했다. 법조계도 이 법안에 의한 타격을 걱정해 부정적인 견해를 내비치는 등 조심스러워 했다. 무엇보다 '무엇이 최선의 포도 재배 및 양조 방식인지'에 관한 지점에서 의견 통일을 보기 어려웠다.

무엇이 최고의 와인이며, 무엇이 최선의 방법인가? 어떤 와인 스타일이 그 지역을 대표하는가? 여러 반발과 우려로 법안 통과가 늦어지면서 상황이 더욱 악화됐다. 와인 시장은 되살아나지 않았다. 세계대전을 치른 프랑스 경제는 붕괴 직전으로 치달았다. 하지만 조제프 카푸스는 포기하지 않았다. 각고의 노력 끝에 1935년 드디어 원산지 명칭 법률 규제가 만들어진다. 와인 애호가라면 익히 알고 있는 AOC Appellation d'Origine Contrôlée 시스템이다. 공식적으로 법규가 발효된 때는 1937년으로, AOC 가이드라인을 만들고 실행해나가는 중앙 기구인 INAO*가 설립됐다.

AOC는 요컨대, 한 와인 생산 지역에서 포도는 어떤 품종을 사용해야 하고, 포도 재배는 최대 생산량을 넘지 않아야 하며, 포도나무는 언제 어떻게 가지치기해야 하고, 알코올 도수는 최소 몇 퍼센트를 넘어야 하며, 당을 인위적으로 넣지 않아야 하고, 혹은 넣을 수 있다면 얼마만큼 넣을 수 있으며, 숙성은 어떻게 얼마나

---

* INAO는 Institut National des Appellations d'Origine의 약칭이었으나, 2007년부터 정식 명칭이 Institut National de l'Origine et de la Qualité로 바뀌었다.

해야 하는지 등을, 지역에 따라 차이는 있지만 아주 세부적인 실행 사항까지 규정해놓은 가이드라인이다. 이 가이드라인을 따라야만 그 지역 이름을 와인에 쓸 수 있다. 현재 프랑스에는 360개가 넘는 와인 생산 AOC가 존재한다. 2013년을 기준으로 전체 프랑스 와인의 45퍼센트가 AOC 와인이다.

프랑스 AOC 시스템은 다른 유럽 국가에도 영향을 미쳤다. 스페인에서는 DO/DOCA, 이탈리아에서는 DOC/DOCG, 포르투갈에서는 DOC라는 이름의 원산지 통제 시스템을 만들었다. 이탈리아의 경우 1930년에 일부 지역에 와인 원산지 보호법 같은 것이 있었지만, 프랑스 AOC 시스템을 벤치마킹해 통일된 새로운 법규를 만든 때는 1963년에 이르러서였다. 프랑스 AOC 시스템은 또한 와인 생산의 후발주자인 미국, 오스트레일리아와 같은 신세계 국가에도 영향을 주었다. 하지만 그 어떤 나라의 시스템도 프랑스 AOC만큼 엄격하고 세부적이며 위계적이지는 않다.

프랑스 AOC 시스템에 대해서는 찬성과 반대 의견이 많지만, 프랑스 와인을 지금까지 세계 최고라는 이름을 갖게 해준 가장 결정적이고 영리한 법규라고 생각한다. 아이러니하게도 소비자들은 언제나 '분류법'에 민감하게 반응하니까 말이다. 현대 와인 시장에는 무척이나 다양하고 혁신적이며 새로운 스타일의 와인이 쏟아지고 있다. 이런 트렌드에도 불구하고 프랑스만은 결코 변하지 않는 자신들만의 스타일과 규칙을 고수하고 있다. 원산지 통제 법규를 바탕으로 말이다. 아마도 이 때문에 프랑스 와인에 '고전classic'이란 수식어가 붙는 게 아닐까 생각해본다.

# 새로운 흐름

　호모 사피엔스 이야기까지 거슬러 올라가며 와인의 역사를 훑어봤지만, 그래서 굳이 이런 이야기는 하고 싶지 않지만, 우리가 요즘 마시는 '현대 와인' 자체의 역사는 정말 얼마 되지 않는다. 와인이 인류의 오랜 벗인 것은 확실하지만, 과연 과거의 와인과 지금의 와인이 같다고 말할 수 있을지는 미지수다. 와인은 '인간'이 적극적으로 개입하면서 지금 모습을 갖추어갔다. 과학이 발전하고 시스템이 발달하면서 제대로 된 '맛'을 내기 시작한 것이다. 어찌 생각하면 우리가 신봉하는 많은 와인에 관한 지식들은 만들어진 지 길어야 고작 100년도 되지 않은 것들이다. 그렇다고 허무해할 필요는 없다. 유구한 역사와 전통이 어디로 사라져버리는 것은 아니지 않는가.

프랑스, 이탈리아, 독일, 스페인, 포르투갈과 같은 전통 와인 생산 국가들은 실제로 아주 오랜 와인 양조의 역사가 있다. 단지 20세기에 들어서면서 그 '전통'의 모습을 더 의미 있는 방향으로 업그레이드시켰을 뿐이다. 예컨대, '품질'과 '고유성'에 신경을 쓰기 시작한 것이다. 전통과 역사를 바탕으로 정체성을 구축해감과 동시에 품질을 향상시키고, 버려야 할 구습과 비효율적인 것을 쳐내 가면서 말이다.

이처럼 오랜 역사와 전통을 가진 유럽의 와인 생산국을 우리는 구세계Old World라고 부른다. 오랜 기간 쌓아온 역사와 전통을 바탕으로 한 경험적 지식이 축적돼 있고, 고유의 정체성과 개성이 뚜렷한 편이다. 말하자면 어떤 '틀' 안에서 움직이는 셈이다.

특히 프랑스 AOC 시스템과 같이 원산지 통제 법규(통칭해 유럽 PDO 시스템)가 잘 만들어져 있어 어떤 '지역'에서 와인이 만들어졌는지가 와인의 스타일을 결정짓는 중요한 요인이 된다. 구세계 와인이 대부분 지역 이름을 대면 어떤 품종으로, 어떻게 만든, 어떤 스타일의 와인인지가 가늠되는 이유다. 이는 소비자에게 안정적인 통일감과 규칙성을 제공한다.

구세계 와인에서는 '테루아르'라는 개념이 중요하다. 테루아르란 넓게 말해 포도가 재배되는 자연환경을 의미하지만, 좁은 의미로는 토양을 가리킨다. 어떤 '지역'인지에 따라 와인 스타일이 극명히 달라지는 구세계 와인을 잘 표현해주는 말이다.

또한 역사적으로 한 지역에서 오래 쓰인 포도 품종을 사용해 와인을 만드는 편이다. 말하자면, '토착품종indigenous varieties'이다. 대비되는 말로는 '국제품종international varieties'이 있으나 사실상이 둘을 구별하는 명확한 기준은 없다. 토착품종도 구세계 와인에 일련의 명확한 정체성과 고유성을 부여하는 데 한몫한다. 예컨대, 이탈리아에는 2000여 종의 토착품종이 있으며, 그리스에는 300여 종의 토착품종이 있다. 스페인, 독일, 포르투갈도 토착품종으로 개성이 강한 와인을 만들어낸다. 다만, 프랑스의 전통 포도 품종은 이미 전 세계적에서 사용되고 있기 때문에, 대개 국제품종으로 분류된다. 그렇지만 프랑스는 각 지역의 테루아르와 결부해 다른 나라에서는 쉽게 흉내 낼 수 없는 고유한 와인 스타일을 만들어낸다.

구세계와 반대로 신세계New world라고 불리는 와인 생산 국가들이 있다. 미국, 오스트레일리아, 뉴질랜드, 칠레, 아르헨티나, 남아프리카공화국 등이다. 말하자면, 신대륙 발견 시기에 유럽인들에게 '발견된' 혹은 '점령당한' 곳들이다. 그렇다 보니 와인 양조의 역사는 유럽인들이 진출한 17세기부터 시작됐다.

신세계 와인들은 기본적으로 구세계 유럽 품종들을 가져와 비슷한 스타일로 모방하는 것에서부터 시작했다. 당연히 처음부터 높은 품질의 와인이 생산된 것도 아니고 실패도 많았지만, 이들이 사용한 무기는 바로 '과학'이었다. 현대 과학 기술은 유럽이 몇천 년에 걸쳐 쌓아온 와인 양조 품질을 한 세기도 안 돼 따라잡을 수 있게 했다. 유럽에는 버릴 수 없는 전통과 지켜야 할 규칙이 있었지만, 신세계 국가들은 거의 아무것도 없는 상태에서 시작했기 때문에 무엇이든 버릴 수 있었고 무엇이든 새롭게 만들수 있었다.

20세기 이전, 신세계 와인 산업의 과업은 구대륙에서 검증된 유럽 품종을 새로운 대륙에 실험하고 적응시키는 것이었다. 신대륙에도 토착품종은 있었으나 와인 맛이 좋지 않았다. 유럽 품종과 교배한 하이브리드 품종도 마찬가지였다. 간혹 미국의 진판델Zinfandel, 칠레의 카르메네르Carmenere, 아르헨티나의 말벡Malbec, 남아프리카공화국의 피노타지Pinotage 품종 등을 토착품종이라 생각하는 경우도 있는데, 이 품종들은 토착품종이 아니다. 진판델, 카르메네르, 말벡 등은 구대륙에서 빛을 발하지 못했으나 신대륙의 특정 환경을 만나 꽃을 피운 경우이다. 피노타지는 남아프리카공화국에서 유럽 품종인 피노누아와 생소Cinsaut를 이종교배crossing해 만든 품종이다.

신세계는 아주 짧은 시간 내에 구대륙과는 완전히 다른 방식으로 와인 산업을 성장시켜갔다. 이는 현대 와인 역사에서 일어난 가장 놀랍고도 눈부신 일이었다.

# 신세계의 비약적인 발전

미국은 17세기부터 와인 양조를 해왔지만, 본격적으로 현대 와인의 역사가 시작된 때는 1933년 미국의 금주법이 없어진 다음부터라고 볼 수 있다. 미국 와인 발전의 중심에는 데이비스Davis라는 도시의 캘리포니아 주립대학 분교가 있었다. 이곳은 1880년부터 포도 재배와 와인 양조에 관한 연구를 시작해, 필록세라 치료법 연구에도 혁혁한 공을 세웠다. 1959년에는 아예 UC 데이비스라는 이름으로, 분교가 아닌 독립적인 캘리포니아 주립대학 캠퍼스로 재설립됐다. 이후 미국과 신세계 국가 와인 품질 향상에 엄청난 영향을 미친 굵직한 연구들을 쏟아냈다.

대표적인 결과물 하나는 연구자 에머린Amerine과 윙클러Winkler의 '기후 분류Climate Classification'였다. 캘리포니아주의 포도 재배 지역을 기후에 따라 Ⅰ~Ⅴ까지 나누어 기후에 따라 어떤 포도 품종을 심으면 가장 적합한지 체계적으로 정리한 분류표였다. 예를 들어, 가장 추운 지역인 Ⅰ기후대에서는 샤도네이Chardonnay, 리슬링Riesling, 피노누아, 게뷔르츠트라미너Gewurztraminer 같은 품종을 심는 것이 좋다. 그보다 따뜻한 지역 Ⅱ에서는 카베르네 소비뇽, 메를로Merlot, 소비뇽 블랑Sauvignon blanc 같은 품종이 적합하다.

프랑스에서도 와인 생산지의 기후에 관한 연구가 분명 있었지만 목적은 조금 달랐다. 요컨대, 프랑스에서 이루어진 연구는 이미 존재하고 있는 와인의 품질을 향상시키고 보다 효과적으로 포도 농사를 짓는 데 참고하기 위한 연구였다. 하지만 신세계 국가의 경우는 달랐다. 일종의 '계획 도시'같이 어떤 지역에 어떤 품종을 심어야 하는지를 처음부터 결정해야 했기 때문이다.

윙클러 인덱스WI, Winkler Index라 불리는 이 분류는 캘리포니아 와인 생산자들의 시행착오를 눈에 띄게 줄여주었다. UC 데이비스는 현재까지 계속해서 포도 품종과 토양과 기후 등을 다각적으로 분석하고, 관개시설과 포도밭 위치 선정에 대한 컨설팅을 제공하며, 포도 생산량과 와인 품질의 상관관계나, 효모와 미생물 등을 연구하는 등 와인 양조 모든 과정에 과학적인 접근을 도입해 그 결과를 공유하고 있다.

미국뿐만 아니라 오스트레일리아와 뉴질랜드도 '과학'을 무기로 삼았다. 오스트레일리아에는 오스트레일리아 와인연구소AWRI, Australian Wine Research Institute를 중심으로 연구가 진행됐다. 1955년에 설립된 이곳은 현재까지 애들레이드Adelaide를 중심으로 빅토리아Victoria, 뉴사우스웨일스New South Wales, 태즈메이니아Tasmania

등지에 연구소를 두고 있다. 특히 로컬 생산자들의 요청에 즉각적으로 반응해 도움을 제공하는 것으로 유명하다. 애들레이드 대학University of Adelaide과 찰스스터트 대학Charles Sturt University 또한 양조학과 포도재배학, 와인산업학에 있어 오스트레일리아 내에서뿐만 아니라 전 세계적으로 영향력을 미치고 있다.

뉴질랜드는 포도밭 캐노피 관리canopy management 기술의 요람으로 알려져 있다. 포도잎이 수북이 만들어내는 커튼을 관리해 포도가 더욱 건강하게 자라도록 하는 기법이다. 뉴질랜드에는 링컨 대학Lincoln University이 포도재배학과 와인양조학으로 유명하며, 주도적으로 연구를 이끌어가고 있다.

최첨단 과학으로 접근했던 미국과 오스트레일리아는 그들만의 매우 강하고 진한 스타일의 샤도네이, 카베르네 소비뇽, 쉬라즈Shiraz 등 단일 품종 와인varietal wine을 만들어내면서 1980년대 전 세계적인 인기를 끌었다. 지금도 와인 애호가들의 많은 사랑을 받고 있다. 뉴질랜드 또한 생산량은 적었지만, 포도 품종과 기후를 연구해 구세계에서는 찾아볼 수 없는 스타일의 소비뇽 블랑이나 피노누아 와인을 만들어냈다.

미국, 오스트레일리아, 뉴질랜드뿐만 아니라 칠레, 아르헨티나, 남아프리카공화국 등 다른 신세계 와인 생산 국가들도 20세기에 들어와 와인 산업에 박차를 가했다.

칠레와 아르헨티나는 관개시설을 발전시키며 급격한 성장기를 맞았다. 특히 칠레는 매우 부족한 강수량과 건조한 기후 탓에 포도밭에 물을 댈 수 있는 관개시설이 시급했으나, 1970~1980년대 관개 기술이 발달하면서 생산량이 수직 상승했다.

남아프리카공화국은 낙후돼 있던 포도밭과 와이너리에 새로운 현대식 생산 시스템이 도입되면서 남아프리카공화국 와인은 전환기를 맞이했다. 여러 전염병과 병충해로 골머리를 앓던 포도밭은 새로 도입된 포도밭 관리 기술과 살충제 등으로 생산성을 높였고, 한층 통제되고 위생적인 양조 과정으로 와인 품질을 향상했다.

　결국 과학적 접근 덕분에 새로운 와인 생산국들은 유럽이 몇천 년 동안 만들어온 와인의 생산성과 품질을 단기간에 따라잡을 수 있었다. 한편으로는 그 이유를 들어 신세계 와인을 평가절하하는 사람들도 있다. 와인은 테루아르와 빈티지(생산년도)에 따라 맛이 다른데, 말하자면 완벽하지 않고 스타일이 다양한 것이 매력인데, 신세계 와인은 오직 효율적인 방식으로 최고의 결과만을 일괄적으로 뽑아내려고 하니 얼마나 개성이 없고 매력이 없느냐는 것이다.

　하지만 이런 생각은 편견에 불과하다. 특히 현대에 들어와서는 구세계와 신세계가 서로 영향을 주어 사실상 둘의 구분이 희미해지고 있는 실정이다. 지금은 신세계 와인일지라도 테루아르를 중요시 여기면서 유럽의 전통 방식으로 양조하는 경우가 많아졌고, 구세계 와인일지라도 과학적 접근법으로 소비자에게 쉽게 다가갈 수 있는 와인을 생산하는 경우도 늘고 있다.

# 신세계 국가의 위대한 생산자들

　신세계 지역을 이끈 것이 비단 과학만은 아니었다. '우리도 품질 좋은 와인을 만들 수 있다'라고 하는 초기 와인 생산자들의 노력과 실험 정신이 뒷받침되기도 했다. 가령, 미국에는 나파밸리 Napa Valley의 아버지라 불리는 로버트 몬다비Robert Mondavi가 있었다. 그는 미국 캘리포니아 나파밸리 지역을 세계적으로 손에 꼽히는 와인 생산지로 만들어놓은 장본인이다.

　1950년대 로버트 몬다비는 카베르네 소비뇽이란 유럽 품종을 나파에 정착시키기 위해 외로운 싸움을 했다. 처음에는 시행착오와 실패의 연속이었다. 하지만 1960년대 프랑스 보르도에 직접 가서 보고 배운 그는 보르도와는 다른 나파밸리만의 카베르네 소비뇽 와인을 꿈꾸었다. 1966년 자신의 이름을 내건 와이너리를 설립해 실제 꿈꾸던 스타일의 와인을 실현하고 캘리포니아 와인 역사에 한 획을 그었다.

본래 카베르네 소비뇽은 프랑스 보르도 특히 메도크 지역의 대표 품종이다. 카베르네 소비뇽을 중심으로 메를로와 카베르네 프랑Cabernet Franc 같은 품종을 블렌딩해 와인을 만드는 방법이 정석이었다. 하지만 로버트 몬다비는 100퍼센트 카베르네 소비뇽만을 사용한 나파밸리 와인을 만들고자 노력했다. 결과적으로 로버트 몬다비가 만든 스타일의 카베르네 소비뇽은 나파밸리, 나아가서는 캘리포니아의 시그니처 와인 스타일이 됐다. 현재에도 캘리포니아의 수많은 와인 생산자가 로버트 몬다비 스타일의 와인을 만들고 있다.

로버트 몬다비의 능력은 여기서 끝이 아니라 마케팅으로까지 이어졌다. 처음으로 나파밸리에 '와이너리 투어'라는 여행 상품을 도입한 것이다. 이 아이디어는 정말 탁월했다. 물론 그 전에도 외국인이든 현지인이든, 타지 사람이 와인 생산지에 놀러와 로컬 와인을 마시고 와이너리를 방문하는 일이 없지는 않았다. 하지만 이전에는 어디까지나 와인 애호가들의 개인적인 취미였지, '산업'으로까지 발전하지는 않았다. 그런데 교통수단의 눈부신 발달로 장거리 이동이 용이해지면서 여행 수요가 급증하자, 로버트 몬다비는 현지인이든 외국인이든 관광객을 유치하고 산업적으로 발전시키는 것이 궁극적으로는 캘리포니아 와인 발전에 크게 기여할 것이라고 생각했다.

현재도 나파밸리만큼이나 '와이너리 투어' 프로그램이 소위 상업적이고 체계적으로 잘 짜여져 있는 와인 생산지는 드물다. 나

미국 나파밸리의 전설적인 와인 생산자 로버트 몬다비와 그의 와이너리 전경.

파는 거의 모든 와이너리에서 방문객을 받고, 테이스팅 프로그램을 운영하며, 아주 친절한 서비스를 제공한다. 결론적으로 나파 지역의 관광화는 와인 생산자들이 부수적인 수입을 얻게 함과 동시에 캘리포니아 와인을 전 세계에 널리 알리는 데 기여했다.

이런 선순환은 나파에서만 끝나지 않고, 주변 와인 생산지로까지 영향을 미쳐 캘리포니아 와인이 발전하는 데 큰 밑받침이 됐다. 1979년에 로버트 몬다비는 프랑스 보르도 샤토 무통 로칠드의 와인 메이커 바롱 필리프Baron Philippe와 합작해 오퍼스 원Opus One이라는 와이너리를 새롭게 세웠다. 1990년대에는 칠레, 이탈리아 토스카나, 프랑스 랑그도크Languedoc 등 세계 각지의 와인 메이커들과 합작해 사업과 브랜드를 넓혀갔다. 명성에 걸맞은 와인 품질과 확고한 철학으로 로버트 몬다비는 캘리포니아의 전설이 됐다.

미국에 로버트 몬다비가 있었다면 오스트레일리아에는 맥스 슈버트Max Schubert라는 인물이 있었다. 1950년대에 이미 100여 년의 역사를 가진 펜폴즈Penfolds라는 와이너리를 물려받아 운영하던 와인 생산자였다.

당시 오스트레일리아의 와인은 상당히 단순한 편이었다. 주로 매우 센 스타일의 주정강화 와인이나 브랜디를 생산했다. 하지만 보르도에 여행을 갔다가 크게 감명받은 맥스 슈버트는 완전히 새로운 스타일의 발효 방식과 숙성 방식을 도입했다. 보르도와 같은 수준의 품질을 가진, 그래서 50년 이상은 숙성할 수 있는 오스트레일리아 최고의 레드 와인을 만들겠다는 계획을 세운다.

맥스 슈버트는 오스트레일리아의 쉬라즈 품종을 사용해 와인을 양조해 1951년 첫 빈티지를 선보였다. 이 와인이 바로 현재까지도 오스트레일리아를 대표하는 펜폴즈 그랜지Penfolds Grange다.

그의 와인은 어디에도 없던 완전히 새로운 스타일이었다. 와인 애호가와 전문가들은 주정강화 와인처럼 너무 진하고 강하다며 비판했고, 결국 맥스 슈버트는 1957년 와인 생산을 중단했다. 그

오스트레일리아 와인의 상징 펜폴즈의 성공을 이끈 맥스 슈버트

러나 몇 년이 지난 뒤 숙성된 초기 펜폴즈 와인이 진가를 드러내기 시작했다. 전 세계는 열광했다. 강하기만 하다고 생각했던 펜폴즈의 레드 와인이 숙성되면서 훨씬 더 깊고 부드러운 맛과 향을 풍기기 시작한 것이다.

펜폴즈는 1960년 다시 생산을 시작해 현재까지도 오스트레일리아를 대표하는 와인 브랜드로 자리 잡았다. 실제 첫 번째 빈티지인 1951년산 펜폴즈 그랜지는 2004년 경매에서 오스트레일리아 달러로 5만 달러(약 4000만 원)에 낙찰되기도 했다. 가히 오스트레일리아 와인 역사에 큰 전환점을 마련해준 상징적인 와인이다.

뉴질랜드에서는 오스트레일리아의 와인 생산자 데이비드 호넨David Hohnen이 1985년 클라우디 베이Cloudy Bay라는 와이너리를 창립했다. 그는 이미 오스트레일리아 마가렛리버Margaret River에 케이프 멘텔Cape Mentelle 와이너리를 가지고 있던 터였다. 클라우디 베이의 소비뇽 블랑 와인은 발매된 해부터 즉시 해외 시장에서 큰 인기를 끌더니, 순식간에 뉴질랜드 말보로Marlborough 지역이 세계적인 와인 생산지로 떠올랐다. 지금도 오직 말보로 소비뇽 블랑만이 가진 구스베리gooseberry, 피망capsicum 같은 독특한 맛과 향은 뉴질랜드 와인을 대표하고 있다.

이처럼 신세계 국가들은 구세계 국가들이 가진 오랜 전통은 없었지만, 현대 과학 및 기술의 발전과 그들 스스로의 노력으로 끊임없이 새로운 스타일의 와인을 만들어갔다. 한편 구세계 국가들은 오랜 역사와 전통, 방대한 양의 경험을 집대성하고 시스템화하기 위해 노력했다. 주로 각자 지역의 고유성과 테루아르를 기반으로 한 품질 통제에 신경을 집중했다. 그렇기 때문이었을까, 구세계는 오히려 와인 생산에 비교적 뒤늦게 현대 기술을 도입한 편이다.

# 파리의 심판

미국 와인 이야기를 할 때마다 빠지지 않는 것이 있으니, 이름하여 '파리의 심판Judgement of Paris'이라는 사건이다. 캘리포니아 와인을 마케팅할 때 가장 보편적으로 거론하는 이야기이기는 하지만, 미국 와인뿐만 아니라 신세계 와인 생산국 전체의 위상에 역사적인 획을 그은 사건인 것만은 분명하다. 이 일화는 2008년 배우 앨런 릭먼이 출연한 〈와인 미라클Bottle Shock〉이라는 영화로 제작되기도 했다.

와인 수입업을 하던 영국인 스티븐 스퍼리어Steven Spurrier라는 인물이 있었다. 그는 30대였던 1970년에 프랑스 파리로 건너간다. 와인 구매 전 테이스팅이 가능한 와인숍을 오픈했고, 프랑스 최초 사설 와인 아카데미를 열었다. 그러던 어느 날, 스티븐 스퍼리어는 미국 캘리포니아에 방문했다가 캘리포니아 와인의 놀라운 품질에 매료됐다. 과연 프랑스 와인과도 견줄 정도라고 생각했다. 이는 당시로서는 그 누구도 설득하기 어려운 견해였다. 프랑스는 몇천 년을 이어온 와인 전통을 가진 나라이자 명실상부 최고의 와인 생산지였다. 반면, 미국은 와인을 생산한 지 얼마 되

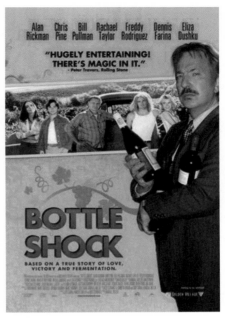

미국 나파밸리 와인의 자존심을 세워준 '파리의 심판' 사건을 영화화한 〈와인 미라클〉(2008).

지도 않은 데다 유럽인들은 "미국에서도 와인을 만들어?"라고 코웃음 칠 정도로 존재감이 없었을 때였다. 하지만 스티븐 스퍼리어는 자신의 감각을 믿고 '블라인드 테이스팅'이라는 과감한 이벤트를 벌인다.

1976년, 스티븐 스퍼리어는 미국 캘리포니아 레드 와인 여섯 종과 프랑스 보르도 레드 와인 네 종, 미국 캘리포니아 화이트 와인 여섯 종과 프랑스 부르고뉴 화이트 와인 네 종을 출품했다. 총 열한 명의 심사위원을 초대해 파리에서 블라인드 테이스팅 대회를 열었다. 요컨대, 어떤 와인인지 모르는 상태에서 맛을 보고 와

1976년 열린 '파리의 심판' 당시 심사위원들이 와인을 테이스팅하는 모습.

인에 대한 평가를 하는 자리를 만든 것이다. 캘리포니아 와인을 보다 객관적으로 평가하기 위해 당시 심사위원 열한 명 가운데 스티븐 스퍼리어 본인과 미국인 한 명을 제외하고는 모두 프랑스인으로 꾸렸다. 사실 애초에 이 자리를 만드는 데에도 어려움이 많았다. '감히' 프랑스 와인을, 그것도 보르도와 부르고뉴의 와인을 미국 캘리포니아 와인과 견주다니! 당시로서는 받아들이기 어려웠기 때문이다.

　미국 캘리포니아 와인 품질에 대한 확신이 있었던 스티븐 스퍼리어는 프랑스 와인 전문가를 찾아다니며 설득시키는 한편, 캘리포니아에서는 곳곳을 돌아다니며 출품할 와인 선정에 아주 공을 들였다. 그리고 그 결과는 가히 충격적이었다. 열한 명의 평가를 종합했을 때, 비록 근소한 차이였을지언정 레드 와인 부문과 화이트 와인 부문 모두에서 미국 캘리포니아 와인이 1등을 차지했기 때문이다.

레드 와인으로는 미국 캘리포니아 나파밸리 스택스 립 와인 셀라Stag's Leap Wine Cellars의 1973년 빈티지가 평균 점수 14.14를 받으면서, 평균 점수 14.09를 받은 프랑스 보르도의 샤토 무통 로칠드 1970년 빈티지를 제치고 1등을 차지했다. 들어보지도 못한 캘리포니아의 와인이, 당시에도 이미 훌륭한 품질로 알려졌던 보르도 레드 와인, 그것도 심지어 샤토 무통 로칠드 와인과 비등한 품질 평가를 받았다는 것은 상상도 못할 결과였다. 이 사실은 심사위원으로 참여한 프랑스 와인 전문가들뿐만 아니라 결과를 접한 모든 이에게 큰 충격이었다.

화이트 와인도 예외가 아니었다. 당시로서는 '감히 부르고뉴 화이트 와인과 캘리포니아 샤도네이를 비교하다니' 하고 화를 낼 수도 있을 만큼 생소한 테이스팅이었다. 그런데 블라인드 테이스팅 결과 미국 캘리포니아 나파밸리 샤토 몬텔레나Château Montelena 1973년 빈티지가 부르고뉴의 뫼르소Meursault 및 쟁쟁한 화이트 와인들을 모두 제치고 1위를 차지했다.

이날의 블라인드 테이스팅은 '파리의 심판'이라는, 프랑스 입장에서는 아주 굴욕적인 이름으로 불리게 됐다.

당시에도 마찬가지였고 지금도 이 사건에 대해서는 여러 상반된 의견이 있다. 특히 보르도와 부르고뉴 와인은 숙성한 뒤에 맛이 훨씬 더 풍부하고 복합적인데, 너무 어린 빈티지의 와인을 가지고 평가했기 때문에 프랑스 와인이 불리했다는 지적도 있다. 이후에 '시간이 흐른 뒤 숙성이 됐을 때는 프랑스 와인이 더 월등할 것'이라는 가정하에 같은 빈티지의 같은 와인을 대상으로 여러 번 블라인드 테이스팅을 했다(1978년 샌프란시스코 와인 테이스팅, 1986년 프렌치컬러너리인스티튜트 테이스팅, 1986년 와인스펙테이터 테이스팅, 2006년 파리의 심판 30주년 테이스팅). 그런데 그때마다 캘리포니아 와인이 프랑스 와인보다 전반적으로 더 좋은 평가를 받고 말았다.

결국 스티븐 스퍼리어가 실험적으로 열었던 테이스팅 자리는 미국 캘리포니아 와인 역사상 다시는 없을 사건으로 기록됐다. 이 사건은 40여 년이 지난 지금까지도 미국 캘리포니아 와인을 마케팅하는 둘도 없는 도구로 사용되고 있다.

파리의 심판은 '블라인드 테이스팅'이라는 무기를 신세계 국가에 쥐어준 하나의 변환점이기도 했다. 지금도 이는 아주 활발히 사용되고 있는데, "블라인드 테이스팅 결과, 30불짜리 와인이 300불짜리 프랑스 고가 와인을 이겨"와 같은 헤드라인의 기사를 이따금 볼 수 있다. 블라인드 테이스팅은 새롭게 시작하는 와인 생산국이나 신생 와이너리 등을 위한 기회라고 볼 수 있다. 요컨대, '계급장 떼고'가 가능해지는 데다가 블라인드 테이스팅에서 좋은 결과를 얻었을 경우 함께 경쟁한 다른 유명 와인의 명성까지 마케팅에 활용할 수 있기 때문이다.

물론 블라인드 테이스팅이 과연 타당한가, 얼마나 믿을 수 있는가, 신봉할 만한 것인가는 또 다른 문제이기는 하다. 선입견 없이 와인을 있는 그대로 맛보자는 게 블라인드 테이스팅이지만, 그렇다고 해서 편견이 전혀 개입되지 않을 수는 없다.

방송 프로그램 가운데 모창 가수 여러 명과 실제 가수가 블라인드 뒤에서 노래하고 시청자들은 실제 가수를 찾아내는 프로그램이 있다. 재미있게도 원래 가수가 아닌 모창 가수가 마지막까지 살아남는 일은 생각보다 자주 발생한다. 사람들은 '실제 가수를 찾아야지'하고 노래를 듣는데, 이런 생각이 또 하나의 편견이 돼 오히려 모창 가수를 찍게 되는 것이다. 예를 들면, 원래 가수의 평소 애드리브 습관이나 발음을 모창 가수가 과장되게 표현했을 때나, 원래 가수의 젊었을 때 음색을 기억하고 젊은 모창 가수를 선택하는 식이다. 설사 원래 가수가 마지막까지 살아남지 못했다고 해서 그가 형편없지는 않다. 가수들이 기꺼이 이 프로그램에 출연하는 까닭이다. 원래 가수는 여전히 오리지널리티를 가지고, 모창 가수는 그동안 뽐내지 못한 실력을 마음껏 발휘해 대중의 머릿속에 각인되는 좋은 기회를 얻는다.

와인 또한 마찬가지다. 미국의 와인을 모창 가수와 비교한 것은 당시 1970년대 미국 캘리포니아 와인이 프랑스 와인을 롤모델로 삼은 경우가 많았기 때문이다. 블라인드 테이스팅 당시 열한 명 가운데 아홉 명의 프랑스 심사위원은 프랑스 와인을 찾아내기 위해 얼마나 고심을 했겠는가? 그러다 바로 모창 가수를 찍는 덫에 빠졌을지도 모른다.

이를 계기로 실력과 품질을 인정받은 미국 캘리포니아 와인은 그들만의 고유한 스타일을 만들었다. 현재 미국, 특히 캘리포니아에서는 프랑스 보르도와 부르고뉴 와인에 못지않은 고급 컬트 와인Cult Wine을 생산하고 있고, 그들만의 명확한 정체성을 장착해 와인 애호가들의 사랑을 한 몸에 받고 있다. 1976년 블라인드 테이스팅이 캘리포니아 와인의 품질을 선보일 수 있는 좋은 기회였던 것은 분명하다. 그렇지만 이 때문에 프랑스 와인을 폄하할 이유는 없다.

'어떤 기준으로 와인을 평가하는가?' 하는 주제도 블라인드 테이스팅에 앞서 반드시 생각해봐야 할 문제다. 점수를 매기는 기준에, 요컨대 '앞으로 숙성을 얼마나 오래할 수 있을까, 오래 숙성한 뒤에도 여전히 멋진 맛과 향을 뽑아낼 수 있을까?'라는 문항이 없다면, 3만 원짜리 와인이 30만 원짜리 와인보다 높은 점수를 받을 수 있는 가능성이 아주 높다. 지금 당장 마개를 열고 마셨을 때 즐길 만한 와인이라면 3만 원짜리로도 충분하다. 오히려 30만 원짜리 와인은 그 진가가 시간이 지난 뒤에야 발휘될 수 있기 때문이다. 혹은 '와인이 포도 품종의 특징을 얼마나 잘 반영하는지, 테루아르를 잘 반영하고 있는지' 등 블라인드 테이스팅이라고 하더라도 기준을 어디에 두느냐에 따라 심사위원의 점수는 천차만별로 달라질 수 있음을 기억해야 한다.

그럼에도 불구하고 블라인드 테이스팅은 와인 애호가들이 누릴 수 있는 가장 큰 호사이며 행복이다. 와인이라는 취미의 정수인 듯도 하다. 무엇보다 1970년대 미국 캘리포니아 와인과 같이, 그리고 아마 현재 한국이나 아시아의 와인과 같이 아직 전혀 명성이 없는 신생 와인에는 더 없이 소중한 기회가 될 수도 있다는 점에서 큰 의미가 있다.

# 구세계의 변화

1980~1990년대에 들어서면서 현대식 포도재배 기법과 양조 기술은 신세계뿐만 아니라 구세계로까지 큰 영향을 미쳤다. 사실 프랑스의 경우는 신세계만큼은 아니더라도 비교적 현대적인 기술 발달에 민감하게 반응한 편이었다. 이에 비해 이탈리아나 스페인은 꽤나 오랫동안 전통적인 포도 재배와 양조 방식을 고수했다. 그러다가 1990년대에 이르러서야 현대적 기법을 받아들이며 많은 변화를 맞이했다.

구세계의 매우 전통적인 와인 생산지 가운데 현대적인 스타일의 와인도 함께 생산하는 곳들이 생겨났다. 예를 들면, 이탈리아 와인의 왕이라 불리는 바롤로Barolo가 있다. 이탈리아의 북서부 피에몬테 지역에서 생산되는 바롤로는 특유의 섬세한 맛과 향이 으뜸이지만, 한편으로는 소위 '텁텁한 맛'을 내는 타닌이 강한 레드 와인이다. 일차적으로는 바롤로를 만드는 포도 품종인 네비올로Nebbiolo가 높은 산도와 강한 타닌을 가지고 있다. 이 덕분에 평균 30~40년은 거뜬히 숙성할 수 있는 힘이 있기도 하다.

전통적으로 바롤로를 양조할 때 가장 중요한 것은 타닌 관리였다. 자칫하면 아주 쓰고 텁텁해질 수 있는 타닌을 부드럽고 조화롭게 만들기 위해 여러 기법을 사용해왔다. 예를 들어 포도껍질 침용Maceration이나 오크통 숙성Cask Maturation을 일반 와인보다 연장된 시간 동안 하는 방식이다. 포도껍질 침용은 포도주스 발효 전이나 후 포도껍질을 원액에 더 오랫동안 접촉시켜 타닌을 우려내는 방식이다. 이 과정에서 타닌의 분자 크기가 커지며 보다 부드러운 맛이 난다. 오크통 숙성의 경우, 완성된 와인을 일정 기간 오크통에 숙성하면 와인이 산소와 접촉해 화학적 반응을 일으켜 타닌 맛을 조화롭게 만든다.

문제는 과거의 이러한 양조 방식이 과학적으로 딱 떨어지게 통제되지 않았다는 점이다. 침용 과정 중에 타닌의 절대량 자체가 더 많아진다든지, 오크통 숙성 과정에서도 산소와 접촉하며 특유의 생기 있는 과실의 맛과 향이 희미해지고 색깔이 바래지는 등 단점도 동반됐다. 물론 이 덕분에 전통적 스타일의 바롤로에서만 느낄 수 있는 특유의 복합미와 개성 또한 생겼지만 말이다.

하지만 현대의 포도 재배 및 양조 기술이 도입되면서 바롤로 와인 스타일에도 변화가 생겼다. 충분히 익은 포도만을 '골라서' 수확하고 양조할 수 있게 됐다. 잘 익은 포도는 타닌의 양이 많더라도 타닌이 쓰지 않고 부드럽다는 장점이 있다. 그러니 지금껏 타닌을 부드럽게 하기 위해 해오던 침용 시간을 줄일 수 있었다. 타닌이 우러나는 과정을 현대식 기계로 대체해 자동화하고 수치화할 수 있었다. 껍질과 원액이 잘 섞이도록 로봇 팔로 저어준다거나, 액체를 펌핑pumping한다거나, 발효 중 온도를 조절해 포도속 성분이 자연스럽게 우러나게끔 했다.

거친 타닌 문제가 더이상 생기지 않았다. 현대식 생산자들은 예전처럼 큰 오크통에서 와인을 오랜 시간 숙성할 필요가 없었다. 작은 오크통에서 짧게 숙성해 오크통 특유의 맛과 향은 가져가되, 와인이 산화되거나 과실 향이 희미해지는 등 단점을 줄이고자 한 것이다.

이런 새로운 바람은 전통 스타일의 바롤로와 현대 스타일의 바롤로의 서로 다른 지지자들을 만들어냈다. 전통 스타일의 바롤로가 가진 특유의 개성과 복합미를 좋아하는 이들도 있고, 현대 스타일의 바롤로가 가진 명확하고 뚜렷한 맛과 향을 선호하는 이들도 있다. 지금은 굳이 '전통'이니 '현대'니 나누지 않고, 두 양조방식을 적절히 결합시켜 좋은 바롤로를 만들어내는 추세이다. 결론적으로 구세계 와인에도 현대 기술 발전이 접목돼 훨씬 다양한 스타일과 선택이 만들어진다.

스페인 또한 1990년대 와인 양조 기술 현대화의 직접적인 수혜를 받았다. 위도상 유럽 국가 가운데 아프리카와 가장 가깝게 위치한 스페인은, 중부와 남부 지역의 햇빛이 뜨겁고 기후가 건조하다. 좋은 포도밭들은 비교적 날씨가 서늘하고 고도가 높은 곳이나 바닷바람이 불어오는 해안 근처에 위치하는데, 스페인 남부는 특히나 극심한 가뭄 탓에 포도 생산량이 많지 않았다. 하지만 1990년대 도입된 현대식 관개시설 덕분에 남부 지역에서는 와인 생산량이 급격하게 늘었다. 포도나무를 관리하는 방식도 달라졌다. 전통적으로는 덤불bush vines 모양으로 딱히 수형을 관리하지 않은 채 포도나무 사이 거리를 넓게 심었다. 관개시설이 발달한 이후로는 수형을 현대식으로 관리하고 포도나무 사이의 거리를 좁게 심어 더욱 효과적으로 포도밭을 관리했다.

사실 품질을 생각한다면, 관개를 하는 것이 꼭 좋은 선택만은 아니다. 관개시설은 생산량에 초점을 두었을 때 유용하게 사용되는 도구이기 때문이다. 스페인의 품질 높은 와인을 만들어내는 생산지에서는 관개시설을 쓰지 않고, 건조한 기후 속에서 충분히 농축된 포도로 와인을 만들어낸다. 하지만 관개시설을 통해 스페인의 전체 와인 생산량은 급격히 높아질 수 있었다.

스페인은 또한 전통적으로 '오랜 오크통 숙성'이 일종의 트레이드마크인 지역이다. 와인이 얼마나 오래 오크통에서 숙성됐느냐에 따라 호벤Joven, 크리안자Crianza, 레제르바Reserva, 그란 레제르바Gran Reserva로 나뉜다. 실제로 꼭 그렇지는 않지만 통상적으로는 가장 오래 숙성한 그란 레제르바를 가장 훌륭한 와인이라 여기는 편이다. 하지만 이 또한 현대식 양조 기법의 영향을 받아 조금씩 바뀌어갔다.

과거에는 주로 강한 바닐라 향을 풍기는 미국산 새 오크통에 담아 와인을 숙성했다면, 1990년대 들어 보다 섬세한 풍미를 가진 프랑스산 오크통이 인기를 끌었다. 포도 재배 기술과 양조기법이 발달하면서 과실의 생생한 맛과 향을 강조할 수 있는 방법이 많아졌고, 오크 숙성을 통해 복합미를 강조하기보다는 1차적인 과실 풍미를 강조하려는 현대식 생산자도 많아졌다.

가장 큰 변화는 스페인 화이트 와인에 있었다. 기후가 서늘한 스페인의 북서쪽 해안가 화이트 와인을 제외하고는, 스페인의 화이트 와인은 전반적으로 무겁고 무디고 생생하지 못하며 개성이 없다는 평가를 받아왔다. 안 그래도 더운 편이라 포도 품종의 산미를 살리기 어려운데, 전통적인 스페인의 양조는 오크통을 사용해 산화되는 느낌을 주기 때문에 더더욱 화이트 와인 특유의 산뜻함을 살릴 수 없었던 것이다. 하지만 1990년대 현대식 스테인리스 발효통과, 발효 중 자동온도관리 시스템이 도입되면서 스페인 화이트 와인은 산미 있고 재기발랄한 스타일로 탈바꿈했다. 물론 여전히 전통적인 스타일의, 숙성의 세월이 느껴지는 화이트 와인도 생산되고 있지만 말이다.

현대식 기술이 신세계 와인에 약진할 수 있는 날개를 달아주었다면, 구세계 와인에는 세련되게 조각을 다듬을 수 있는 기술을 선물로 주었다. 각자의 발전 방식은 달랐지만 서로는 서로에게 전략을 배우기 시작했다. 신세계는 계속해서 구세계의 복합적이고 전통적인 뉘앙스를 따라가고자 했고, 구세계는 신세계 와인 특유의 친밀함과 생생함, 유쾌함을 닮고자 했다.

# 뒤바뀌는 신세계와 구세계

구세계 와인과 신세계 와인에 관한 일종의 스테레오타입은 이러하다. '구세계 와인은 테루아르 중심이며 풍미가 복합적이다.' '신세계 와인은 복합적이기보다 과실 풍미 위주이며 쉽고 친근한 스타일을 가진다.' 애초에 구세계는 와인 양조 역사가 수천 년이나 되기 때문에 전통적으로 '지역'에 따라 와인 스타일이 달라지는 테루아르 중심의 경향을 보인다. 구세계 와인은 토양, 기후, 빈티지별로 맛과 향이 달라지고, 생생한 과실 풍미보다는 숙성 등에 따라 생기는 복합적인 맛과 향이 높게 평가된다. 신세계 와인은 과학기술 발전에 힘입어 아주 효율적이고, 모든 것에 '적합한' '최적화된' 양조를 하는 편이다. 이 덕분에 소비자들이 친근하게 다가가기 쉽고, 와인 맛도 비교적 일관된 스타일을 띤다.

재미있는 사실은, 현대로 가까워질수록 구세계와 신세계 와인의 경계가 상당히 모호해진다는 점이다. 지금은 지리적 위치에 따른 와인의 구분보다 품질에 따른 구분이 더 유의미해지는 추세다. 요컨대, '프리미엄 와인'과 '대중 와인'의 차이인데, 미국과 오스트레일리아 같은 신세계 국가 와인이라도 프리미엄 와인은 구세계 와인이 전통적으로 갖고 있던 요소에 신경을 많이 쓴다. 테루아르나 빈티지별 차이, 복합미와 숙성 가능성 등에 초점을 두는 것이다. 반면, 프랑스나 이탈리아 같은 구세계 와인도 대중 시장을 타깃으로 하는 경우, 효과적인 현대식 양조 기술을 도입해 숙성하지 않아도 맛있고 친근하고 쉽게 즐길 수 있는 와인을 최대한 일관성 있게 뽑아낸다. 현대로 올수록 신세계와 구세계 구분에 큰 의미가 없어지는 이유이다.

신세계 와인들은 '테루아르'의 의미를 찾기 시작했다. 단일 포도밭 포도만으로 만든 싱글 빈야드single vineyard 와인을 생산한다든지, 각자 지역만의 토양과 기후의 특징을 와인에 담아내려 노력한다. 신세계 프리미엄 와인일수록 '전통'이란 수식어를 얻고 싶어 한다. 새로운 스타일의 와인을 마음껏 만들 자유가 있음에도 불구하고, 그들은 특유의 시그니처 스타일 와인을 만들어 일종의 '전통'을 소비자에게 각인시키고자 한다. 신세계 와인 생산자들은 보다 오랜 숙성이 가능하고, 2차 3차의 복합적인 풍미가 살아 있는 와인을 만들기 시작해 높은 가격대와 프리미엄 마케팅을 구사했다. 대표적으로 미국 캘리포니아 나파밸리의 소위 '부티크boutique' 혹은 '컬트'라고 불리는 와인을 들 수 있다. 이 와인들은 생산량이 적으면서 품질이 매우 높아 웬만한 프랑스 보르도나 부르고뉴 와인보다 비싼 가격에 팔리고 있다. 이들이 내세우는 것이 바로 전통적으로 구세계 와인의 특징이라 알려진 '테루아르', '복합미', '오랜 숙성 가능성'이다.

신세계 와인은 대중적인 벌크bulk와인 시장의 선도 주자였다. 신세계 와인이 가지는 가장 큰 의의는 바로 여기에 있다. 이들은 마치 작정이라도 한 것처럼 와인을 대량으로 찍어내기 시작했는데, 이는 전 세계 와인 시장의 크기를 혁신적으로 넓히는 데 이바지했다. 기존에 복잡하기만 하던 빈티지, 생산지, 포도밭 특성, 테루아르, 와인 생산자 등을 과감하게 생략하고, 마치 코카콜라처럼 와인을 대량으로 생산한 것이다.

이들은 각 지역의 여러 포도밭에서 포도를 가져와 공장에서처럼 와인을 만들었다. 요컨대 옐로우 테일Yellow Tail과 같은 오스트레일리아 브랜드는 2001년 미국에 진출해 2004년 750만 케이스case를 판매했고, 2014년에는 50개국에 수출해 1250만 케이스를 판매했다. 이 와인들의 매력은 명료했다. 새로 생겨난 대형마트와 편의점과 같은 유통채널과 연계해 와인숍에 가지 않아도 언제 어디서나 같은 맛을 내는 와인을 쉽게 구입할 수 있다는 점이었다. 단돈 1만 원에! 그렇다고 와인 맛이 없는 것도 아니었다. 과실 맛이 풍부했고 마치 음료처럼 쉽고 친근했다. 이러한 새로운 시도 덕분에 와인은 그 어느 때보다 대중적이 됐다. 오스트레일리아, 남아프리카공화국, 칠레 같은 신세계 국가들은 벌크와인 시장에 뛰어들기 시작했다.

소비자 범위가 넓어지면서 와인 가격대도 다양해졌다. 말하자면 프리미엄 와인과 9900원 와인 사이 다양한 스펙트럼이 생긴 것이다. 구세계 와인은 신세계 와인이 넓혀놓은 와인 시장에 마음껏 진출했다. 요컨대, 국제적인 입맛에 맞는 친근한 와인을 지향하기 시작한 것이다. 그동안 구세계 와인의 특징이었던 지역적 고유성을 한편에 미뤄두고, 과실 풍미를 강조한 즐기기 쉽고 직관적인 와인을 만들었다.

원산지 통제 시스템은 구세계에서 와인의 품질을 일정 정도 보증해주는 기준이었지만, 구세계의 새로운 생산자들은 원산지 통제 시스템을 피하고자 했다. 지역별로 와인 생산의 규칙이 있는 AOC 와인 대신 규칙 적용이 상대적으로 적은 IGP 와인 생산을 선호하며, 신세계 와인같이 친근하고 쉬운 스타일을 지향했다. 프랑스 남부 랑그도크루시용Languedoc-Roussillon 지방의 실험적이고 대중적인 스타일의 와인이 그 예시이다.

이탈리아에는 슈퍼투스칸Supertuscan이라 불리는 와인이 있다. 이탈리아 중부 토스카나 지역에서 생산하는 원산지 통제 시스템을 벗어난 와인이다. 이탈리아 토착 품종이 아닌 국제 품종을 사용해 전통을 깨고 품질에만 집중한, 혹은 실험적인 스타일의 와인을 만들어내고 있다. 슈퍼투스칸은 마냥 대중적인 와인이라고 볼 수는 없고 아주 고급 와인부터 대중적인 와인까지 범위가 다양하다. 요컨대, 전통에서 벗어나 새로운 시도를 한다는 점에서 구세계 와인의 변화를 엿볼 수 있다.

신세계와 구세계, 두 세계의 구별은 결국 모호해졌다. 오히려 품질과 가격대, 유통 방식, 타깃 소비자층 등에 따라 와인 스타일을 분류하는 편이 더 유의미하다. 여전히 와인 애호가들 사이에서 '신세계 스타일의 와인' '구세계 스타일의 와인'이란 표현이 자주 사용되지만, 확실한 것은 두 세계는 서로를 인지하고 닮아 갔고, 더 큰 시장을 창출해내고 있다는 점이다.

# 평점의 덫과 전문가 집단

자본주의 사회에서 거의 모든 것은 상품화된다. 상품을 팔아서 이윤을 남기는 행위는 더할 나위 없이 중요한 것이다. 와인도 예외는 아니다. 와인 자체의 품질이나 특징만큼이나 중요한 것이 이제는 와인을 판매하기 위한 마케팅 전략이 됐다.

고가의 프리미엄 와인이나 대기업의 브랜드 와인은 마케팅 포인트가 비교적 명확하다. 프리미엄 와인 시장의 경우 '파레토의 법칙Pareto's Principle'이 적용된다. 파레토의 법칙은 20퍼센트의 고객이 전체 80퍼센트의 매출을 올려주는 상황을 설명한다. 예를 들면 백화점의 매출 80퍼센트는 20퍼센트 소수 고객이 쓴 지출에 해당하는 현상이다.

프리미엄 와인은 일대일 혹은 소수 고객을 대상으로 마케팅한다. 유통채널은 주로 와인 전문가가 상주하는 고급 와인숍이나 수출입 업체, 와인 경매회사, 고급 와인바, 레스토랑, 고급 호텔 등이다. 와인을 지속적으로 구매하는 고객을 대상으로 워크숍이나 교육, 시음회, 디너 행사 등 자리를 마련해 일종의 클럽 마케팅을 진행하는 경우가 많다. 동시에 와인 애호가들의 인적 데이터베이스를 확보하고 주변 지인을 고객으로 흡수하는 것을 중요하게 여긴다.

반면 생산량이 많은 브랜드 와인은 눈에 띄는 디자인과 쉽게 기억되는 네이밍, 전 세계 곳곳으로 뻗은 유통망, 지속적 노출 등을 통해 대중에 어필한다. 유통채널은 주로 마트나 백화점, 쇼핑몰, 편의점 등 누구나 가깝게 들를 수 있는 곳이다. 주요 타깃은 '합리적인 가격'에 '언제나 같은 맛'의 와인을 기대하는 소비자다. 가격은 대개 10만 원 이하로 책정되지만, 그 범위는 사실 넓다. 1만 원 이하의 저가 와인도 있고, 또 10만 원 이상의 고가 와인도 존재한다. 1차적으로 매장 진열 전략과 POS Point of Sale 관리가 중요하다. POS란 판매가 이루어지는 시점의 자료를 수집하는 시스템으로 주로 정량적 자료를 의미한다. 또한 시음, 판촉, 세트 구성, 가격 할인 행사 등을 진행해 보다 많은 이들이 와인을 접할 수 있게 유도한다.

시장에는 이 두 카테고리에 속하지 않는 와인이 훨씬 더 많다. 고가의 프리미엄 와인이 아니면서 대량 생산이 가능한 큰 회사의 브랜드 와인도 아닌 경우가 대부분이다. 이처럼 프리미엄 타이틀을 가지고 있지 않고 대형 유통망을 활용하지 못하는 거의 대부분의 와인은 소비자의 눈에 띄기 위해 고심한다. 한편으로는 소비자도 비슷한 고민을 한다. 수없이 많은 와인 가운데 도대체 어떤 와인을 구입해야 할까. 이때, 생산자와 소비자 모두의 구미를 당기게 하는 것이 바로 '전문가 평점'과 '수상 메달'이다.

다른 주류와 다르게 와인은 '다양성'이 핵심이다. 도대체 한 해에 생산되는 와인의 종류가 얼마만큼인지는 가늠조차 할 수 없다. 예컨대, 2022년 1월 기준으로 미국에 위치한 와이너리만 1만 1282개라고 하니, 한 와이너리당 아무리 못해도 두 종류의 와인 브랜드를 생산한다고 해도 2만여 종이 넘는다. 심지어 이것은 오직 미국에서만이다. 프랑스, 이탈리아, 스페인, 오스트레일리아, 아르헨티나, 칠레, 남아프리카공화국, 독일, 포르투갈 등 전 세계 와인 생산지의 와이너리를 모두 합하면 도대체 얼마나 될까. 아무리 와인 애호가라도 이런 와인의 다양성 앞에 늘 고민할 수밖에 없다. '대체 어떤 와인을 구매해야할까?' 이런 고민을 비교적 쉽게 해결해주는 것이 바로 전문가 의견이다.

전문 와인바나 레스토랑, 호텔에서는 와인 전문가인 소믈리에가 상주하며 이 고민을 해결해준다. 수없이 많은 와인 가운데 나의 취향과 맞는 혹은 내가 함께 먹고자 하는 음식과 어울리는 와인을 추천해주기 때문이다. 전문 와인숍에서도 마찬가지다(오직 판촉을 위해 이익이 많이 남는 와인을 아무렇게나 추천하는 곳도 있다). 하지만 이런 직접적인 도움이 없이도 소비자가 쉽게 전문가의 의견을 알 수 있다. 바로 대회 수상 경력이다. 소비자에 따라 다르긴 하겠지만 보편적으로 비슷한 가격대의 A와 B 와인이 있다면 소비자들은 대개 메달 수상 경력이 있는 와인을 선택한다. 실패의 가능성을 줄여준다고 생각하기 때문이다. 이런 이유로 많은 와인 생산

와인 평론의 새로운 지평을 연 와인 비평가 '로버트 파커'.

자나 홍보 담당자는 수상 내역을 아주 좋은 마케팅 도구로 생각한다. 이보다 더 직관적인 홍보 도구가 어디 있겠는가?

같은 맥락에서 '전문가의 평점' 또한 와인 판매에 아주 중요한 역할을 한다. 평점을 매기는 가장 대표적인 와인 평론가는 바로 미국의 로버트 파커Robert Parker이다. 그 밖에도 제임스 서클링James Suckling, 잰시스 로빈슨Jancis Robinson, 팀 앳킨Tim Atkin, 안토니오 갈로니Antonio Galloni, 앨런 메도스Allen Meadows 등 세계적인 와인 평론가가 있다. 《와인스펙테이터Wine Spectator》, 《와인인수지애스트Wine Enthusiast》, 《디캔터Decanter》와 같은 와인 매거진 또한 매년 와인 평점을 공개한다. 와인 평론이라고 하는 것은 언제나 있어왔지만, 로버트 파커는 평가를 '점수화'시키면서 와인 평론의 새로운 지평을 열었다. '대체 무슨 와인을 사야 해?'라는 소비자의 니즈needs와 맞아 떨어지면서, 로버트 파커의 평점 시스템은 전 세계적으로 큰 인기를 얻었다. 그의 말 한마디에 이름 없던 시골 와이너리가 하루아침에 슈퍼스타가 되는 경우는 부지기수였다. 이처럼 와인 수상 내역만큼 혹은 그보다 더 소비자가 와인을 구입하는 데 큰 영향을 미치는 것이 바로 전문가 평점이다. 비슷한 가격과 스타일의 와인이라면, 소비자는 전문가 평점이 높은 와인을 구매하기 때문이다.

소비자 입장에서 수상 내역과 전문가 평점을 참고하는 것은 확실히 와인 선택에 있어 실패할 확률을 많이 낮춰준다. 일단 메달을 받거나 전문가 평점이 높은 와인이라면 보편적인 입맛에 어긋나지는 않기 때문이다. 와인을 판매하는 사람 입장에서도 부각하기 가장 편리하고 쉬운 셀링포인트selling point다. 구구절절 설명할 것 없이, '국제 대회에서 금메달을 받은 와인입니다.' '로버트 파커가 높은 점수를 준 와인입니다'라고만 하면 될 테니 말이다.

하지만 늘 그렇듯, 와인에 있어서는 언제나 한 가지만을 맹신해서는 안 된다. '메달'이라고 하는 것이 효과적인 마케팅 수단으로 활용되면서 우후죽순 와인 대회가 생겨나기 시작했다. 공신력 있는 기관도 있지만 그저 상을 주기 위한 대회인 경우도 많다. 많은 와인 대회가 참가 와인의 30퍼센트 이상에 '동메달'을 준다는 사실도 알아야 한다. 일종의 참가상 개념으로 동메달을 주는 대회도 많다.

심사 방법과 기준도 제각각이다. 어떤 대회는 심사위원들이 매긴 숫자 점수를 총 합산해서 순위를 매기고, 어떤 대회는 심사위원들이 토의해 결정한다. 점수로 상을 준다고 해도, 점수 합산 시스템 또한 대회마다 다르기 때문에 그 기준이 무엇인가도 중요하다. 어떤 대회는 '와인이 얼마나 충실히typical 지역 스타일을 반영했는가'를 평가한다. 어떤 대회는 '얼마나 개성 있는가'를 평가하고, '특정 음식과 어울릴 와인' '가성비 좋은 와인' '여성이 뽑은 와인' 등 특별한 주제를 가진 대회도 많다. 게다가 세상 모든 와인을 평가하는 것이 아니라 대회에 출품된 와인만을 대상으로 하기 때문에 분명 한계도 있다. 단지 대회에 출품하지 않았을 뿐인 와인이, 와인 대회에서 참가상을 받은 와인보다 못하다고 여겨질 근거는 없다.

평론가들은 개인마다 선호하는 와인 스타일과 취향, 입맛도 다르다. 예를 들어, 로버트 파커가 높은 점수를 준 와인 가운데 맛도, 향도, 바디감도, 알코올 도수도, 타닌도, 심지어 색깔도 모든 게 진하고 강한 스타일의 와인이 많다. 이것은 로버트 파커의 취향일 뿐 자신의 입맛에는 전혀 맞지 않을 수 있다. 로버트 파커가 아니라 그 할아버지가 100점을 준 와인일지라도 말이다. 평론가마다 와인을 어떤 기준으로 평가하고, 어떤 방식으로 점수 매기는지 그 시스템도 모두 다르다. 같은 와인이라도 전문가 평점이 극명하게 갈리는 이유이기도 하다.

이 때문에 평론가의 점수 매기는 시스템과 성향을 알지 못하고 점수만을 맹신하는 것 역시 무의미하다. 요컨대, 전문가 의견은 일견 참고할 만한 것이다. 하지만 와인 대회의 성격이 어떠한지, 어떤 기준과 주제로 와인을 뽑았는지, 평론가의 취향은 어떻고, 어떤 기준에서 점수를 매기는 사람인지에 대한 정보 없이 무조건 '메달'과 '점수'에 현혹당한다면 그저 '쉬운 소비자'가 될 뿐이다.

사실 와인의 묘미는 가늠할 수 없을 정도로 다양한 종류의 와인 속을 자유롭게 탐험하는 것, 그 자체에 있다. 오직 실패의 리스크를 줄이려는 선택만을 한다면 늘 비슷한 틀에 박힌 와인만을 만날 수밖에 없다. 너무도 우연히, 객관적으로 높은 품질의 와인은 아닐지라도, 내 취향과 입맛에 딱 들어맞는 보석 같은 와인을 만났을 때의 희열을 느끼는 것! 그것 또한 와인의 진정한 묘미 가운데 하나이기 때문이다.

# 성벽 쌓기

　현대 와인 산업에 있어 소위 말하는 '전문가'의 입김은 우리가 인지하는 것보다 훨씬 더 견고하고 강력하다. 특히 프리미엄 와인 시장에 있어서 그들은 상당히 폐쇄적인 성벽을 만들어, 생산자든 소비자든 쉽게 뚫고 들어올 수 없게끔 한다. 프랑스 보르도에는 '엉프리뫼르En Primeur'라는 프리미엄 와인만을 대상으로 하는 와인 선물거래 시장이 있다. 갓 만들어진 어린 와인을 먼저 선보여 미리 판매하는 개념이다.

　예를 들어, 2017년 가을 수확한 포도는 양조와 숙성 과정을 거쳐 2019년 즈음 2017년 빈티지 와인으로 출시된다. 그런데 엉프리뫼르에서는 2018년 봄 아직 완성되지 않은 배럴 상태의 와인, 즉 나무통에 들어 있는 와인 샘플을 대중에게 공개한다. 매년 엉

프랑스 보르도 와인 선물 거래 시스템 '엉프리뫼르'에 참석해 와인을 테이스팅하는 전문가들.

프리뫼르가 열리는 시기에 전 세계 와인 평론가, 애호가, 후원가, 언론, 모든 유형의 와인 판매자가 보르도에 방문하는 이유다. 이들은 샘플 와인을 맛보고 평가한 뒤 선물future로 와인을 구입한다. 보르도 샤토들은 자신들이 생산할 와인 분량의 약 5퍼센트 정도를 와인이 완성되기 전 샘플만으로 판매해 미리 재정을 확보한다. 구입자 입장에서는 구하기 어려운 보르도 와인을 미리 선점할 수 있다는 이점이 있다. 고가의 와인 특성상 특히 그레이트 빈티지great vintage 와인은 세월이 지날수록 가격이 수직 상승하고 구하기 어려워지기 때문에, 엉프리뫼르 선물거래는 투자의 성격도 강하다.

엉프리뫼르에서 강력한 영향을 미치는 것은 로버트 파커와 같은 세계적인 와인 평론가 및 와인 전문 매체들의 평가와 의견이다. 와인 전문가 집단에게는 공식적인 엉프리뫼르 기간보다도 긴

시간 보르도에 머물며 모든 샤토의 와인을 여유 있게 테이스팅 할 수 있는 기회가 주어진다. 아무리 엉프리뫼르에 직접 방문한 와인 애호가라도 와인 전문가 집단처럼 개별 와인을 모두 테이스팅할 시간은 없다. 따라서 전문가 집단의 평가와 의견은 그해 와인 선물 가격에 아주 큰 영향을 미친다. 특히, 샘플 와인은 아직 완성된 와인이 아니기 때문에 샘플 와인만을 테이스팅하고 앞으로 완성될 와인의 품질이 어떨지 예상하는 일은 상당히 어렵다. 또한 다른 년도와 비교해 그해 빈티지 상태를 평가하는 것도 전문가의 영역이다. 이 때문에 엉프리뫼르는 전적으로 와인 전문가 집단에 의해 좌지우지된다고 해도 과언이 아니다. 거의 모든 부분에 있어 전문가의 조언에 따라야 하기 때문이다.

엉프리뫼르 와인을 구입하는 것도 만만치 않다. 샤토와 최종 소비자 사이에는 적어도 다섯 번 이상의 유통 단계가 존재한다. 예컨대, 쿠르티에courtier/broker, 네고시앙négociant/merchant, 코메시알commercial/agent과 같은 직업이 연관돼 있다. 중간 단계에 마진을 붙이며 과정 또한 복잡하다. 결국 아무 판매자나 쉽게 뛰어들지 못한다.

엉프리뫼르에 나올 정도의 보르도 레드 와인은 적어도 10년은 병 숙성을 한 뒤에야 진가가 발휘된다. 아직 병입도 하기 전인 어리다 못해 만들어지지도 않은 와인을 가지고 평가한다는 것은 의아한 일이 아닐 수 없다. 무척이나 진지한 이들 와인 전문가의 의견을 도대체 어디까지 받아들여야 할까? 이해하기 힘든 작품을 선보이는 현대 미술가처럼, 사실 그들은 우리에게 농담을 건네고 있는 건 아닐까.

# 내추럴 와인

거대 유통망을 이용하지도, 프리미엄 마케팅을 하지도, 대회에 출품하지도, 전문가의 평점을 받지도 않은 와인은 그들만의 마케팅을 하기 위해 고군분투한다. 앞선 사례들은 어찌 보면 비교적 쉬운 마케팅이지만, 새로운 판을 짜기 위한 노력은 꽤나 어려운 마케팅에 속하지 않을까 싶다.

최근 와인 업계에서 가장 두드러지게 보이는 트렌드는 바로 '내추럴 와인natural wine'이다. 다른 식품이나 제품군에도 존재하는 '오가닉organic'과 개념이 비슷하다. 워낙 익숙한 단어이고 주제이다 보니 대중에게 쉽게 어필이 가능하고, 이 덕분인지 내추럴 와인 시장은 최근 급성장하고 있다.

2010년에서 2012년 사이 2년 만에 내추럴 와인 시장 가치는

28퍼센트나 상승했다. 현재까지도 가파른 오름세에 있다. 특히 한국에서는 2020년부터 젊은 층을 중심으로 폭발적인 인기를 얻는 중이다. 하지만 '내추럴 와인'이라고 하는 명칭은 법적으로 명확히 정해진 규제나 인증이 없기 때문에 모호하다. 일종의 양조 철학 정도로 받아들이는 것이 맞겠다.

내추럴 와인 범주 안에는 '바이오다이내믹biodynamic 와인'과 '오가닉 와인'이라고 하는 인증 제도가 있다. 다만, 다른 식품이나 제품군에서의 '오가닉'이란 단어가 그러하듯, 와인에서도 오가닉은 국가와 기관마다 기준이 다르고 통일된 가이드라인이 없다. 반면 '바이오다이내믹' 와인은 아주 엄격한 인증 제도와 가이드라인에 따라 생산해야 한다. 만약 내추럴 와인을 마셔보고 싶다면 바이오다이내믹 인증 와인을 먼저 마셔볼 것을 권한다.

바이오다이내믹 농법은 아주 독특한 철학에 바탕한다. 기본적으로 오가닉 농법은 화학 농약과 제초제 사용 제한, 양조 과정에 불필요한 개입 금지, 이산화황 사용 최소화 등을 기본으로 한다. 그런데 바이오다이내믹 농법은 이 개념을 훌쩍 뛰어넘는다.

먼저 '바이오다이내믹 달력' 일정에 따라 농사를 계획한다. 이 달력은 달과 행성의 움직임에 따라 만들어졌다. 매일매일은 과일의 날fruit day, 꽃의 날flower day, 잎의 날leaf day, 뿌리의 날root day로 나뉜다. 그날 성격에 맞게 농사 일정이 정해진다. 바이오다이내믹 농법에서는 자연을 인간처럼 하나의 유기체로 생각한다. 단순히 농약을 안 쓰는 개념을 넘어서서, 포도밭 주변 환경과 함께 공존하는 법을 모색한다. 또한 정해진 용법으로 만든 거름만을 사용할 수 있는데, 거름은 다소 토속적이고 민간요법 비슷한 방법

바이오다이내믹 용법으로 비료를 만들기 위해 소의 뿔에 거름을 넣고 땅에 묻는 과정.

으로 만들어진다. 예를 들어, 소의 거름을 소의 뿔 속에 넣고 땅에 묻어 겨울을 지낸 것을 비료로 사용하는 식이다. 자칫 비과학적이고 미신적으로 보이는 바이오다이내믹은, 추종자와 신랄하게 비판하는 사람들로 극명하게 나뉜다.

최근 한국에서는 특히 내추럴 와인 붐이 일고 있다. 다소 마케팅적으로 사용돼 과열된 느낌도 없지 않다. 와인이 진입 장벽이 높은 편인 데다 마케터 입장에서도 초심자에게 다가가기 쉽지 않으니, 내추럴 와인이란 카테고리는 마케팅 도구로 손쉽게 사용할 만하다. 일종의 '판을 새로 짜는' 전략으로, 내추럴 와인만이 진정하게 테루아르를 잘 반영하는 순수 와인이고, 내추럴 와인이 아닌 와인은 마치 농약에 찌들고 자연적이지 못하다는 뉘앙스를 주기도 한다. 지금은 내추럴 와인과 컨벤셔널 와인conventional wine 이라는 용어를 사용해 새로운 판을 짜고 있다.

예전에 한국에서 내추럴 와인 워크숍에 참여한 적이 있다. 담당자가 내추럴 와인에는 '그 어떤 첨가물도 넣지 않는다'라며 마치 일반 와인에는 이상한 화학물을 첨가한다는 듯 말을 꺼냈다. 전문가 워크숍이 아니었고 나 또한 전문가임을 밝히지 않고 참가한 터라 소비자에게 옳지 않은 정보가 전달되는 상황이었다. '정확히 어떤 첨가물이냐'는 내 질문에, 그는 '색소라든지…' 하는 대답을 했다. 대체 색소를 넣는 와인이 어디에 있을까. 그는 당을 더 첨가하는 양조 기법인 가당Chaptalization or Enrichment에 대해서도 상당히 틀리게 설명했다. 일반적으로 산화를 막기 위해 소량 넣는 이산화황에 대해서는 과도하게 해롭다고도 말했다. '피날레' 로 내추럴 와인은 숙취가 없다고까지 했다. 이럴 수가…!

과연 어디까지 받아들여야 할까. 먼저 환경 측면에서 봤을 때 와인이라고 다른 농산품 문제와 다르지 않다. 예를 들어, 모든 감자가 오가닉 농법으로 생산되면 좋겠지만, 그것은 불가능하다. 분명 환경을 위해 좋은 방향이지만 농약 없는 대규모 생산은 불가능에 가깝다. 같은 '농사'인데, 와인의 원재료인 포도만 다를 리 없다. 다만, 하나의 '방향성'이라고 받아들이면 좋겠다.

화학 농약을 아예 사용하지 않거나 최소한으로 사용해, 즉 오가닉 농법으로 포도 농사를 짓기에 적합한 지역과 와인 스타일은 어느 정도 정해져 있다. 예를 들어, 프랑스 알자스가 대표적이다. 알자스는 생산하는 와인 가운데 오가닉 혹은 바이오다이내믹 인증 와인의 비율이 굉장히 높은 지역이다. 그 핵심은 기후 조건에 있다. 프랑스 북부에 위치한 알자스 지역은 보주산맥이 비와 바람을 막아 기후가 매우 건조하고 서늘하다. 대개 겨울은 아주 춥고, 봄과 가을은 선선하며, 여름은 어느 정도 따뜻하지만 매우 건조하다. 이는 병충해를 입지 않을 탁월한 조건이다. 농약이 없이도 품질 높은 농사가 가능하기 때문이다.

내추럴 와인에 넣지 않는다는 이산화황은 산화와 부패를 막아주는 대표적인 보존제이다. 오래 숙성하는 스타일의 와인에는 이산화황을 안 넣을 수 없다. 이산화황을 넣지 않는 와인은 대개 아주 신선하게 유통해 바로 마셔야 하는 스타일일 수밖에 없다. 이산화황이 없는 와인은 보관을 아주 잘해야 하기 때문이다. 그러니 소량의 이산화황을 넣은 와인이 외려 안전하다.

이는 사실 한국에서의 내추럴 와인 시장 확장에 있어 가장 우려되는 부분이다. 내추럴 와인은 보관과 운반에 특별히 신경 써야 한다. 내추럴 와인을 정확한 지식과 경험이 있는 전문가가 다뤄야 할 필요가 있다. 보관과 운반 중에 생긴 와인 맛과 향의 결함을 일반 소비자는 미세하게 잡아내기 어렵다. 판매자나 담당자는 '내추럴 와인이기 때문에 원래 그런 맛과 향이 난다'라는 식으로 설명하는 경우가 많다. 그런데 통상 내추럴 와인에서 자주 발견된다고 하는 특정한 맛과 향은 대개 경중만 다를 뿐 와인의 결함에서 오는 경우가 대부분이다.

그리고 과학적으로 보면 이산화황과 숙취는 전혀 관계가 없다. (다만 특정 천식 증상이 있다면 관련 있을 수 있다.) 이산화황이 레드 와인 한 병에 평균 200ppm이 들어 있다면, 감자튀김 속에는 약

1900ppm이 들어 있다. 따라서 감자튀김을 먹고 숙취 같은 두통이 없었다면 이산화황은 큰 의미가 없다.

분명 자연을 생각하고 환경을 생각하는 와이너리가 많아지는 것은 반길 일이다. 와인 또한 농업을 바탕으로 하기 때문에 반드시 환경에 관해, 지속가능한 방식에 관해 고민할 필요가 있다. 과도한 농약 사용은 분명 소비자에게도 생산자에게도 환경적으로도 결코 좋지 않기 때문이다.

내추럴 와인이란 트렌드는 와인 생산자에게 습관적으로 '과도하게' 해왔던 '무엇'이 있지 않은지 경각심을 줄 수 있는 주제이다. 바이오다이내믹의 경우, 인증받으려면 3년 3개월에 걸친 교육과 까다로운 검증을 받아야 한다. 철저히 지켜야 하는 규정도 많을뿐더러 포도밭의 생태계를 완전히 바꿔야 하기 때문에 와인 생산자 입장에서는 따라오는 위험도 감수해야 하고 비용도 많이 든다. 그럼에도 불구하고 바이오다이내믹 농법을 선택하고 고수하는 와인 생산자에게는 대개 명확한 철학이 있는 경우가 많다.

개인적으로 만났던 한 바이오다이내믹 와인 생산자는, 농약을 쓰거나 오가닉 농법으로 할 때보다 바이오다이내믹 농법을 한 뒤, 포도밭 토양의 상태가 더할 나위 없이 건강하고 좋아졌으며 뿌리가 아주 깊어지고 포도의 맛 또한 생생히 살아 있는 것을 경험했다고 한다. 그 변화를 목격하니 도저히 다시 돌아갈 수 없다고. 문제는 이를 마케팅 수단으로 사용하려고만 하는 잘못된 행태에 있다. 소비자로서 현명하게 받아들여야 할 부분이다.

# 스토리텔링과 와인

사람은 누구나 이야기를 좋아한다. 특히 어렵고 생소한 분야일수록 스토리를 덧붙이면 훨씬 친근하고 머릿속에도 오래 남는다. 그런 의미에서 와인은 스토리텔링이 중요한 분야다. 품종이며 생산지만 해도 머리가 아픈데, 포도 생산 방식과 양조 방법 등 용어도 복잡하고 알아야 할 게 너무 많기 때문이다. 스토리텔링은 복잡하고 어려운 와인을 훨씬 쉽고 재미있게 전달해준다.

2004~2005년, 와인 문화가 전무하다시피 했던 한국에 처음으로 와인 붐이 일어났으니, 바로 옆 나라 일본의 만화책《신의 물방울神の雫》덕분이었다. 2004년부터 연재됐던 이 만화는 와인에 대한 해박한 지식을 가진 남매 작가, 기바야시 신과 기바야시 유코(둘을 대표하는 필명은 아기 다다시)의 탁월한 스토리텔링으로 일본

일본과 한국에 와인 열풍을 일으킨 만화책 《신의 물방울》 1권 표지(학산문화사, 2005).

전역에 와인 열풍을 일으켰다. 책은, 세계적으로 유명한 와인 평론가 칸자키 유타카의 아들 칸자키 시즈쿠가 아버지의 유언장에 있는 열두 병의 위대한 와인과 '신의 물방울'이라 불리는 한 병의 와인을 소믈리에 시노하라 미야비와 함께 찾아가는 과정을 그린다.

한국에 2005년 소개돼 1년 만에 40만 부가 팔리고, 10권까지 소개됐을 때는 이미 100만 부 이상 팔리며 돌풍을 일으켰다. 일본에서뿐만 아니라 한국에서도 이 만화에 나오는 와인은 불티나게 팔려 없어서 못 팔 정도였으니, 당시 한국의 와인 위상을 생각해보면 정말 폭발적인 인기가 아닐 수 없었다.

이 만화는 와인을 결코 수박 겉핥기식으로 다루지 않았다. 총 44권에 걸쳐 와인 전문가 수준의 해박한 지식을 담고 있다. 만약 《신의 물방울》같이 흥미로운 스토리텔링이 아니었다면, 이처럼 복잡하고 어려운 와인 용어와 지식을 담은 책이 100만 부씩 팔릴 수 있었을까? 《신의 물방울》 효과로 와인은 한국에서 처음으로 대중 곁에 가까이 올 수 있었다.

이 책이 특히 매력적인 것은 한 와인에 대해 재미있는 스토리텔링을 풀어놓는다는 점이다. 예를 들어, 보르도의 샤토 샤스 스플린Château Chasse-Spleen이라는 와인이 있는데, '샤스 스플린'은 '슬픔이여, 안녕'이란 뜻으로 슬픔을 쫓아낸다는 의미를 담고 있다. 실제로 프랑스 시인 보들레르Baudelaire와 관련된 일화가 있다. 그가 가장 힘들었던 시절 그를 위로해주었던 것이 바로 이 와인이었기 때문에 보들레르는 와인에 '샤스 스플린'이란 이름을 붙여주었다고 한다. 이런 인연으로 샤스 스플린 와인에는 꼭 시 한 구절씩이 적혀 있다. 이 시 구절은 매년 달라진다.

이렇듯 《신의 물방울》은 와인에 얽힌 이야기를 찾아내 스토리텔링으로 풀어나간다. 소위 '밸런타인데이 와인'이라 불리는 칼롱 세귀르Calon Ségur는 라벨에 커다란 하트 무늬가 그려져 있다. 초콜릿 풍미가 난다는 점이 《신의 물방울》에 소개되며 아시아에서 큰 인기를 끌었다. 라벨의 하트는 18세기 포도밭의 왕자라 불렸던 '니콜라 알렉상드르, 마르키 드 세귀르Nicolas-Alexandre, marquis de Ségur'가 했던 말에서 유래한다. 본인이 소유한 수많은 포도밭 가운데서도 "내 마음은 언제나 칼롱에 있다"고 해, 그의 애정을 기록하기 위해 라벨에 하트를 그려넣었다고 한다. 와인과 얽힌 유래, 역사, 비하인드 스토리는 스토리텔링을 하는 데 아주 중요한 자료들이다.

미국에서는 《신의 물방울》과 비슷한 시기에 〈사이드웨이Side Ways〉(2004)라는 영화가 만들어졌다. 철저한 저예산 영화였으며, 당시 감독은 거의 무명에 가까웠다. 와인 애호가인 남자 주인공 마일즈가 이혼의 후유증을 안고 단짝친구와 함께 미국 캘리포니아 산타바바라Santa Barbara로 와인 여행을 떠나는 이야기다. 잔잔한 분위기지만 곳곳에 코믹한 요소가 배치됐고, 인생과 와인에

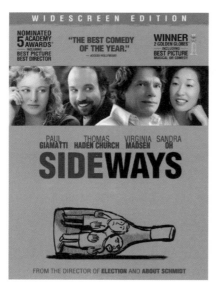
미국 캘리포니아 산타바바라 와이너리를 배경으로 한 영화 〈사이드 웨이〉(2004).

대한 진지하고 철학적인 성찰도 있는 영화다. 이 영화는 소위 말하는 '대박'을 쳤다. 2005년 여러 영화제에서 작품상, 각본상 등을 타기도 했다.

이 영화 덕분에 배경인 산타바바라가 유명해졌다. 당시 산타바바라는 와인 생산지로서는 큰 인상을 남기지 못하고 있을 때였다.

산타바바라는 나파밸리 남쪽, 로스앤젤레스와 가까운 해안가에 위치해 있다. 프랑스 부르고뉴와 비교하면 한참 더운 기후대이지만 피노누아 품종으로 부르고뉴와는 완전히 다른, 독특한 스타일의 와인을 생산한다. 영화 속 남자 주인공은 유독 피노누아를 사랑해 마지않는데, 덕분에 미국에서는 피노누아 붐이 일기도 했다. 반면, 메를로 품종을 형편없다고 묘사해 편견을 만들었다는 아쉬움도 있다. 산타바바라는 이 영화 한 편으로 세계 와인 생산지 지도에 당당히 이름을 올릴 수 있었고 많은 관광 수익 또한 얻을 수 있었다.

와인의 브랜딩 차원에서도 스토리텔링 기법은 활발하게 사용된다. 특정 유명인과 와인과의 관계를 스토리텔링하는 것은 특히 샴페인 시장에서 찾기 쉬운 마케팅이다. 영국의 총리였던 윈스턴 처칠Winston Churchill은 샴페인 브랜드 폴 로저Pol Roger의 엄청난 애호가였다. 이 덕분에 폴 로저 샴페인은 '윈스턴 처칠이 사랑했던 와인'으로 소비자에게 가장 먼저 알려졌다. 폴 로저는 처칠에게 헌정하기 위해 그의 이름을 딴 '폴 로저 퀴베 서 윈스턴 처칠Pol Roger Cuvée Sir Winston Churchill' 빈티지 샴페인을 생산한다.

앞서 이야기한 적 있는 샴페인 동 페리뇽 브랜드도 마케팅 목적으로 역사적인 인물을 브랜드화한 사례이다. 샴페인 뵈브 클리코Veuve Cliquot는, 남편이 죽어 1805년 27세란 나이에 홀로 샴페인 하우스를 책임지고 이끌었던 여성 오너의 이름에서 따왔다. '뵈브'는 프랑스어로 '남편이 죽은 여인'이란 뜻이다. 굳이 당시 여성의 사회적 위치를 감안하지 않더라도 그녀의 업적은 샴페인 역사에 있어 가히 혁신적이다. 앞서 언급했듯이 샴페인 제조 방식에서 없어서는 안 됐을 르뮈아주 기법을 발명해냈다. 뵈브 클리코 샴페인 하우스에서도 그녀를 기리는 프레스티지 퀴베를 생산하는데, '뵈브 클리코 퐁사르당 라 그랑드 담Veuve Clicquot Ponsardin La Grande Dame'이란 빈티지 샴페인으로 '뵈브 클리코 퐁사르당, 위대한 여성이여!'라는 뜻이다.

와인과 관련해 역사적으로 얽힌 배경이 없는 경우에는 와인 이름이나 라벨 등을 통해 소비자에게 각인시킬 수 있는 스토리를 만들어내기도 한다. 오스트레일리아의 와인 브랜드 몰리두커Molly Dooker는 와인 품질만큼이나 성공적이고 통일된 브랜드 스토리텔링으로 유명하다. '몰리두커'는 오스트레일리아 방언으로 '왼손잡이'란 뜻이다. 몰리두커를 창립한 사라Sarah와 스파키Sparky 부

탁월한 스토리텔링으로 인기를 끄는 오스트레일리아 '몰리두커' 와이너리의 일러스트레이션

부는, 둘 모두 왼손잡이라서 와이너리 이름을 몰리두커로 정했다
고 한다.

　이 부부는 그들의 와인에 본인들의 스토리를 녹여냈다. 예를
들어, '메이터 디Maitre D' 와인은 '레스토랑 웨이터'를 의미하는데
스파키가 20대 때 웨이터 아르바이트를 하며 와인 양조 학교를
다니던 때를 의미한 것이라고 한다. 와인 라벨에는 '왼손잡이'인
초짜 웨이터가 미끄러져 넘어지는 모습이 특유의 일러스트레이
션 스타일로 그려져 있다. '더 바이올리니스트The Violinist' 와인은
취미가 바이올린 연주인 사라의 모습을 담은 것이며, 라벨에는
왼손으로 바이올린 활을 잡고 연주하는 사라의 모습이 일러스트
로 그려져 있다. '블루 아이드 보이Blue eyed boy' 와인은 눈이 유난
히 파란 아들 루크를 위한 것으로 라벨에는 실제 아들의 사진이

붙어 있다. '기글 팟Giggle Pot'은 킥킥 대며 잘 웃는 딸 홀리를 위한 와인으로 라벨에 웃고 있는 홀리 사진이 있다. '투 레프트 핏Two Left Feet'은 사라와 스파키의 풋풋했던 연애 시절, 사랑하고 함께 했던 때를 담은 와인으로 라벨에는 남녀가 춤을 추고 있다. '카니 발 오브 러브Carnival of Love'는 사랑의 축제라는 뜻으로 둘이 지향 하는 삶의 가치를 녹여낸다.

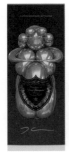   

예술가 '제프 쿤스'와 콜라보레이션한 샴페인 '동 페리뇽', 스페인 '카사 로호' 와이너리의 '마초맨' 와인, 화가 '키스 해링'의 단골 레스토랑에서 그의 작품으로 라벨을 만든 와인.

팝아트 미술가 '앤디 워홀' 파운데이션과 콜라보레이션한 샴페인 '동 페리뇽'.

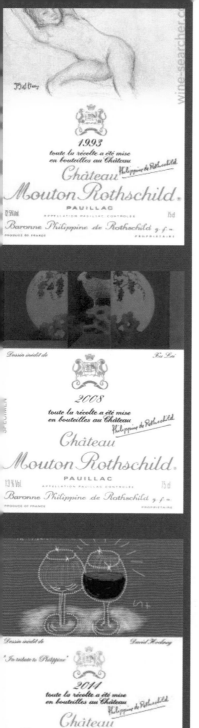

물론 몰리두커 와인은 전반적으로 맛이 좋고, 무엇보다 로버트 파커에게 아주 높은 점수를 받아 유명해지기도 했지만, 와인 한 병 한 병에 담은 그들의 스토리텔링 전략은 무척 훌륭하다.

와인에 관한 스토리텔링이 중요해지면서, 와인 라벨 또한 더 이상 와인의 정보만을 기입하기 위한 수단이 아닌 소비자에게 와인이 어떤 스타일인지 직관적으로 알려주는 일종의 스토리텔링 도구가 됐다. 갈수록 와이너리들은 본인들의 철학과 와인 스타일을 잘 반영하고, 소비자에게 '이야깃거리'를 만들어주는 와인 이름과 라벨을 고안해내고 있다.

프랑스 보르도 5대 샤토 중 하나인 '샤토 무통 로칠드'는 1945년부터 매년 예술가의 작품으로 와인 라벨을 만들고 있다. 예술적인 와인 라벨들은 샤토 무통 로칠드의 또 다른 상징이 되었다.

# 차이나머니와 레드옵세션

지금까지 와인의 역사를, 아니 어찌 보면 와인과 함께한 인류의 역사를 짧게나마 살펴보았다. 결국 그 '역사'를 통해 우리가 깨달을 수 있는 가장 명확한 진실은 '모든 것은 변한다'가 아닐까 싶다. 영원할 것만 같던 로마제국도 역사 속으로 사라졌다. 알렉산드로스 대왕과 나폴레옹의 시대도 스러졌다. 어느 찬란하던 문명은 변방의 서유럽인에게 속수무책 점령당했고, 세계를 주도하던 유럽은 어느 순간 미국에 모든 패권을 넘겨줬다. 그렇다면 다음 주자는 누구일까?

최근 미국과 패권 경쟁 구도를 형성하며 긴장감을 높이고 있는 '중국'에 전 세계가 관심을 두고 있다. 중국은 넓은 땅과 싸고 풍부한 노동력을 바탕으로 무서운 속도로 경제가 발전하고 있다.

하지만 역시 가장 큰 걸림돌은 그들의 폐쇄적이고 불안한 정치구조이다. 미국의 무역전쟁 등을 통한 견제 또한 만만치 않다.

국제 와인 시장에서 중국은 놀라운 영향력을 발휘하며 성장하고 있다. 중국의 와인 소비 시장을 보면, 2019년 기준 와인 총소비량 세계 5위를 차지하고 있다. 이는 미국, 프랑스, 이탈리아, 독일 다음으로 높은 순위다. 물론, 중국의 인구를 생각하면 놀랍지만은 않다. 중국 인구는 프랑스 인구의 20배이니 말이다.

중국은 특별히 2000년에서 2012년 사이 와인 소비량이 눈에 띄게 성장해 국제 와인 시장의 큰 주목을 받았다. 이 사이 중국의 와인 소비량은 67퍼센트로 가파르게 증가했다. 같은 시기 유럽 국가인 프랑스와 이탈리아는 각각 12퍼센트, 27퍼센트씩 와인 소비가 줄었다. 2012년 이후 중국의 와인 소비가 주춤하긴 했지만, 2014년 이후부터 점차 성장하는 추세를 보여주고 있다.

다만 살펴볼 만한 점은 중국의 경우, 1인당 와인 소비량이 낮다는 점이다. 국가의 와인 총소비량과 1인당 와인 소비량이 함께 높은 유럽 국가와는 다른 양상이다. 요컨대, 유럽에서는 거의 모든 사람이 비슷한 수준으로 와인을 많이 소비한다. 하지만 중국에서는 소수가 와인을 소비한다는 뜻이다. 일상적으로 와인을 음용하는 유럽과 달리, 와인을 사치품으로 생각하는 중국에서 이러한 수치는 어쩌면 당연하다.

유독 체면을 중시하는 중국에서 부자들은 고가의 와인을 일종의 사치품으로, 그들의 지위를 상징해줄 수 있는 방편으로 생각하는 편이다. 중국 부자들이 세계 프리미엄 와인 시장에 큰 영향력을 행사하고 있는 이유다. 특히 보르도 5대 샤토 와인이나 부르고뉴 유명 생산자의 와인과 같은 고가 와인 수집은 중국 부자들에게 하나의 트렌드가 됐다.

2011년에 중국은 프랑스 보르도 와인의 최대 수입국으로 부상하여 세계 와인 시장의 큰 주목을 받은 바 있다. 당시 보르도 와인 생산량의 20퍼센트, 생산 가치의 17퍼센트가 중국(본토)에 수출됐고, 와인 생산량의 5퍼센트, 생산 가치의 18퍼센트가 홍콩으로 수출됐다. 이후로도 세계 고급 와인 시장에 중국이 미치는 영향은 건재하다. 경매 회사 소더비의 자료에 따르면 2020년 기준 소더비 럭셔리 와인 경매 총매출의 60퍼센트가 홍콩, 중국(본토), 대만에서 발생했다.

이쯤 되니 프랑스 보르도와 부르고뉴, 미국의 캘리포니아 나파 밸리 등 프리미엄 와인을 생산하는 지역들은 차이나머니에서 결코 자유롭지 못하다. 차이나머니를 경험하고 있는, 특히 보르도나 부르고뉴의 와인 생산자들은 어쩐지 통합된 반응을 내지 못하고 있다. 일단 큰 자본이 유입되니 당장 경제적인 면에 있어 이익도 보면서, 정체돼가는 유럽 시장을 벗어나 성장 가능성이 높은 시장을 발견한 셈이지만, 한편으로 중국의 자본은 중국의 시스템처럼 불안정하게 느껴져 언제 꺼질지 모르는 '버블' 같다는 불안감 또한 있다.

중국의 자본은 이제 단순히 개인 차원의 와인 콜렉팅을 넘어서 보르도와 부르고뉴, 캘리포니아와 오스트레일리아 등지의 와이너리를 직접 인수하기에 이르렀다. 2012년에는 프랑스 부르고뉴의 12세기에 지어진 것으로 알려진 샤토 드 즈브레 샹베르탱 Château de Gevrey-Chambertin 고성과 성에 딸려 있는 포도밭이 마카오의 한 재력가에게 1000만 달러에 팔려 화제가 된 적이 있었다. 한 지역의 오랜 전통을 가진 자산이 외지인에게, 더구나 아시아인에게 팔렸다는 사실이 부르고뉴 주민들에게 반길 만한 일은 아니었을 테다.

더구나 현재 부르고뉴는 차이나머니에 유난히 취약한 모습을 보인다. 프랑스의 상속법은 유언과 상관없이 '모든 자식들에게 똑같이' 나누어야 한다. 부르고뉴는 이미 조각조각 나누어진 포도밭 중심인 데다 보르도와는 달리 대개 가족 경영 방식으로 운영되다 보니, 오히려 상속은 받았지만 포도밭 가격이 너무 비싸 현금으로 상속세를 낼 수 없어 파산을 하거나, 아주 작은 조각의 포도밭에서의 수익이 충분하지 않아 오히려 재정난을 겪는 경우도 자주 발생한다. 최근 이런 문제를 겪는 포도밭과 와이너리를 사들이는 이들이 바로 중국인이다. 부르고뉴 사람들 입장에서는 여러 감정이 교차할 만하다.

중국 부자들의 고가 와인에 대한 집착을 서양에서는 '레드 옵세션red obssesion'이라 부르기도 한다. 프랑스 보르도나 부르고뉴에서 생산되는 프리미엄 레드 와인에 대한 일종의 강박적인 집착이라는 뜻이다. 사실상 세계 시장에서 프리미엄 와인을 '사들이는' 거의 대부분의 고객이 중국인이다 보니 와인 업계에서 중국인 소비자에 대한 관심은 도저히 꺼질 수 없다.

# 투자로서의 와인

고급 미술품이 그러하듯, 고급 와인 또한 경제적 투자 품목으로 여겨지기도 한다. 경매 회사 소더비 자료에 의하면 와인 앤 스피리츠 부문 경매 판매액이 2019년 기준 1억 1800만 달러로 한화 약 1300억 원이었다고 한다. 2018년에는 부르고뉴의 전설적인 와이너리 '도멘 드 라 로마네 콩티 Domaine de la Romanée-Conti'의 '로마네 콩티 Romanée-Conti' 1945년산이 한화 약 6억 원에 낙찰된 바 있다. 그렇다면 와인의 어떤 특성이 와인을 소장품 혹은 경제적 투자처로 만드는 것일까.

먼저 와인 경매와 미술품 경매를 비교해보자. 미술 작품의 경우, 예컨대 인상파 화가의 명화 같은 경우 한화로 몇천억 원에도 낙찰이 된다. 한국 이우환 작가의 작품은 20억 원대에 거래되고

세계적인 경매 회사 소더비의 와인 경매 장면.

있다. 하지만 와인은 경매 사상 최고가가 한화로 6억 원대 정도로
비교적 가격이 낮은 편이다.

미술품과 와인은 기본적으로 특성이 다르다.

첫째, 미술품은 한번 구입을 해서 소장하면 소장을 하는 내내
독점적으로, 무한정, 원하는 만큼 감상할 수 있다. 하지만 와인은
그렇지 않다. 와인 병과 라벨을 감상하는 게 목적이 아니고서야
결국 와인은 마셔야 비로소 효용가치가 발생한다. 와인을 마시는
순간은 정말 짧다.

둘째, 와인을 유지하는 데는 비용과 적절한 시설이 필요하다.
미술품도 물론 유지를 잘해야겠지만, 와인의 경우, 특히 올드 빈
티지 와인은 보관을 정말 잘해야 한다. 따라서 적절한 환경을 조
성하기 위해서는 돈이 든다. 고가의 보관용 와인 셀러를 구입하
거나 와인을 위탁해 맡기는 전문 와인 보관 서비스를 이용할 수

있는데, 두 방법 모두 비용이 발생한다.

셋째, 와인은 위작 리스크가 크다. 미술품도 위작의 위험성이 있지만, 와인은 위작 확인이 어렵다는 치명적인 단점이 있다. 물론 와인을 오픈하지 않고도 와인 병이나 라벨 등을 감정하여 위작 여부를 1차적으로 감정할 수 있다. 하지만 결국 와인은 오픈을 해야 제대로 된 내용물을 확인할 수 있다. 그런데 와인을 오픈하는 순간 상품 가치가 떨어질 수밖에 없다. 게다가 와인을 열었다고 하더라도 와인의 위작 여부를 확인할 수 있는 방법이 현재로서는 존재하지 않는다. 세상의 모든 와인의 모든 빈티지를 마셔보고 맛을 정확히 기억해 진위를 판별할 수 있는 사람이 없을뿐더러, 화학 성분 분석의 데이터 또한 (특히 올드 빈티지의 경우) 전무하기 때문이다.

이와 관련해 비교적 최근 와인 위조 역사의 한 획을 그은 루디 쿠르니아완Rudy Kurniawan이라는 인물이 있다. 중국계 인도네시아인이지만 미국에서 활동한 그는 절대 미각과 절대 후각을 가졌다는 소문이 있다. 루디는 이 엄청난 능력과 특유의 화술로 미국 와인 사교계를 사로잡았다. 인도네시아와 중국을 배경으로 한 엄청난 부자라는 소문만 무성할 뿐 정확히 그의 배경을 아는 사람은 아무도 없었다. 루디는 미국, 영국, 홍콩 럭셔리 와인 경매 시장과 전문가, 콜렉터의 환심을 사고 친구가 된 뒤 이들 모두를 속여 위조 와인을 만들어 수년 동안 수천 병을 유통했다. 수많은 이들이 엄청난 재산 피해를 입었다. 그러나 루디가 2013년에 잡혀 감옥에 들어가는 순간까지도 피해자인 와인 콜렉터와 전문가는 루디가 사기꾼이라는 사실을 믿지 못해 그를 감쌌다.

와인 위조 역사의 한 획을 그은 사기꾼 루디 쿠르니아완과 다큐멘터리 〈타짜의 와인〉(2016).

루디와 관련해서는 〈타짜의 와인Sour Grapes〉(2016)이라는 흥미로운 다큐멘터리도 만들어졌다. 이렇다 보니 고급 와인fine wine 시장, 특히 경매 시장에서 위작 와인은 굉장히 민감한 사안이 아닐 수 없다.

넷째, 와인은 어찌되었든 식품이기 때문에 상할 위험이 크다. 특히 와인은 보관 상태에 따라 예민하게 반응하기 때문에 코르크 결함부터 열화 등 다양한 위험이 존재한다. 몇십만 원에서 몇억 원을 주고 구매한 와인을 오픈했는데 상해 있다면 얼마나 화가 나겠는가? 이 때문에 경매 회사에서는 와인이 누구에게, 어디에서, 어떻게 보관되어 있느냐 하는 히스토리를 중시한다. 와이너리가 직접 소유하고 있다가 경매에 나온 경우 혹은 유명 와인 콜렉터의 소장품인 경우에는 프리미엄 가격도 붙는다.

이 모든 리스크에도 불구하고 사람들은 고급 와인을 고가에 거래한다. 심지어 고급 와인의 경매 가격은 해가 지날수록 수직 상승하는 추세다. 왜 그럴까? 먼저, 이는 와인이 단순한 음료 혹은 식품이 아니라 고급 미술품과 같은 미학적 효용을 제공한다는 방증이다. 그러나 무엇보다도 와인이 가진 독특한 속성에 주목해야 한다. 바로 장기 숙성을 통해 이득을 얻는 와인이 존재한다는 점이다. 대부분의 와인은 장기 숙성을 하기보다 길어도 5년 이내 음용하는 것이 가장 좋다. 하지만 고가에 거래되는 와인은 대부분 출시된 뒤 적어도 10년, 길면 30년까지가 시음 적기 즉 가장 마시기 좋을 때다. 그 이전에 마신다면 너무 어려서 그 진가를 알 수 없다. 코르크를 통해 병 안에 미세하게 산소가 유입되면서 와인이 숙성하면, 그제야 비로소 맛과 향이 완성되는 것이다.

하지만 와인은 식품이기 때문에 시간이 흐를수록 희귀해진다. 예를 들어, 앞서 6억 원에 거래되었다는 로마네 콩티 와인의 경우 매해 생산량이 5000병 정도밖에 되지 않는다. 그런데 10년이 채 되기도 전에 로마네 콩티를 열어 마시는 사람들이 있다. 시간이 흘러 20년, 30년 뒤 이 와인은 몇 병 남아 있지 않을 것이다. 특히 그레이트 빈티지라고 불리는 생산 조건이 최상인 특정한 해의 와인을 시음적기에 구하기란 하늘에 별따기다. 이런 이유에서 와인 애호가나 전문가는 비교적 어린 고급 와인을 미리 구입해 10~30년을 숙성시켜 음용하거나 시음적기가 되었을 때 차익을 노려 되팔기도 한다.

그렇다면 이처럼 고가에 판매되는 와인에는 어떤 것이 있을까? 다양한 지역의 와인이 거래되기는 하지만 고급 와인 시장을 양분하는 것은 결국 프랑스 보르도와 부르고뉴다. 처음부터 고급

2018년에 열린 뉴욕 소더비 경매에서 미화 55만 8000달러(6억 6900만원)에 낙찰된 '도멘 드 라 로마네 콩티'의 '로마네 콩티' 1945년산 와인.

와인 시장을 선점한 것은 보르도 와인이었다.

앞서 살펴보았지만 보르도 와인과 자본의 '결탁'은 역사적으로 당연한 흐름이었다. 나폴레옹 3세 때 58개 샤토(현재 61개)를 1등급부터 5등급까지 등급을 매긴 보르도 와인 체계는 숫자화하기에 편리했다. 영국에는 리브엑스Liv-ex라고 하는 와인 거래소가 있다. 이곳에서는 다양한 방식의 지수index와 평균 와인 가격, 거래 현황, 통계 등을 제공한다. 또한 영국과 미국에는 와인 가격과 지수에 연동하는 펀드 상품이 있다. 와인을 투자 상품으로 보고 전문적으로 투자하는 회사도 많다.

와인과 연동된 이러한 자본 시장은 2013년까지 프랑스 보르도 와인을 중심으로 움직였다. 하지만 주가에도 등락이 있듯, 와인 시장에도 트렌드가 있고 움직임이 있다. 리브엑스에서 발표한 자료에 따르면, 2010년에서 2013년 사이 프랑스 부르고뉴 와인의 가격이 점차 상승하더니, 2013년부터 2019년까지는 거의 수직으로 상승하는 추세를 보인다. 소더비에서 발표한 와인 세일즈 셰어sales share 자료에 따르면, 2013년에 보르도 와인이 60퍼센트, 부르고뉴 와인이 26퍼센트를 차지했다. 반면 2019년에는 보르도가 26퍼센트, 부르고뉴가 50퍼센트라는 완전히 다른 판세를 보인다. 병당 와인 가격도 부르고뉴는 상승하는 추세인 반면, 보르도 와인은 하락하는 추세다.

바야흐로 부르고뉴 와인의 시대가 도래한 것이다. 부르고뉴 고급 와인은 이제 돈이 있어도 구하지 못하는 와인이 되어버렸다. 부르고뉴 와인이 큰 인기를 끄는 이유에는 여러 해석이 있을 수 있다. 다만, 중요한 점은 모든 것은 영원하지 않다는 사실이다. 언젠가 부르고뉴를 넘어서는 고급 와인이 등장할지 모른다.

지금도 전문가들은 마치 주식 시장의 등락과 주가를 공부하고 분석하듯, 와인 시장의 미래를 예견하기 위해 고군분투한다. 만약 '와인 재테크'에 관심이 있다면, 이와 같은 와인 시장의 트렌드와 왜 특정한 와인이 희소하고 소장가치가 있는지 이해할 수 있어야 한다.

중국·일본·한국
그리고 중동

# 중국의 와인 생산

중국에서 생산한 와인이라고 하면 어떤 이미지가 떠오르는가. 짝퉁? 믿을 수 없다? 물 탄 와인?

중국 산둥성山東省 옌타이煙臺에는 와이너리 샤토 장위張裕, Changyu가 있다. 물론 단지 '경관'만으로 모든 걸 판단할 수는 없지만, 샤토 장위를 보면 중국 와인에 대한 편견이 깨질 만한 모습이다. 놀랍게도 이런 규모와 경관을 가진 와이너리는 중국 곳곳에 포진해 있다.

중국 내 포도밭과 와인 생산량은 와인 소비량과 마찬가지로 2000년 이후 급성장하고 있다. 물론 최근에는 그 성장세가 다소 주춤하는 모습이지만, 2000년 이전과 비교하면 여전히 많은 양의 와인을 생산한다. 2017년 기준 중국은 세계 와인 생산량 7위

국가로 이름을 올렸다. 이는 칠레와 남아프리카공화국, 독일보다 높은 순위이다. 물론 수출량은 현격히 낮아 대부분이 내수로 소비되고 있지만 말이다.

다른 모든 산업 분야와 마찬가지로 중국의 와인 산업은 풀어야 할 과제가 한참 많다. 품질 자체가 세계 기준에서 보았을 때 낮은 편이며, 와인 간 품질의 차이도 크다. 이러한 문제는 근본적으로 기술력, 경험, 인프라, 전문 인력 등의 부족에서 비롯한다. 중국 내 적극적인 투자가 필요하기도 하지만 무엇보다 외국과의 교류가 시급한 실정이다. 최근 외국에서 전문 인력을 초빙해오는 추세이기는 하지만, 중국은 기본적으로 폐쇄적인 정치 체제를 고수하고 있다. 이 때문에 외국 자본과 인력이 마음 놓고 들어오기에 부담이 크다. 또한 역사적으로 와인을 마시던 국가가 아니기에 문화 장벽이 높은 데다 와인이라는 술에 대한 이해가 떨어지는 면도 있다.

그럼에도 불구하고 와인 생산국으로서의 중국은 전 세계적으로 상당히 각광받고 있다. 첫째, 토지가 아주 넓고 노동력이 싼 덕분에 저가 벌크와인의 대량 공급처가 될 수 있기 때문이다. 만약 와인 산업이 발달하게 될 경우 그 생산량은 상상을 초월할 것이다. 둘째, 토지가 넓은 만큼 기후대가 다양하다. 이러한 기후대와 중국의 토착 품종이 합쳐져 다른 어느 곳에도 없는 개성 있는 와인이 만들어지리라는 기대감이 있다. 물론, 이를 위해서는 전문 기술과 인력, 연구 등이 뒷받침돼야 할 것이다.

중국의 대표적인 와인 생산지는 산둥성, 간쑤성甘肅省, 허베이성河北省, 산시성山西省, 신장위구르자치구新疆維吾爾自治區, 닝샤후이족자

중국 산둥성 옌타이에 위치한 샤토 장위 와이너리의 전경.

치구寧夏回族自治區가 있다.

특히 산둥성 일대는 중국 내 와인 생산량이 가장 많고, 와인 품질 또한 높은 편에 속한다. 산둥 지역은 해안가이기 때문에 기본적으로 서늘한 태평양 바닷바람을 받아 포도를 생산하기에 좋은 기후를 가지고 있다. 하지만 습기로 인해 여러 병충해에 취약하며, 우기에 태풍 등의 재해가 있을 수 있다는 단점이 있다. 중국의 최초 와이너리인 샤토 장위가 세워진 옌타이 지역이 가장 대표적이며, 샤토 나인 피크스Château Nine Peaks와 칭다오 화동 와이너리華東莊園, Qingdao Huadong Winery가 위치한 칭다오青島 지역도 유명하다.

북서쪽의 신장은 생산량 위주로 밀어붙이는 벌크와인 생산이 두드러진다. 아주 넓은 토지에 눈 덮인 톈산天山으로부터 충분한 물을 공급받을 수 있다는 장점이 있다.

중국의 현대 미술작가 '위에민준'의 그림으로 라벨을 디자인한 보르도와 부르고뉴 와인.

중부의 닝샤는 최근 지역 차원에서 전략적으로 와인 산업을 발전시키고 있다. 비교적 긴 일조량과 온화한 기후 덕분에 와인을 생산하기에 좋은 조건을 갖추고 있다. 다만 아주 건조한 기후가 문제로 작용할 수 있는데, 다행히 황허강과 가까워 관개 시설을 통해 물을 공급받을 수 있다. 중국에서 최초이자 유일하게 와인 산업 발전과 연구를 위한 공공기관이 설립된 곳이며, 와인 양조 인프라와 기술 발전을 위해 국가적으로 지원하고 있는 전략적 지역이다.

중국은 외국 자본이 적극적으로 유입되기 어려운 구조이다. 현재 다국적 주류회사 페르노리카Pernod Ricard나 루이비통 모에 헤네시LVMH의 샹동Chandon 등이 조인트 벤처joint venture 방식으로 중국에 진출해 있다. 지역 관광과 연계해 와이너리 투어 프로그램으로 외국인 관광객 유입을 적극 장려하고, 국가적으로도 와인 업계의 외국 전문가를 초빙하는 추세이기도 하다.

아직 중국 와인은 대중에게 잘 알려져 있지 않고 믿을 수 없다

2017년 디캔터 아시아 와인 어워드Decanter's Asia Wine Award에서 수상한 중국의 와인.

는 이미지가 강하다. 하지만 중국 제조업의 굴기처럼 중국 와인 생산 시장도 성장할 수 있는 무한한 가능성이 있기 때문에 간과할 수만은 없다.

그렇다면 중국 와인의 역사는 얼마나 오래 됐을까? 아마도 얼마 되지 않았을 것이라 생각하는 이들이 많을 것이다. 하지만 의외로 중국 역사 속 문헌에 '포도주'가 등장한 시기는 아주 오랜 옛날부터다. 생각보다 굉장히 긴 이야기가 될 테지만, 중국은 현재 와인 산업 분야에서뿐만 아니라 경제적 전반에서 아주 큰 관심사가 되는 나라이니, 조금이라도 관심이 있다면 함께 중국 역사 속으로 들어가 보도록 하자.

# 중국 와인의 역사

## 비단길을 타고 들어온 포도주―한나라

중국 포도주, 정확히 말하자면 포도와 비슷한 과실로 만든 술의 역사는 서양에서와 마찬가지로 신석기 시대로 거슬러 올라간다. 앞서 언급했던 대로 포도와 비슷한 열매를 재료로 술을 담갔을 것으로 추정한다. 요컨대 왕머루나 야생포도 종일 수도 있고, 산사나무 열매일 수도 있다. 포도과 식물 가운데 하나인 추포도秋葡萄, Vitis romanetii Roman의 수천 년 전 화석이 산둥성 동부 해역 근처에서 발견되기도 했고, 황허강 근처에서는 신석기 시대 포도주를 보관했을 것이라 추측되는 토기가 발견되기도 했다. 도처에 널린 과일을 가지고 만드는 과실주의 역사가 오직 서양에만 있을

리는 없을 테니까. 다만 과일과 과실주가 주요 먹거리는 아니었다. 비옥한 황허강 근처에서 농경문화를 중심으로 한 중국 문명은 '곡식'이 더욱 중요한 식재료였다.

포도주 문화는 서양의 것이기 때문에, 고대 중국 포도주 역사는 서역西域, The Western Regions과의 교류가 얼마나 원활했는가에 따라 달라졌다. 그 중심에는 단연 비단길, 실크로드silk road가 있다. 유럽 포도 종이 중국에 소개된 때는 생각보다 꽤나 이른 시기인 기원전 126년경이다.

중국 전한前漢 시대 무제武帝 때, 장군인 장건張騫이 서역까지 정벌에 나섰다. 이는 결과적으로 중국에서 중앙아시아를 거쳐 이집트, 결국에는 유럽까지 잇는 실크로드의 출발점이 됐다. 애초에 장건의 여정은 당시 한나라를 위협하던 흉노匈奴 정벌을 위해서였다. 그 과정에서 중앙아시아와 인도, 이집트 등 새로운 세계를 알게 된 것이다.

사마천司馬遷의 《사기史記》에 따르면 고국으로 돌아온 장건이 대완大宛이라는 나라에 관해 보고한 내용 가운데 포도주에 관한 언급이 있다. 대완은 페르가나Fergana로 현재로 말하자면 우즈베키스탄 동부 지역이다. 장건은 "(대완에서) 포도주를 빚는다"고 말하며, "그곳의 부유한 이들은 만여 석의 포도주를 보관하며, 이는 십여 년이 지나도 상하지 않는다"라고 말했다고 한다.

앞서 살펴보았듯 유럽 포도 종인 비티스 비니페라와 와인은 트랜스코카시아 지역에서 비롯했다. 트랜스코카시아 동쪽에 위치한 중앙아시아 지역은 당시에 이미 와인 문화가 보편화돼 있었다. 장건이 여행했던 대완, 대하大夏, 대월지大月氏(대월씨大月氏), 안식

실크로드는 고대 중국에 포도주가 넘어오는 중요한 통로였다.

安息 등의 나라는 각각 페르가나, 박트리아Bactria, 토가라Thogara, 파르티아Parthia로 현재 우즈베키스탄Uzbekistan, 카자흐스탄Kazakh-stan 등 트랜스코카시아 동쪽 중앙아시아 지역이다. 그러고 보면 포도와 포도주에 관한《사기》의 기록은 어쩌면 당연한 것이다.

장건은 중국으로 귀환할 때 여러 식물의 표본과 함께 포도를 들여왔고, 이는 황궁 근처에 심겼다는 기록이 있다. 이때 한의 사절단이 가져온 포도는 유럽 포도 종인 비티스 비니페라일 것이라 추정된다. 정사가 아닌 민간에 전해지는 이야기에 따르면 '포도를 들여오면서 포도주를 빚는 장인까지 데리고 왔다'.

후한後漢의 정사正史인《후한서後漢書》에는, '환관 장양張讓이 거상巨商 맹타孟陀에게 뇌물로 포도주를 받았으며, 그 대가로 각료직을 주었다'는 기록이 있다. 이와 같은 내용은 다른 여러 책에도 계속해서 반복된다. 포도주를 선물한 양에 있어서 10곡斛, 1승升, 1곡 등 차이는 나지만 한결같이 '맹타는 장양에게 포도주를 주고

양주자사가 됐다'고 밝히고 있다.

장양은 《삼국지연의三國志演義》 이야기의 시작이라 볼 수 있는 황건적의 난이 일어나게 한 십상시十常侍 가운데 한 명이었다. 한 영제靈帝 때 통치 능력이 없던 영제를 완전히 마음대로 조종한 이는 환관, 말하자면 내시였다. 섭정을 했던 가장 고약한 환관 열 명을 일컬어 십상시라고 한다. 썩을 대로 썩은 환관들은 온갖 수탈을 일삼았다. 능력과 상관없이 대단한 뇌물을 바친 자에게만 관직을 주는 등 국정을 농간해 나라를 큰 혼란에 빠뜨렸다. 심지어 한영제는 일개 환관인 장양을 '아버지'라 불렀다고 하니, 그의 권력이 얼마나 컸을까? 결국 탐관오리 십상시의 과도한 수탈과 영제의 무능력함으로 황건적의 난과 같은 반란이 일어나고 후한은 내리막길을 걷게 된다.

아무튼 장양은 웬만한 뇌물로는 성에 차지 않았다고 한다. 그런데 포도주를 뇌물로 받고 관직을 내어주었다고 하니, 후한 말에도 포도주는 상당히 귀했음을 추측할 수 있다. 아마 장양이 뇌물로 받은 포도주는 비단길을 통해 서역에서 전해진 것일 테다.

전한에 장건이 있다면, 후한에는 반초班超라는 명장이 있다. 반초는 장건의 뜻을 이어 서역을 다시 토벌해 흉노의 지배하에 있던 50여 나라를 한나라에 복종시킨 인물이다. 반초는 장건이 닦아놓은 실크로드를 활성화시켰다. 그는 서역도호가 돼 중앙아시아의 총독 같은 위치에서 서역을 다스려, 유럽 카스피해 지역까지 비단길을 확장시켰다. 바야흐로 한나라가 완전히 장악했던 비단길을 통해 질 좋은 포도주가 서역에서 수입될 수 있었다.

그러나 환관의 부패, 외척과 관료 사이의 대립, 황건적의 난 등

위나라 초대 황제 조비는 포도주의 정수를 꿰뚫어본
인물이다.

농민 반란, 호족의 세력 강화 등이 원인이 돼 한나라는 220년 멸망한다. 곧 중국은 분열과 혼란기에 빠진다. 삼국지의 배경이 되는 시대도 이때다.

혼란기를 잠재우고자 조조曹操·유비劉備·손권孫權이 세력을 모아 각각 위魏·촉蜀·오吳 삼국을 건립한다. 하지만 이후에도 5호 16국, 위진남북조 등 정치적 분열과 혼란의 시기가 계속되다가 581년에 이르러서야 비로소 수隋나라가 중국을 통일한다.

당시 오랜 정치적 혼란 속 포도주에 관한 언급은 많지 않지만, 조조의 아들이자 위나라 초대 황제인 조비曹조가 자신의 문집《소군의詔群醫》에 포도주에 관해 기록한 것이 있다. 조비는 "중국에는 진기한 과일이 많은데 그중 포도라는 과일이 있다"라며 "포도로 만든 술은 달콤하지만 달지 않고, 산미가 있으나 시지 않고, 시원하나 차갑지 않고, 입 안에 오래 머물며 과실즙이 풍부하고, 근심을 없애주며 해갈을 시켜준다" 또한 "쉽게 술에 취하지만 깨어남도 쉽다"고 적은 바 있다. 아마도 조비는 중국 역사상 포도주의 정수精髓를 꿰뚫어본 첫 인물이 아니었을까.

### 포도주를 빚은 중국의 황제와 재상, 포도주를 사랑했던 양귀비 — 당나라

중국을 힘들게 통일한 수나라는 고작 30년 만에 멸망했다. 바야흐로 중국 역사의 황금기라 부를 수 있는 당唐나라가 도래했다. 당나라는 수나라의 기틀을 받아들여 제도를 정비했고, 300년간 중국 대륙과 주변 국가를 통치하며 그 어느 때보다 영토를 확장했다.

한나라 때 처음 개척된 비단길은 당나라에 와서 전성기를 맞았다. 당나라는 서역에 22개의 도호부都護府를 설치하고 유목 민족을 정벌하는 등 서역의 통치권을 잡았다. 타림분지와 파미르고원을 넘어 중앙아시아, 아랍과 페르시아까지 영향력을 미쳤던 당나라는 비단길을 통해 서방 세계와 활발히 교류해 큰 이득을 보았다. 페르시아 상인, 아랍 상인은 앞다투어 당나라의 수도였던 장안長安으로 모여들었다. 장안은 바야흐로 국제 교역 도시로 거듭났다. 희귀한 온갖 보석과 향료, 기름, 외국 악기와 술로 넘쳐난 것이다. 무엇보다 당나라는 빈공과賓貢科라는 외국인을 대상으로 한 과거제도를 실시해, 외국인 인재를 차별 없이 등용했다. 이 덕분에 외국 문화는 장벽 없이 당나라에 융화될 수 있었으며, 서역의 포도주 양조 기술 역시 본격적으로 소개될 수 있었다.

당나라 2대 황제인 당 태종太宗은 오늘날 신장위구르자치구 투르판Turpan에 해당하는 고창국高昌國을 640년에 정벌했다. 당시 이 지역 청포도 품종이 길게 늘어진 형상을 하고 있어서 '말의 젖꼭지(마유포도馬乳葡萄)'라고 불렸다. 이와 관련해 당나라 백과사전인 《예문유취藝文類聚》에는 "고창국을 함락하고 마유포도의 열매를 얻어 궁중 후원에 심고 제조법을 얻었다. 황제가 친히 양을 줄이고 더해 술을 만들었는데, 무릇 8색을 띠는데, 어둡고 붉은 동이에서 향기와 신맛이 진했다. 그리하여 여러 신하에게 나누어주어서 장안에서 비로소 그 맛을 알게 됐다"고 기록돼 있다.

북송北宋 시대 수필집 《남부신서南部新書》에는 "당 태종이 고창을 무찌르고 마유포도를 얻어 동산에 심었다. 또한 술 빚는 법을 배워 스스로 그것을 가감해 술을 빚으니 그 색이 녹빛이며 향이 매우 진하고 제호醍醐의 맛까지 났다. 장안에서 점차 그 맛을 알기 시작했다"라고 비슷한 내용이 기록돼 있다. 재미있는 것은 《남부신서》에는 포도주가 '녹빛'이라고 설명돼 있는데, 현대의 와인 가운데 포르투갈의 알바리뇨Albarino나 이탈리아 피노 그리지오Pinot Grigio 같은 청포도 품종으로 만든 와인이 종종 녹색빛이 나는데, 이러한 와인이 아니었을까 추측한다.

그런데 당 태종이 포도주를 빚기 전, 먼저 포도주를 빚었던 인물이 있다고 알려진다. 바로 당 태종의 재상 위징魏徵이다. 위징은 당 태종의 곁에서 300번 넘게 직언을 한 충신으로 유명하다. 위징이 죽었을 때 당 태종은 "구리로 거울을 만들면 의관을 단정하게 할 수 있고, 고대 역사를 거울삼으면 천하의 흥망과 왕조 교체의 원인을 알 수 있으며, 사람을 거울로 삼으면 자신의 득실을 분명히 알 수 있다. 지금 위징이 질병으로 세상을 떠났으니, 거울 하나를 잃은 것이다"라고 말했을 정도로 위징을 아꼈다고 한다. 당나라 문학가 유종원柳宗元은 《용성록龍城錄》에 "좌상 위징은 술을 빚을 줄 알았는데, 그 이름을 영록醽醁, 취도翠濤라 했으며, 항상 커다란 금 양병에 가득 저장해두고 10년을 마셔도 상하지 않으니, 그 맛이 세상 어디에도 없는 맛이다"라고 적었다. 당 태종은 그 맛을 보고 위징에게 시를 내리니 "영록이 난생蘭生보다 낫고, 취도가 옥해玉薤보다 낫구나. 1000일 동안 술에서 깨지 않고 10년 동안 맛이 변하지 않는다"라고 했다고 기록했다. 난생은 한 무제가 즐겨 마셨다는 100가지 화초를 술에 담가 만든 술이고, 옥해는 수 양제煬帝가 즐겨 마신 술 이름이다.

포도주를 잘 빚었다고 알려진 충신 위징.

또한 "위징은 술 빚는 법을 대완에서 배운 것이 아니라 서강인西羌人에게서 배웠다"고 적었다. 앞서 '취도翠濤'에서 '취翠'는 비취색으로 '녹색'의 술을 의미한다. 태종이 빚었다고 하는 녹색빛 포도주와 상통한다. "술 가운데 초록빛이 도는 것은 영醽이라 한다"는 기록도 있어, 영록 또한 초록빛 술이었다고 가늠해볼 수 있다. '서강인'은 티베트계 유목민에 대한 호칭이다. 위징은 당 태종이 고창국을 정벌하기 전에 이미 당으로 넘어온 고창국 출신 유목민 계라는 설이 있어, 태종이 감탄할 정도로 포도주를 잘 빚었던 이유가 그 출신에 있지 않겠냐는 해석도 있다.

요컨대, 중요한 점은 당나라 이전에 포도주는 모두 서역에서 수입해왔던 것으로 추측되지만, 당나라 시대에는 '포도주를 직접 빚었다'는 기록이 있다는 사실이다. 당나라 시대에는 또한 량저우涼州에서 고급 포도주가 생산됐다는 기록이 있다.

량저우는 현재로 치면 간쑤성 우웨이武威 지역인데, 당나라 현종玄宗의 비妃였던 절세미인 양귀비楊貴妃가 량저우의 포도주를 즐겨 마셨다고 한다. 일례로, 현종이 양귀비와 궁정에서 모란꽃을 감상하며 당 대 최고의 시인이었던 이태백李太白을 불러 시를 읊게 했다. 술에 잔뜩 취한 채로 나타난 이태백이 양귀비의 아름다움을 모란꽃에 비유한 시조를 단숨에 세 수 지었는데, 그것이 바로 유명한 〈청평조淸平調〉이다.

이태백의 〈청평조〉를 당 대 명창인 이구년李龜年이 노래로 불렀는데, 노래를 듣는 동안 양귀비는 일곱 가지 보석으로 장식된 수정 유리잔(칠보잔七寶盞)에 량저우 지역의 포도주를 따라 마셨다는 기록이 있다. 이태백은 소문난 애주가인 데다가 현종과 양귀비의 사랑을 듬뿍 받았다고 알려졌다. 그러니 아마도 시조에 크게 만족한 현종이 이태백에게도 포도주를 하사하지 않았을까. 사치스럽고 호화스러운 생활을 했던 현종과 양귀비가 귀한 칠보잔에 량저우의 포도주를 따라 마셨다는 기록을 보면, 당시 량저우 포도주는 황실에서 귀하게 향유된 듯하다.

당나라 시인이었던 왕한王翰의 시 〈양주사涼州詞〉에도 량저우의 포도주가 언급된다.

| 葡萄美酒夜光杯, | 빨간 포도주를 옥잔에 따라, |
| 欲飮琵琶馬上催. | 입에 댈 때 말 위에 비파 소리. |
| 醉臥沙場君莫笑. | 모래 위에 쓰러진 나 웃지 마소. |
| 古來征戰幾人回. | 출전하는 이 몸은 못 돌아오오. |

"문득 붉은 포도주를 좋은 잔에 따라 마셨으면 좋겠지만, 멀리서 들려오는 비파 소리가 여전히 전쟁 중임을 알려주니, 혹여 내가 술에 취해 전쟁터에 널부러져 있다고 하여도 웃지 마시오, 예로부터 전쟁터에서 살아남은 자가 얼마나 됐는가"하는 내용을 담은 시로 당 대 칠언절구 가운데 걸작으로 꼽힌다.

당나라 도교 설화에도 중국에서 빚은 포도주에 관한 언급이 있다. 중국 도교에는 팔선八仙이라 불리는 '여덟 명의 신선'이 있는데, 그중 한 명인 이철괴李鐵拐에 관한 이야기다. 이철괴는 절름발이에 추하고 괴이한 얼굴에 거지 형상을 한 신선으로, 언제나 쇠지팡이를 짚고 다닌다고 해 '철괴'라는 이름으로 불리게 됐다.

설화에 따르면, 푸젠성福建省 우이산武夷山 구곡계九曲溪 근처에 한 농부가 살았는데, 이 농부는 포도주를 잘 빚기로 유명했다고 한다. 농부가 만든 포도주는 무척 향기롭고 맛있어서 이철괴는 포도주를 맛본 이후로 너무 좋아한 나머지 선계에서 야단법석을 떨다 결국 포도주가 든 항아리를 깨뜨리고 말았다. 항아리에서 흘러나온 포도주는 농부가 사는 구곡계로 흘러들어갔고, 이 때문에 구곡계의 공기와 물이 그토록 맑고 향기로운 것이라는 설화다.

구곡계는 무섭도록 가파른 '무이산을 계곡이 아홉 번 휘어감으며 굽이친다' 하여 붙여진 이름이다. 이철괴가 농부에게 "어찌하여 포도주 맛이 이토록 좋으냐" 하고 물으니, 농부는 "저는 논 근처에서 포도를 기르며, 구곡계에서 물을 끌어와 사용합니다"라고 대답했다. 그러자 이철괴는 "무이산의 물과 땅이 그토록 훌륭한 맛을 내게 했구나. 앞으로도 계속 그 땅에서 그토록 맛있는 과일이 자라면 좋겠다"라는 말을 남기고 떠났다고 한다.

하지만 당나라에게도 끝은 있었다. 당나라의 멸망 원인에는 여러 가지가 있지만, 가장 주된 까닭은 귀족과 절도사와 같은 지방세력이 성장한 데 있다. 귀족의 대토지 소유와 수탈, 절도사들의 지방 세력 구축과 반란 등이 이어졌지만 안타깝게도 이를 통제할수 없는 무능한 황제와 간신배들 탓에 당나라는 멸망의 길을 걷게 됐다. 당나라가 907년경 멸망한 뒤 중국에는 무려 열다섯 나라가 세워지는데, 이를 '5대 10국'이라 한다. 이후 960년에 송宋나라가 다시 중원을 통일한다.

송나라는 중앙집권화에 성공하고 문치주의 정책을 폈다. 경제적·문화적인 면에서 상당히 풍요로운 시기였다. 핵심은 '쌀'에 있었다. 먼저 베트남에서 '점성도占城稻'라는 쌀 품종이 들어오면서 거친 땅에서도 쌀이 잘 자라 수확량이 급격히 늘어났다. 또한 모내기를 통해 이모작을 할 수 있게 됐다. 저수지와 수차 기술이 발달해 가뭄에도 생산량을 유지할 수 있었을 뿐만 아니라 비탈에도 논을 만들어냈다. 경제력을 바탕으로 상업과 문화가 고도로 발달했다. 똑똑한 인재를 등용해 기술이 발전하며 화약과 나침반, 활자 인쇄술 등이 발명됐다.

송나라는 영국보다 500년 앞서 산업혁명을 일으킨 나라로 재평가되고 있다. 요컨대 1078년 송나라의 철강 생산량은 1788년 영국 산업혁명 당시 철 생산량과 거의 비슷한 수준이었다고 한다. 워낙 농업이 발달하다 보니 쌀뿐만 아니라 곡식을 바탕으로 한 술, '곡주'가 아주 성행했다. 품질도 상당히 좋았던 것으로 알려진다. 집집마다 좋은 품질의 술을 빚기도 했다. '차' 문화가 발달하면서 술 또한 차와 같이 그 향과 빛깔을 감상하고 음미하는 등 고급문화도 형성됐다. 특히 도자기 예술이 발달해, 수많은 형태의 아름다운 술잔과 술병을 유물로 남겼다.

다만 당나라에는 포도주를 빚었다는 기록과 량저우 지역 포도주에 관한 언급이 있는 만큼 포도주 양조 기술이 있었으리라 추측되지만, 이 기술이 송나라 대에까지 이어지지 않았던 것으로 보인다. 아마 당나라의 포도주 양조에 관한 구체적인 기록이 있었다 할지라도 당나라가 멸망한 뒤 불안정했던 상황 속에서 소실됐을 가능성이 크다.

당나라의 후손이자 금金나라 출신 시인 원호문元好問의 작품인 《포도주부葡萄酒賦》 서문에는 이러한 기록이 있다.

류광보劉光甫가 내게 말했다. "우리 안읍安邑은 포도가 많지만 포도주의 제조법은 모른다. 어렸을 때 친구 허중상許仲祥이 포도를 따서 쌀과 함께 끓였다. 비록 술을 빚었으나, 고인이 말했던 달지만 엿처럼 달지 않고, 서늘하지만 차지 않다고 한 특징이 없었다. 그러던 어느 정우貞佑 연간(1213~1216년)에 이웃집에 도적이 닥쳐와서 산속으로 달아났다가 돌아와 보니, 동이 속에 넣어둔 포도를 대그릇에 꺼내놓았는데, 포도즙이 소쿠리 밑에 있던 병에 떨어져 괴이니 술 냄새가 나는 것을 보았다. 이것을 마시니 아주 훌륭한 술이었다. 오래돼도 부패하지 않고, 자연히 술이 된 것이다. (포도주 빚는 법에 관한) 전해지지 않았던 비결이 이렇게 하루아침에 발견되니, 그동안 많은 이들이 찾았던 비법을 내가 당신에게 전한다." 그 이야기를 듣고, 내가 말했다. "세상에 이러한 술이 없어진 지 오래됐다. 나 역시 일찍이 서역에서 온 사람이 말하는 것을 들었는데, 대식인大食人(아랍인)은 포도를 장처럼 담가서 봉해서 이를 땅에 묻으면 얼마 되지 않아 술이 되는데, 오래될수록 더욱 좋아 천 곡斛을 저장한 사람도 있었다고 했다. 이것을 수백 년 뒤에도 얻고, 수만 리나 떨어진 곳에 알려지도록 글을 짓는 것이 좋겠다."

금나라는 여진족이 건국한 나라로, 중국 북쪽을 차지하고 송나라를 남쪽으로 내쫓은 바 있다. 요컨대, 원호문의 글을 보면 당나라 때의 포도주 빚는 비법은 소실돼 금나라나 송나라로도 이어지지 못했다. 곡주를 만들듯 포도주를 빚으니 과거에 났다던 그 맛이 나지 않았다는 것이다. 다만 우연히 포도가 자연발효하는 것을 목격해, 그 비법을 알아냈다는 것인데 그나마도 금나라 말기의 일이다.

비슷한 기록이 송나라에도 있다. 중국 북송 시대 주익중朱翼中이 편찬한 술 관련 저서인 《북산주경北山酒經》에 따르면 쌀고두밥과 누룩에 포도즙을 섞어서 만든 것을 '국식포도麴式蒲萄'라고 했고, 소동파蘇東坡가 쓴 《동파주경東坡酒經》에도 누룩을 넣어 포도주를 빚는다 했으니, 자연발효를 통해 포도주를 만드는 방법을 송대에는 몰랐던 것이다.

송나라 때는 중국 내 포도주 양조뿐만 아니라 외국 포도주의 수입 또한 활발하지 않았던 것으로 보인다. 당시 송나라가 해상무역로를 통해 매우 활발히 외국과 교역을 했음을 미루어 생각해 보면 얼핏 의아하기도 하다. 하지만 역사적으로 중국에 포도주가 유입된 경로는 북쪽과 서북쪽 근접한 지역을 통해서였다. 송나라 때는 북방 유목 민족에 의해 그 길이 막혀 있었으니 어쩌면 당연한 결과였는지도 모른다. 당시 발달했던 해상무역로를 통해 서양의 포도주가 들어왔더라도, 긴 여정 탓에 이미 쉬어버려 딱히 매력적이지 않았을 것이다. 고도로 발전했던 농업 생산력, 경제력, 기술력을 바탕으로 빚은 송나라 술이 훨씬 맛있었을 테니까.

유목 민족은 끊임없이 송나라를 위협했다. 송나라는 군사적으로 강력하게 대처하지 못했다. 객관적인 숫자나 기술력으로 보면 당시 송나라 군사력이 결코 약하지는 않았다. 그럼에도 '송나라는 문치주의에 집중해 군사력이 약했다'는 역사적 오명을 쓸 정도로 유목민에게 강하게 대응하지 않았다.

대신 송나라는 비단과 은 등을 보내며 북방 민족들을 달래는 화친 전략을 폈다. 어쩌면 무리하게 전쟁을 일으켜 백성을 힘들게 하는 것보다 나은 선택이었을지도 모르겠다. 어쨌든 서역과 북방 유목 민족에 대해 송나라는 통제권이 없었다. 이 때문에 육로가 아닌 해상무역로로 외국과 교역하는 편이었다. 한나라와 당나라 시대 포도와 포도주, 포도주 양조 기술 등이 유입된 것이 서역을 통해서였음을 생각해보면, 송나라 때 포도주가 흥하지 않았다는 점은 일견 수긍이 간다. 만약 송나라 때 포도주가 조금이라도 유행했더라면, 미학적이고 철학적으로도 발전했던 문화 속에서 포도주를 음미하고 감상하는 방식 또한 함께 발달하지 않았을까 상상해본다.

유목 민족의 위협에 근근이 버티던 송나라는 거란족이 세운 금나라에 공격당해 북쪽을 빼앗기고 남쪽으로 도망가게 된다. 이 시기의 송나라를 '남송'이라 부른다. 하지만 금나라는 다시 몽골 제국에 멸망당하고, 남송 또한 몽골의 끈질긴 공격 끝에 역사 속으로 사라지고 만다. 이로써 역사상 세계 최대 제국을 이루었던 몽골제국이 중국 역사 속에 등장하니, 바로 원元나라다.

북방의 유목민이었던 몽골족에서 동서양 역사를 통틀어 길이 남을 위대한 인물 칭기즈칸이 나타났다. 그는 북방의 유목 민족을 완벽히 평정하고 몽골제국을 세웠다. 몽골족은 초원을 가로질러 서방 원정에 나섰고, 먼저 중국 서북부에 위치한 서하西夏를 공격하고, 중앙아시아의 호라즘 왕국을 무너뜨리며, 카스피해를 넘어 러시아 남쪽까지 정복했다. 이후 이란을 거쳐 바그다드로 들어가 아바스왕조를 무너뜨리고 바그다드를 불태우며 이슬람 세계를 점령했다. 5대 황제 쿠빌라이 때는 금나라를 무너뜨리고, 마지막으로 1279년 남송마저 멸망시켜 중국 땅을 전부 지배했다. 쿠빌라이는 1271년 몽골제국을 중국식 이름인 '원元'으로 바꾸고 수도를 대도大都(베이징)로 옮기며 중국 체제를 받아들였다.

몽골제국은 현재 '유라시아Eurasia' 세계관을 처음으로 정립해 세계사에 전무후무한 업적을 남겼다. 유럽부터 중국까지 초원길과 비단길을 완전히 닦아놓아 서방과 동방 세계가 그대로 교류할 수 있게 만든 것이다. 이슬람과 중국을 발밑에 두고, 러시아 남부와 헝가리까지 점령함으로써 유럽과 중국 사이 육로가 완전히 뚫렸다. 그 길목마다 역참을 두어 여행자가 숙식을 해결하고 말을 빌릴 수 있게 하는 등 체계적으로 비단길을 관리했다.

몽골제국 이전까지 동방 세계에 완전히 무지했던 유럽 국가들은 앞다투어 몽골을 찾아나섰다. 유럽의 수도회 수사가 파견돼 종교를 전파하고자 했으며, 이슬람 상인은 물론 베네치아 상인도 몽골제국을 드나들었다. 당시 베네치아 상인인 아버지를 따라 원나라에 왔다가 17년 동안 쿠빌라이의 관리로 일한 '마르코 폴로 Marco Polo는, 원나라 수도였던 대도에 대해 "세상에서 가장 세련되고 찬란한 도시이며, 양쯔강의 통행량은 유럽의 모든 강에 바다를 합친 통행량보다 많다"라고 했다. 당시 유라시아를 통합한 몽골제국의 거대함은 가히 유럽인들이 상상조차 할 수 없을 만한 것이었다.

몽골제국은 처음으로 인류에게 '세계'라는 개념을 심어주었다. 유럽인의 호기심을 자극해 이후 대항해 시대나 신대륙 개척과 같은 또 다른 역사를 촉발시켰다. 프랑스 역사가 르네 그루세René Grousset는 저서 《몽골제국사 L'empire mongol》에서 몽골 원정에 관해 "몽골인은 아시아 거의 모든 지역을 연합해 대륙 간의 통로를 개척했으며 중국과 페르시아, 기독교와 극동 지역이 활발하게 접촉할 수 있는 환경을 마련해주었다. 몽골인의 문화 전파는 로마인의 문화 전파만큼 영향력이 있었고, 세계에 미친 공헌도를 논하자면 희망봉과 아메리카대륙의 발견 정도가 그나마 비슷할 것이다"라고 말한 바 있다.

이처럼 세계관이 팽창하고 동방과 서방이 처음으로 활발히 교류하는 가운데, 원나라에서 각종 술이 발전을 거듭했다. 당시 몽골인에게 가장 인기가 있었던 술은 단연 말의 젖으로 만든 마유주馬乳酒(쿠미스kumis)였다. 하지만 모든 문화가 한데 섞이고 모였던 원나라에서는 곡주, 꿀술, 과실주뿐만 아니라 증류주까지 등장했다. 중국을 대표하는 백주白酒(바이주)의 기원도 원나라에서 찾을 수 있는데, 아랍의 증류 기술이 원나라 초기에 들어오면서 비로소 중국에서도 증류주가 시작됐다. 이처럼 다양한 주류 문화가 발달한 상황에서 포도주 또한 발전하지 않을 수 없었다.

중국 역사상 포도주 소비량은 원나라 때 가장 높았다. 원나라가 다스리던 서역과 중원中原, Central Plain 곳곳에서 포도주를 공물로 바쳤는데, 그 생산량이 전례 없이 많았다고 알려진다. 마르코 폴로는 "타이위안太原(산시성의 성도)에 특히 넓은 포도밭이 있어 많은 양의 포도주가 생산됐으며 중국 곳곳으로 운송됐다"고 기록한 바 있다.

원나라 말엽의 학자 웅몽상熊夢祥의 책《석진지析津志》에는 원나라 당시 포도주 양조 기법이 아주 자세하게 기술돼 있는데 상당히 흥미롭고 인상적이다. 예를 들어, 투루판(당시 투루판은 여름에 아주 더웠기 때문에 화주火州라는 별칭으로 불렀다)의 와인에 관해 이야기하며, 우선 녹색빛을 띠는 포도를 따온다고 돼 있다.

여기서 녹색빛이 난다는 것은 '아직 완전히 성숙하거나 여물지 않은' 포도를 사용한다는 뜻인지, '청포도' 품종을 사용한다는 뜻인지 의견이 분분하다. 포도를 재배한 뒤 발효하기 위해 만든 발효조에 넣는다고도 돼 있는데, 깨끗한 바닥에 벽돌로 우물처럼 만든 뒤 헤아릴 수 없이 많은 포도로 산을 쌓아 사람들에게 포도를 평평하게 발로 밟게 한다고 기록돼 있다. 그런 다음 두꺼운 나무판자와 무거운 양모, 카펫 등을 뚜껑처럼 쌓아 무겁게 덮는다. 이때에 누룩麴이 따로 필요 없고 놔두면 자연히 술로 변한다. 이때 얻어지는 투명한 술이 바로 '첫 번째 술頭酒(우두머리 술)'이고, 이것을 떠내고 남은 포도 찌꺼기를 밟아 같은 순서를 반복해 얻어지는 술이 차례로 '두 번째 술二酒', '세 번째 술三酒'이라고 했다.

《석진지》는 원 대 포도주 기술에 관해 많은 것을 알려준다.

첫째로, 송나라 때 마치 곡주를 만들듯 누룩을 첨가해 포도주를 만들려고 했던 것에서 벗어나, 포도를 '자연발효'하는 법을 완전히 터득했다는 점이다. 당 대에 아마도 알고 있었을 자연발효 비법은 송 대에 소실된 것으로 보이나 원 대에 다시 알려진 것으로 추측된다.

둘째로, 아주 큰 용기를 만들어 여러 사람이 발로 포도를 밟아 포도를 으깨고 즙을 내어 와인을 만드는 방식은 서양 고대에서부터 가장 보편적으로 사용해왔다. 원나라 당시에도 포도주를 서양과 아주 흡사한 방식으로 양조했음을 알 수 있다. 특히 가장 처음 얻어지는 투명한 술을 '첫 번째 술'이라 표현하고, 이후 찌꺼기를 더 밟아 즙을 짜낸 술을 '두 번째 술' '세 번째 술'이라고 구분한 것은 현대 양조가들이 프리런 주스free-run juice와 프레스 주스press juice를 구분하는 것과 비슷하다. 이는 모두 원나라 때 포도주 빚는 기술이 상당히 발달했음을 알게 해주는 대목이다.

원나라 때는 또한 포도주 양조 기술뿐만 아니라 포도 농사 기술도 발전해 있었다. 중국 역사 최초로 관서에서 편찬한 원나라 농서 《농상집요農桑輯要》에는 "포도나무는 추위에 살아남지 못하므로, 포도나무를 땅에 묻어야 한다"고 기록돼 있다. 이탈리아와 같은 온화한 지역에서는 포도나무를 마음껏 기를 수 있지만, 중국 북부와 같이 영하 17도 이하로 내려가는 혹한을 겪는 지역에서 포도나무는 겨울을 나지 못하고 죽어버리기 일쑤였다. 이에 대한 대책으로 포도나무를 땅 속이나 흙더미에 묻는 방식을 원나라 때 고안해냈다. 이 방법은 현재까지도 중국 북부 지역에서 겨울에 보편적으로 사용되고 있다. 이 덕분에 겨울철 중국 북부 포도밭에 포도나무가 사라지는 '희한한 광경'을 목격할 수 있다.

원나라 때는 정부 차원에서 포도주 생산과 소비를 장려했다는 의견도 있다. 원나라 왕조의 역사를 기록한 정사 《원사元史》에 따르면 곡주에는 약 25퍼센트의 관세를 매긴 데 반해, 포도주는 6퍼센트 정도의 관세밖에 매기지 않았다고 한다. 이에 관해 1273년 포도주 세금을 올리자는 논쟁이 있었으나, 포도주는 곡주와 달리 주요한 식량을 사용해 빚는 것이 아니며 누룩과 같은 발효제를 사용하지 않고 자연히 만들어진다는 점을 근거로 세금을 올리자는 의견은 받아들여지지 않았다. 《원사》에는 또한 "1291년 5월에 궁성 안에 포도주실葡萄酒室과 여공실女工室을 건설하였다"는 기록이 있다. 궁궐 내에 포도주를 양조하는 곳이 생겼으니 이 또한 나라 차원에서 포도주를 장려한 것으로 볼 수 있겠다.

앞서 살펴본 것처럼 원나라는 정복 왕조이다. 이민족이니만큼 중국 등 정복한 땅을 지배하기 위해 신분제도를 확립했다. 1등급은 국족國族이라 하여 몽골인, 2등급은 색목인色目人, 3등급은 한인漢人, 4등급은 남인南人으로 구분했다. 이는 곧 몽골제국에 얼마나 우호적인가에 따라 차등을 둔 것이다. 색목인은 준지배자 계급으로 중앙 아시아인에서 이슬람인, 유럽인 등 서역 출신이며 원나라에 우호적인 개국공신으로 큰 특권을 지녔다. 이에 반해 금나라 출신 한인과 남송인은 많은 차별을 받았다. 요컨대, 서양 민족이 몽골인 다음 가는 특권층이었던 만큼, 원나라 때 포도주는 나라 차원에서 장려되고 발전할 수밖에 없었을 것이다.

우리나라 역사에도 고려 시대 '포도주'에 관한 언급이 있는데, 《고려사高麗史》에 따르면 충렬왕忠烈王 11년(1285년) 8월에 "원나라 황제가 왕에게 포도주를 선물로 보내주었다"고 기록돼 있다. 이후 충렬왕 28년, 34년 쭉 포도주를 선물했다는 기록이 나온다. 즉, 고려 충렬왕은 장인인 원나라 쿠빌라이가 보낸 포도주를 맛본 것이다. 이는 당시 포도주를 선물로 보낼 만큼 원나라에서는 포도주가 보편적이었음을 말해준다.


### 서양의 술—명나라·청나라

몽골제국의 멸망은 어쩌면 그 어떤 왕조의 멸망보다 허무하다. 원나라는 결국 건국 100년 만에 무너졌기 때문이다. 이는 어찌 보면 예견된 사건이었다. 강력한 군사력으로 세워진 정복 국가였지만, 문화적으로 발달한 중국이나 이슬람 영토들을 체계적으로 통치할 체제를 갖추지 못한 탓이었다. 게다가 몽골 유목민 고유의 군장 계승 방식을 그대로 따랐기에, 분열된 지배자들끼리 영토 다툼이 불거졌으며 국가 재정은 점차 고갈됐고 궁지에 몰린 농민은 각지에서 반란을 일으켰다. 몽골족이 지배층이었다 할지라도 한족에 비하면 비교할 수 없이 소수였기 때문에 인구가 많은 민족의 반란을 당할 수 없었다.

원 말기 홍건적의 난이 일어나면서, 봉기군 가운데 한 명이었던 주원장朱元璋이 "오랑캐를 쫓아내고 중화를 회복한다"는 기치를 걸어 새로운 한족 왕조 명明나라를 세웠다. 명 태조 주원장은 수백 년 동안 북방 민족이 지배했던 사회문화적 분위기를 완전히 없애기 위해 유교 가르침을 장려했다. 과거제를 실시하고 북방 민족 특유의 문화였던 '호복변발'을 금지하는 등 황제 중심 체제를 갖추었다.

포도주는 한족의 문화가 아니라 서역의 문화였던 바, 원나라 때 발전을 이루었던 포도주는 명대에 이르러 큰 빛을 발하지 못했다. 원 대에 있었던 포도주 자연발효 양조법에 대한 기록 역시 명 대에는 찾아보기 어렵다. 다만 명나라 때의 본초학자 이시진李時珍이 집필한 약학서 《본초강목本草綱目》에 포도주를 만드는 방법에 관한 내용이 있다. 《본초강목》은 총계 1892종의 약재에 대한 설명과 쓰임을 정리한 책으로, 이시진 혼자의 힘으로 30년에 걸쳐 집대성했다.

《본초강목》에 이시진은 포도주를 양조하는 데 두 가지 방법이 있다고 적었다. 하나는 누룩을 넣고 빚는 방법이고, 또 하나는 증류를 하는 방법이라고 했다. 한나라, 위나라, 당나라 때 포도주는 누룩을 넣고 빚은 뒤 증기로 쪄서 그 수증기를 그릇에 받는 방식으로 만든 것으로 서역에서 전해진 방법이라고 기록했다. 하지만 이는 이시진이 자연발효 방식으로 포도주를 만드는 방법을 정확히 몰랐기 때문에 잘못된 정보를 적은 것이라 추측된다. 포도주 양조법의 핵심인 자연발효가 빠져 있지만, 이시진은 포도주에 관한 설명 말미에 원나라의 궁정 요리책 《음선정요飮膳正要》를 인용하며 "술에는 여러 등급이 있는데, 합라화哈喇火에서 만든 것이 으뜸이며, 서번西番에서 나오는 것이 그다음이고, 평양平阳과 태원太原의 것이 그다음이라. 어떤 사람이 말하는 바, 포도를 오래 쌓아 두면 즙이 저절로 생기며 그것이 술이 되니, 향내가 꽃 같고 맛이 달콤하지만 강한데, 이를 진정한 포도주라 한다"라며 자연발효법에 관해 짧게 언급했다.

합라화는 현재 투르판 지역을 말하며 화주와 같은 별칭이다. 서번은 티베트 지역, 평양은 현재 산시성의 린펀臨汾을 의미하며, 태원도 산시성에 위치한 타이위엔으로 원나라 때 마르코 폴로가 광활한 포도밭이 있다고 언급한 지역이다. 하지만 이 또한 원나라 때의 기록을 이시진이 인용한 것에 불과하다.

명나라는 그 유명한 '정화의 원정'이 있었던 강대국이었다. 명나라 초기 무장 정화는 유럽보다 100년은 훨씬 더 이전에, 100년 뒤 유럽의 선박 기술과는 비교도 되지 않을 만큼 발달한 62척의 함대를 이끌고 1405년부터 1433년까지 세계 각지를 원정했다. 당시 황제 영락제永樂帝가 지시한 것이기는 했지만, 아직까지도 정확히 그 원정의 동기가 무엇인지는 의견이 분분하다.

반면, '돈'을 찾아 떠났던 유럽은 항해의 목적이 뚜렷했다. 그 목적하에 신대륙 원주민을 학살했고, 세계 각지의 진귀한 물건과 노예를 약탈했으며, 불공평한 조약을 맺고 식민지 침탈을 일삼았다. 하지만 정화의 함대는 그러지 않았다. 꽤나 점잖게 외교 활동을 펼치다 다시 중국으로 돌아갔는데, 이에 관해 여러 의견이 있다. 첫째, 영락제 본인이 죽었다고 생각한 조카 건문제建文帝가 어디선가 복수를 도모하고 있다는 이야기를 듣고 그를 찾아오라는 수색이었다는 설이 있다. 둘째, 단순히 세계에 나가 명나라의 거대함을 보여주라는 형식적 시찰이었다는 의견이다. 목적이 무엇이었던지 간에, 정화의 함대는 1424년 영락제가 사망하자 국력 낭비일 뿐이라는 명목으로 불살라졌다.

영락제 이후 즉위한 홍희제洪熙帝는 외국과의 접촉을 최소화하고 항구 개방을 허가하지 않는 쇄국정책을 폈다. 명나라는 충분히 세계를 정복하고 항해할 만한 기술과 능력이 있었음에도 그것을 적극적으로 활용하지 않은 셈이다. 중국 역사상 포도주는 이제, 단순히 '서역과의 교류가 얼마나 원활했는지'를 넘어서, '외국 문물에 얼마나 개방적이고 우호적이었는지'에 따라 달라지기 시작했다. 중화주의에 갇혀 있지 않은 시대에 포도주도 함께 발전했으며, 그렇지 못한 시기에는 비교적 번영하지 못했다.

세계 모든 왕조와 권력이 그러했듯 명나라도 멸망했다. 무능력한 황제와 부패한 환관의 탓이 컸다. 명나라 마지막 왕이었던 숭정제崇禎帝가 즉위했을 때 이미 명나라 왕실과 관료는 썩을 대로 썩어 있었다. 만리장성 재건 비용 탓에 국가 재정도 파탄 난 상태였다. 거기에 누르하치가 건국한 후금後金과의 오랜 전쟁으로 인한 조세 부담과 8년 동안의 지독한 가뭄과 기근으로 농민들의 생활은 한계에 도달했다. 농민 반란은 사실상 막을 수 없을 지경에 이르렀다. 농민들이 들불처럼 일어나자 관료와 군인까지 반란에 합세했다. 이자성李自成이란 인물이 반란군 대장에 올라 농민 봉기를 지휘해, 1644년 3월 농민반란군을 이끌고 명나라 수도 북경을 점령했다. 자금성마저 함락되자 명나라 마지막 황제 숭정제는 나무에 목매 자살하고 마는데, 그해 5월 북쪽에서 힘을 쌓았던 후금

청淸나라가 쳐들어와 이자성을 물리치고 중국 지배에 성공한다. 중국에 다시 정복 왕조가 들어선 것이다.

포도주에 관해 보다 선명하고 공식적인 역사적 사실은 청나라 4대 황제 강희제康熙帝 때에 등장한다. 강희제는 8세라는 어린 나이에 황제로 즉위해 69세까지 60여 년간 청나라를 다스린 인물로, 현재까지 천고일제千古一帝, 즉 1000년에 한 번 나옴직한 제왕이란 칭송을 받는 역사적인 군주이다.

강희제는 머리가 비상하고 똑똑하며 학구열이 높아 책을 읽다 피를 토할 만큼 공부벌레였다고 한다. 강희제는 놀랍게도 중국의 학문은 물론 서양의 수학과 천문학 등을 두루 익혔다. '실용적'이란 이유 때문이었다. 실제로 러시아와 맺었던 중국 사상 최초의 국제조약인 네르친스크 조약을 보면 당시 강희제가 얼마나 깨어 있는 사람이었는지 알 수 있다. 중화사상에서 벗어나 하나의 국가 대 국가로 실리적인 협약을 맺었기 때문이다. 강희제는 중국 학자들뿐만 아니라 서양 선교사들도 가까이 두어 어느 한곳에 치우침 없이 중용을 지키며 학문을 탐구했다고 알려진다.

강희제의 출신 자체가 만주족 아버지와 한족 어머니, 몽골인 할머니 등 다문화적인 배경을 가졌기 때문에 새로운 문화를 받아들이는 데 유연했다는 평도 있다. 강희제가 와인을 만나게 된 계기도 서양 선교사를 통해서였다. 강희제는 상당한 완벽주의자였다고 하는데, 완벽에 가깝게 나라를 다스리고자 하다 보니 몸이 쇠약해졌고, 건강을 유지하기 위한 방편으로 프랑스 선교사 루이 르콩트Louis Lecomte에게 하루 한 잔 레드 와인을 마실 것을 추천받았다고 한다. 처음 의구심을 가졌던 강희제는 한 잔씩 포도주를 마시다 이내 즐기게 됐고, 중국 내 포도 농사에도 큰 관심을 갖게 됐다. 프랑스에서 직접 수입해 온 와인을 마셨다고 하는데, 강희제가 마셨던 포도주는 프랑스 보르도 와인이었을 가능성이 높다. 루이 르콩트가 보르도의 부유한 집안 출신이기 때문이다.

한편 강희제와 이후 옹정제雍正帝, 건륭제乾隆帝가 다스린 130년 동안 청나라는 영토를 크게 확장했다. 요컨대, '강희·건륭시대'라 부르는데, 1662년부터 1795년경까지의 치세로 청나라의 최성기였다. 강희제는 러시아를 방어하고 티베트와 몽골을 영토로 끌어들였다. 옹정제와 건륭제 때는 대만과 신장新疆·시짱西藏(서장, 티베트) 지역을 손에 넣었고, 더불어 미얀마·베트남·네팔까지 무릎 꿇렸다. 고구마와 감자 같은 작물이 외국에서부터 들어오면서 인구가 빠르게 증가했고, 경제적·문화적으로 안정돼 넓은 영토를 바탕으로 세계에서 가장 부유한 나라가 됐다.


### 중국 최초의 와이너리—양무운동과 장위 와이너리

청의 태평성대도 영원하지 않았다. 18~19세기, 부유한 동양의 맛을 본 유럽은 계속해서 중국과 교역을 하고자 했다. 하지만 청나라는 유럽과 무역하는 데에 흥미가 없었다. 당시 유럽은 청나라에 팔 만한 수준의 물건이 없었기 때문이다. 그나마도 모직물과 면화였지만, 청나라 입장에서는 별로 필요한 품목이 아니었다. 아쉬운 쪽은 유럽이었다.

특히 청나라로부터 많은 양의 홍차와 비단, 도자기를 수입하던 영국은 계속되는 손실로 발을 동동 굴렀다. 청나라로 영국의

영국 상인들이 소유한 아편을 빼앗아 폐기하는 청나라 관리.

엄청난 양의 은이 흘러 들어갔기 때문이다. 유럽과의 교역이 필요하지 않았던 청나라는 무역을 제한했다. 영국은 계속해서 청나라에 개방적인 교역을 요구했다. 하지만 요구가 받아들여지지 않자, 영국은 '아편'을 생각해냈다. 아편은 양귀비꽃의 즙액을 굳힌, 일종의 마약이다. 처음에는 약용으로 사용되다가 점차 일반 백성의 손에 들어가면서 마약중독자를 양산했다.

영국이 청나라에 아편을 밀수출하기 시작한 때는 18세기 초기부터였다. 강희제, 옹정제, 건륭제 때는 아편 수입량이 통제되는 듯 보였지만, 19세기에 이르러서는 고삐 풀린 말처럼 걷잡을 수 없었다. 거리 곳곳에 아편에 중독된 이들이 늘어났다. 영국은 이를 이용해 아편 밀수량을 더욱 늘려 결국 청나라에 유입됐던 은을 모두 회수하고도 남을 만큼 이득을 보았다. 청나라는 계속해서 아편이 들어오는 것을 막고자 했지만 역부족이었다. 결국 광

1840년 청나라 말기 청과 영국이 맞붙었던 아편전쟁.

저우廣州에 들어온 영국 밀수입자들로부터 아편을 빼앗아 불태워 버렸다. 영국은 이를 빌미로 1840년 6월, 청나라를 공격했으니 이를 '아편전쟁'이라 부른다.

중국에 있어서 결코 잊을 수 없는 치욕스러운 시기가 막을 올렸다. 아편전쟁에서 패한 청나라는 1842년 8월에 청나라 입장에서 불평등한 협상인 '난징조약南京條約'을 맺어 홍콩을 영국에 할양하고, 청나라의 다섯 항구에서 영국이 자유롭게 무역 활동을 할 수 있게 했다. 1차 아편전쟁을 시작으로, 영국은 계속해서 핑계를 만들어 청나라를 쳐들어왔다. 청나라는 속수무책으로 당하며 1858년 러시아, 미국, 영국, 프랑스와 톈진조약天津條約을 맺었다. 1860년에는 영국과 프랑스 연합국에 의해 청나라 수도인 베이징을 점령당하고 베이징조약北京條約을 맺는 등 실질적으로 외세에 굴복당한다. 그토록 부강하던 청나라가 영국군에 순식간에 당한

데에는 여러 배경이 있다.

첫 번째는 최신식 무기의 부재였다. 비록 화약을 중국에서 발명했고 선박 기술 또한 중국이 훨씬 앞섰지만, 그 모든 기술을 가져가 엄청난 살상무기로 탈바꿈 시킨 것은 바로 유럽, 특히 영국이었다. 산업혁명과 시기가 맞물린, 아편전쟁 당시는 유럽이 가장 활발히 항해하고 식민지를 정복하며 전투력을 불태우던 때였다. 반면, 청나라는 주변국가 정복을 끝내고 더 이상의 위협이 없다고 판단해 전쟁을 그만둔 지 오래된 상황이었다. 이 때문에 갑작스럽게 들이닥친 영국군에 써볼 힘조차 없었다.

두 번째로, 청나라는 안에서부터 썩어가고 있었다. 건륭제 말부터 탐관오리 화신和珅을 필두로 거의 모든 관리의 부정부패가 만연했다. 부족한 국고를 메우기 위해 과도한 세금을 매겼고, 백성의 생활은 나날이 힘들어져 민심이 매우 흉흉했다.

세 번째로, 그사이에 영국에서 들어온 아편이 청나라가 스스로 자멸하게끔 했다. 고통받던 백성이 아편에 하나둘 중독되며 손쓸 수 없을 상황에 이르렀다. 하지만 놀랍게도 아편에 빠진 이는 비단 백성만이 아니었다. 아편은 각 지방의 관리와 군인, 심지어 황실에까지 흘러 들어갔다. 1830년대 무렵 아편 중독자는 최소 300만 명 이상이었다고 한다. 이렇다 보니 청나라가 정신을 차리고 서양 국가들에 체계적으로 대항하기란 결코 쉬운 일이 아니었다.

1840~1842년에 일어난 1차 아편전쟁과 1856~1860년 2차 아편전쟁, 그리고 잇따른 서구와의 불평등한 조약으로 인해, 청나라는 서양인을 중심으로 새롭게 개편돼갔다. 특히 항구의 중심지가 광저우에서 상하이上海로 옮겨갔다. 상하이는 서양인과 서양

수입품으로 가득 찬 도시가 됐다. 그 가운데 와인은 단연 인기품이었다. 청나라 말기 상하이 상무인서관商務印書館 관장을 역임한 서가徐珂의 《청패류초淸稗類抄》에는 이렇게 기록돼 있다.

포도주는 포도즙으로 만든 것으로 외국 수입량이 많고 그 종류가 다양하게 존재한다. 포도 껍질을 벗기지 않고 포도주를 만들면 붉은색이라 적포도주라 부르며, 위장장애를 완화시키는 데 효능이 있다. 포도 껍질을 벗기고 포도주를 만들면 빛깔이 흰색이거나 다소 누런색을 띠는데, 이를 백포도주라 부르며, 이는 장의 움직임을 도와준다. 또 하나의 독특한 포도 종이 있는데, 바로 스페인西班에서 나오는 것으로 당糖이 아주 높은데, 포도주를 만들면 색이 없이 투명하고 맑으며, 이를 단甛포도주라 부른다. 이 달콤한 포도주는 아픈 사람이 마시기에 가장 좋으며, 빠르게 정신이 들고 회복할 수 있게 도와준다.

요컨대, '단포도주'는 스위트 와인을 의미하는 것으로 스페인 품종인 (말린) 모스카텔Moscatel로 빚은 와인을 가리키는 것이리라 추측된다.

1850년대 청나라는 안과 밖으로 혼돈을 겪었다. 서양의 국가들은 계속해서 청나라를 압박해왔고, 내부적으로는 태평천국운동太平天國運動이 일어나 정부는 이를 진압하느라 애를 썼다. 청나라의 9대 왕 함풍제咸豊帝는 이런 혼란스러운 와중에 황제로서 리더십을 보여주지 못했다. 이때 함풍제의 아우인 공친왕恭親王이 상황을 수습한다. 함풍제 사후, 6세의 나이로 동치제同治帝가 왕위에 오르자, 함풍제 세력을 몰아내고 공친왕과 서태후西太后가 권력을 잡는다.

서태후는 동치제의 친어머니로 함풍제의 후궁이었는데, 동치제 이후 권력을 잡는 데 성공해 이후 무려 47년을 수렴청정한다. 아무튼 공친왕은 대내적으로는 태평천국운동을 진압하고, 대외적으로는 서양 열강들과 화친을 꾀했다. 공친왕이 원했던 것은 서양의 문물을 받아들여 청나라를 개혁하고 부국강병을 이루는 것이었다. 이런 일련의 정치 노선을 '양무운동洋務運動'이라고 한다. 양무운동의 핵심은 서양의 무기 기술을 받아들여 청나라 자체적으로 신식 무기를 만들고, 서양식 군대 기술을 수용해 군사력을 기르는 것이었다. 그 밖에도 근대 공장을 설립하고 유학생을 파견하며 서양식 교육 시설을 세우는 등 서양 문물을 바탕으로 청나라의 회복과 개혁에 초점을 두었다. 이런 분위기 속에서 만들어진 것이 중국 최초의 와이너리인 장위양주공사張裕釀酒公司 (현재의 장위 와이너리)다.

장위 와이너리는 1892년 동남아시아 화교인 장비스張弼士라는 인물에 의해 시작됐다. 그는 1840년 중국 광둥성에서 태어났다. 찢어지게 가난했던 그는 돈을 벌기 위해 1858년경에 인도네시아 자카르타로 넘어가 숱한 허드렛일을 했다. 차곡차곡 돈을 모은 그는 사업과 투자를 시작했고, 크게 성공해 몇 년 뒤에는 동남아시아에서 손꼽히게 성공한 사업가로 자리 잡았다. 차, 커피 같은 음료 기반으로 무역업을 하던 사업은 점차 커져 장비스는 은행을 개설했고, 광산 및 부동산 개발에 뛰어들었다.

그러던 1871년 그는 인도네시아 자카르타에서 개최한 프랑스 영사관 파티에 참석해 프랑스산 와인을 마셔보고 충격에 가까운 깊은 인상을 받는다. 그때 프랑스 영사 한 명이 놀라운 이야기를 꺼냈다. 바로 중국 산둥성 옌타이 지방 포도라면 이런 수준의 와인을 충분히 만들 수 있을 것이란 말이었다. 알고 보니 그 프랑스 영사는 제2차 아편전쟁 때 영국·프랑스 연합군 부대원으로 참전했고, 당시 부대원들이 옌타이 지방에 주둔하면서 주변 산속 지천에 가득하던 야생 포도를 수집해와 먹었는데 그 맛이 무척 좋았다는 것이다. 그러면서 부대원들은 옌타이에서라면 와인 메이커로 제2의 삶을 살 수도 있을 것 같다고, 어떤 이들은 옌타이 지방만은 프랑스가 가졌으면 좋겠다고 저마다 농담을 했다는 이야기를 늘어놓았다.

이 말을 가슴에 담아둔 장비스에게 기회가 찾아왔다. 1891년 한참 양무운동이 진행 중이던 청나라에서 옌타이에 철로를 개설하고 광산을 개발하기 위해 장비스를 초대한 것이다. 20년 전 프랑스 영사의 말을 떠올린 장비스는 옌타이 지방의 기후와 토양을 구석구석 조사했다. 과연 옌타이가 정말 포도 재배와 와인 생산에 적합한 지역이었다. 뒤에는 산이 병풍처럼 펼쳐져 있고, 앞에는 바다가 가까워 겨울에 많이 춥지 않고, 여름도 선선하면서 온화했다. 드디어 장비스는 중국 최초로 현대식 와이너리를 세우기에 이르렀다.

그는 엄청난 돈을 투자해 유럽에서 포도 묘목을 들여오고 외국 유명 와인 메이커들을 초빙했다. 처음엔 독일에서 40만 그루의 포도 묘목을 수입했지만, 배가 인도양을 지날 때 모두 죽어버려 프랑스와 이탈리아에서 50만 그루의 포도 묘목을 다시 수입했다고 한다. 다행히 포도나무가 자리를 잡고 포도가 잘 익어갔다. 비

중국 장위 와이너리 와인 저장고의 모습.

로소 장위 와이너리에서도 화이트 와인과 레드 와인 브랜드를 생산할 수 있었다. 세계에 내놓아도 부끄럽지 않을 훌륭한 품질의 중국 와인을 만들자는 것이 그의 목표였다.

장비스는 당시 손에 꼽히는 부자이기도 했지만, 깊은 애국자이기도 했다. 당시 양무운동과 장비스가 추구하는 방향이 맞아떨어지자, 양무운동을 주도한 인물들은 기꺼이 장비스를 도와주며 가깝게 지냈다. 요컨대, 양무운동의 핵심 인물이었던 이홍장李鴻章이 서명을 해 장위에 영업허가증을 내주었고, 청나라 말기 대표적 관료자본가였던 성쉬안화이盛宣懷도 초창기 장위 와이너리 정착에 물심양면 도움을 주었다. 서태후는 애국적인 실업가에게 주는 선물이라며 은화 300만 냥이라는 큰돈을 하사했다.

장위 와이너리의 시작은 일종의 애국과 부국강병을 위한 것이었다. 서양 문물을 받아들여 청나라를 지키고 바로 세우자는 분위기 속에서 중국 최초의 와이너리가 세워졌기 때문이다. 장위 와이너리는 1915년 미국 샌프란시스코에서 개최된 파나마 태평양 박람회에 와인과 브랜디를 출품해 4개 부문에서 최고상을 수상하는 쾌거를 이루었다. 1949년 중화인민공화국이 선포되며 국유화됐다가, 1990년대 다시 민영화됐다. 현재까지 중국 와인 시장 1위를 차지하고 있는 전통의 와이너리이다.

### 덩샤오핑의 개혁개방과 중국의 와인, 그리고 현재

무너져가는 청나라에서 양무운동은 청나라의 작은 희망이었다. 하지만 휘몰아치는 국제 정세는 청나라를 그리 조용히 놔두지 않았다. 오랜 역사 속에서 언제나 변방의 오랑캐 취급을 받던 일본이 메이지유신明治維新을 통해 급격한 근대화에 성공하더니, 조선과 청나라를 쳐들어온 것이다. 당시로선 상상도 할 수 없는 일이었다.

마침내 '청일전쟁淸日戰爭'이 발발했고, 청나라는 패하고 말았다. 청일전쟁을 계기로 일본은 강대국으로 성장했고, 조선은 일제 식민 치하에 접어들었다. 청일전쟁에서 패한 뒤 일본 메이지유신을 모델로 해 보다 근본적으로 청나라를 개혁하자는 변법자강운동變法自彊運動이 일어났다. 그러나 서태후를 중심으로 한 보수 세력의 반대로 이 개혁은 103일 만에 실패한다. 이후 의화단운동義和團運動이 일어났는데, 청나라에서 서양 세력을 몰아내자는 일종의 민중 봉기였다. 이로 인해 많은 기독교인이 살해당하고, 교회 등 서양 건물이 불탔으며, 철도와 전신 시설 등이 파괴됐다. 이를 계기로

1900년 영국, 프랑스, 러시아, 미국, 일본, 오스트리아, 이탈리아, 독일 8개국 연합군이 북경으로 진격해 들어왔고 자금성을 점령하기에 이른다. 연합군은 북경을 파괴하고 청나라의 것들을 무자비하게 약탈했다. 이로서 청나라는 더 이상 국권이 없는 반식민 상태로 전락하고 말았다.

쑨원孫文을 필두로, 청나라를 멸망시키고 새로운 민주 공화국을 건설하며 외세를 몰아내자는 혁명이 일어났다. 1912년, 청나라 마지막 황제 선통제宣統帝(푸이溥儀)가 퇴위당하고, 공화제를 근간으로 한 중화민국中華民國이 들어섰다. 하지만 청나라 왕실을 무너뜨리는 데 결정적인 역할을 했던 위안스카이袁世凱의 배신과 무리한 황제 선언으로 다시 중국은 뿌리부터 송두리째 뒤집혔다. 1916년 갑작스런 위안스카이의 급사로 중국은 다시 혼란에 빠져든다. 쑨원 또한 계속해서 혁명을 준비했지만 1925년 운명을 달리했다.

중국은 국민당과 공산당으로 분열해 내전이 발발한다. 1차 내전이 1927~1936년, 2차 내전이 1946~1949년까지 일어났다. 중국 나름대로 외세를 몰아내기 위해 1차, 2차 국민당과 공산당의 합작도 있었지만 계속 전쟁으로 이어졌다. 결과적으로 마오쩌둥毛澤東이 이끄는 공산당이 장제스蔣介石가 이끄는 국민당과의 전쟁에서 이기고, 1949년 중화인민공화국中華人民共和國을 선포한다. 마오쩌둥과 공산당이 정권을 잡았지만 중국은 사회주의에 적응하는 기간이 필요했다. 1950년대 말에서 1960년대 초까지 추진한 경제의 고도성장정책 대약진운동과 1966~1976년 문화대혁명 등 중국은 급격한 변화를 겪는다.

마오쩌둥 시기에도 농업 부흥 과정에서 포도 토착품종에 관한 연구와 더불어 주로 소련과 동구권에서 들여온 포도를 정착시키려는 노력이 있었다. 하지만 중국에 와이너리가 본격적으로 세워지고, 토착 품종이 적극적으로 연구되며, 주요 유럽 포도 품종이 활발하게 수입된 때는 1980년대다. 덩샤오핑鄧小平의 개혁개방 정책 때였다. 이 시기 중국은 적극적으로 서양과 일본의 선진 기술을 배웠다. 제한적이었지만 외국인 투자를 받아들이며 도시를 개방했다.

외국의 자본이 유입돼 조인트 벤처 방식으로 중국 내 와이너리를 설립하기 시작한 때도 덩샤오핑의 개혁개방 시기였다. 1980년 프랑스 주류 회사 레미 마르탱Rémy Martin과 톈진시포도원天津市葡萄園의 합작으로 다이너스티Dynasty Fine Wines Group Limited 와이너리를 톈진시에 건립했다. 현재에도 상당히 영향력 있는 와인 브랜드로 자리 잡고 있다. 산둥성 칭다오의 칭다오 화동 와이너리 또한 영국 회사와의 조인트 벤처로 1985년 설립돼 지금까지 운영 중에 있다. 국제 주류회사 페르노리카도 1987년 드래건 실Dragon Seal 와이너리와 손잡고 중국으로 들어왔다. 현재 페르노리카는 닝샤에 헬란 마운틴Helan Mountain, 賀蘭山 와이너리를 운영하고 있다. 도멘 프랑코 시누아Domaine Franco Chinois 또한 1998년 허베이에 설립됐다. 당시 중국 정부와 프랑스 정부의 일종의 합작회사 형태로 세워졌다.

중국 최초의 와이너리인 장위도 유수의 해외 와이너리와 합작해 와인 생산의 다양성과 전문성을 높였다. 예컨대, 세계적인 주류회사 카스텔Group Castel과 2001년 합작해 '샤토 장위 카스텔Château Changyu-Castel'이라는 이름으로 와인을 생산하고 있다. 2006년에는 캐나다의 오로라Aurora 주류회사에서 포도 품종과 기술을 받아와 골든 아이스와인 밸리Golden Icewine Valley라는 이름의 와이너리를 중국 랴오닝성遼寧省에 열었다. 2013년부터는 오스트리아의 유명한 와인 양조 컨설턴트가 직접 컨설팅한 와인을 샤토 장위 모저 XVChâteau Changyu Moser XV라는 이름으로 생산한다.

이처럼 중국은 1980년 이후부터 계속해서 국제 와인 시장에서 큰 주목을 받기 시작했다. 2008년에는 프랑스 도멘 바롱 드 로칠드Domaines Barons de Rothschild가 중국중신그룹유한회사(중신은행中信銀行)와 함께 산둥성 펑라이蓬萊에 포도밭을 개간하고 와이너리를 설립했다. LVMH 그룹은 2013년에 닝샤에 도멘 샹동 차이나Domaine Chandon China를 중국 내 농업 회사와 합작해 설립했다. 그 야말로 중국에서 와인 생산의 잠재력을 보았기 때문에 내린 결정이었다. 현재 중국은 각종 세계 와인 대회에서 입상하면서 그 입지를 넓히고 있다.

중국의 대표 와이너리로는 중국 최초의 와이너리이자 역사가 가장 오래된 장위Changyu 와이너리를 포함해, 그레이트 월Great Wall, 실버 하이츠Silver Heights, 제이드 밸리Jade Valley, 그레이스 빈야드Grace Vineyard, 헬란 마운틴Helan Moutain, 드래건 실Dragon Seal, 샤토 롱지Château Rongzi, 카난Kanaan 와이너리 등이 있다.

# 일본 와인의 역사와 현재

    그렇다면 옆 나라 일본은 어떨까? 일본은 예나 지금이나 혼슈 本州 야마나시현山梨県이 포도와 포도주로 가장 유명하다. 특히 야 마나시현에서도 카츠누마勝沼 지역이 유서가 깊다.

    상업적인 포도주를 만들기 위한 첫 시도는 19세기 후반 메이 지 시대 때 이루어졌다. 처음에는 사케나 간장을 만드는 방식으 로 와인을 만들었다. 1877년 두 명의 일본 젊은이가 프랑스 보르 도에 가 제대로 된 포도주 양조 기법을 배워오면서 프랑스식 포 도주를 만들기 시작했다. 하지만 1884년 필록세라가 유럽 포도 종과 함께 일본으로 들어오면서 포도밭이 크게 망가졌다. 그사이 값싼 수입 포도주에 설탕 등을 섞은 포도주가 인기를 끌었고, 계 속 전쟁이 발발하면서 정통 포도주를 만들려던 시도는 크게 실패했다.

이후 1949년, 다시 야마나시현에 샤토 메르시앙Château Mercian
이라는 와이너리가 세워졌다. 앞서 1877년 두 명의 일본 젊은이
가 배워온 유럽의 포도주 양조 기법을 그대로 물려받은 회사라고
알려졌다. 샤토 메르시앙은 개인을 대상으로 와인을 판매하지 않
고 당시 종전 이후 생겨나던 호텔이나 고급 레스토랑에 와인을
납품하기 시작했다.

1964년 도쿄 올림픽과 1970년 오사카 세계박람회 등을 통해
일본에 상당히 많은 외국인이 유입되면서, 일본 또한 서양식 음
식이나 와인 등에 눈을 뜬 계기가 된다. 하지만 1995년 이전까지,
일본에서 와인은 요컨대 아주 고급 문화였고 대중들에게는 잘 알
려지지 않은 술이었다. 그러던 가운데 1995년 다사키 신야田崎 真
也라는 일본인 소믈리에가 혜성처럼 나타난다. 그는 1995년 아시
아인으로는 최초로 제8회 국제 소믈리에 대회에서 우승을 차지했
다. '사건'이었다.

당시 소믈리에 대회에서는 우승은커녕 입상을 유럽인이 독차
지했다. 그런 상황에서 일본인의 첫 우승은 일본에 와인 붐을 불
러일으킨다. 애국심과 함께 "대체 와인이 뭔데?"하는 호기심
을 불러일으킨 것이다. 이듬해, 《소믈리에Sommelier》라는 만화가
발간되며 큰 인기를 얻고, 1998년 드라마화되며 TV 시리즈까
지 히트를 치면서 와인은 일본에서 폭발적인 인기를 얻었다. 한
국에 와인 붐을 불러일으킨 《신의 물방울》 이전에 일본에서는
1998~1999년경 이미 한 차례의 와인 붐이 일었던 것이다.

와인의 대중적인 인기와 함께 일본의 로컬 와인도 함께 성장하

기는 했지만 더 큰 수혜자는 바로 수입 와인이었다. 특히 프랑스 와인이 일본에서 큰 인기를 끌며 수입량이 급증했다. 일본은 한·중·일 가운데 가장 먼저 경제 발전을 이루었고 가장 먼저 와인 붐이 일었다. 이런 까닭에 지금까지도 아시아 시장에서 가장 안정되고 성숙한 와인 시장을 형성하고 있다. 다만, 지금은 성장 속도가 아주 더딘 편이다. 이에 비해 중국과 한국은 시장이 급격히 성장하고 있다.

일본의 주요 와인 생산 지역은 앞서 언급한 야마나시를 포함해, 나가노長野, 야마가타山形, 홋카이도北海道 등이 있다. 특히 야마나시에서는 일본 와인의 30퍼센트가량을 생산하고 있으며, 60여 개의 와이너리가 위치하고 있다. 야마나시의 카츠누마 지역은 강수량이 적고, 배수가 좋으며, 바람이 잘 불어 야마나시 내에서도 품질이 가장 높은 포도를 생산한다.

일본에는 고슈甲州라고 하는 대표적인 포도 품종이 있는데, 약 800~1200년 전 실크로드와 중국을 통해 일본으로 건너왔다. 고슈 품종으로는 주로 화이트 와인과 오렌지 빛깔의 와인을 생산하는데, 이 품종이 카츠누마 지역 포도밭의 90퍼센트 이상을 차지한다.

머스캣 베일리 A Muscat Bailey A는 적포도 품종으로 일본에서 머스캣 Muscat Hamburg과 베일리 Bailey 품종을 교배해 만들었다. 산미가 좋고, 산딸기 같은 붉은 계열 과실 향이 나는데, 한국에서도 와인 양조용으로 많이 쓰이고 있다. 사실 일본 와인이 제법 국제적인 명성을 가진 데에는 로컬 포도 품종의 매력도 있지만, 국제 포도 품종으로 꽤나 맛있는 와인을 생산하기 때문이다. 유럽 포도 종

일본의 대표 포도 품종 고슈.

인 메를로, 카베르네 소비뇽, 샤르도네는 일본에 잘 안착해 상당히 성공적인 와인을 생산한다.

중국 또한 점차 국제 품종으로 안정적인 품질의 와인을 생산하는 추세인데 반해, 한국은 여러 기후적 요건 탓에 국제 품종이 안착하지 못한 상황이다. 일본의 와인 생산 시장은 대기업 주류 회사들이 선도하는 모양새다. 샤토 메르시앙은 현재 기린Kirin 그룹의 자회사이고, 산토리Suntory와 삿포로Sapporo도 큰 규모의 와이너리를 운영하며 와인을 생산한다. 이는 일본의 와인 생산이 지속될 수 있는 비결이기도 하다. 물론, 여러 작은 와이너리 또한 각자 특색 있는 와인을 생산하고 있다.

하지만 일본에도 여러 한계점이 있다. 먼저 생산에 있어서, 생산 비용이 높기 때문에 수입 와인과의 경쟁에서 우위를 차지하기 힘들다. 이 때문에 현재 내수 시장에서도 해외 시장에서도 애매한 포지션을 보인다. 또한 계속해서 경제 침체와 고령화 등 사회적 이슈를 껴안고 있다. 요컨대, 중국이나 한국, 동남아 지역은 젊은 세대가 와인의 중요 소비자로 떠오르는 반면, 일본은 젊은 세대의 와인 소비가 급격히 감소하는 추세다. 게다가 1990년대에는 오히려 와인이 대중적으로 소비됐지만, 최근에는 고급 레스토랑과 와인바 위주로 소비가 이루어지며 소비층이 작아지는 것도 특징이다. 일본 와인이 해외 시장에서 경쟁력을 갖기엔 생산지 표시Geographical Indiciation 등에 관한 제도가 체계적이지 않고, 로컬 품종에 대한 홍보나 국제 품종 와인의 품질 또한 다소 부족하다는 약점도 있다.

일본은 대기업 주류 회사들의 와인 생산과 소규모 와이너리들의 와인 생산 모두를 장려할 수 있는 이원화된 정책이 필요하다. 그러나 여러모로 새로운 동력이 다소 부족한 것이 일본 와인 시장의 아쉬운 점이라고 볼 수 있다.

# 한국 와인의 역사

　현재 한국은 불과 10년 전만 해도 상상도 못 했을 만큼 다방면에서 전 세계적으로 이름과 명성을 날리며 성장하고 있다. 와인 시장에 있어서도 마찬가지다. 비록 와인 생산과 소비의 양이 중국만큼은 아니지만, 한국은 최근 아시아에서 가장 생동감 있고 매력적인 와인 시장이라고 평가받는다. 과거 안정적인 와인 생산과 소비를 보였던 일본은 현재 성장이 많이 침체된 상태다.

　한국에서 생산하는 와인은 품질이 향상되고 있고, 한국 사람들은 날이 갈수록 미식가로서의 면모를 갈고닦고 있다. 특히 2019~2022년 사이 폭발적으로 늘어난 와인 및 다양한 주류에 관한 관심과 열정은 가히 놀라울 정도다. 체감상으로는 아시아의 와인 허브인 홍콩보다 훨씬 열정적이라는 생각이 들 정도다.

한반도에 자생하는 산머루. 포도과에 속한다.

이러한 맥락 속에서 한반도 포도주의 역사를 살펴보자. 과거 우리나라에도 '포도주'라 일컫는 술이 존재했다.

고려가요高麗歌謠 〈청산별곡靑山別曲〉에는 "머루랑 다래랑 먹고 청산에 살으리랏다"라고 나올 만큼 친숙한 산과일, 머루가 나온 다. 이 때문에 양조에 주로 산머루를 사용했을 것이라 추측되지 만, 이미 고려 시대에는 산머루 외에도 여러 종류의 포도가 재배 되고 있었다.

조선 시대에는 당 태종이 고창국에서 얻었다던 마유포도를 재 배했다는 기록이 《조선왕조실록朝鮮王朝實錄》을 포함한 여러 서적 에 기록돼 있다. 예컨대, 연산군은 마유포도를 승정원에 내리면 서 '이것의 맛을 보고 시를 지어 바치라'고 했다고 한다. 또한 청 포도를 수정포도水晶葡萄라 일컫기도 했다.

기록에 따르면, 고려 후기부터 한반도에서도 포도주를 빚었다.

고려 후기 문인 안축安軸이 쓴《근재집謹齋集》에는 "화주의 한 은자가 포도주를 권하다葡萄酒和州隱者持以勸余"라는 시가 있다. 고려 후기 이색李穡의《목은고牧隱藁》에도 "포도로 만든 술"이 수차례 등장하며 여러 종류의 포도가 언급된다. 조선 시대《동의보감東醫寶鑑》,《의림촬요醫林撮要》,《수운잡방需雲雜方》,《산림경제山林經濟》,《임원경제지林園經濟志》,《양주방釀酒方》등 많은 서적에 포도주를 만드는 법이 기록돼 있다. 그런데 모두 찹쌀과 누룩을 사용해 곡주를 만드는 방식에 포도즙이나 포도 가루를 첨가하는 방식이었다. 포도즙의 자연발효를 통한 서구 방식 포도주가 아니었다. 이를테면 포도즙이 첨가된 곡주라고 보는 편이 맞겠다.

서양식 포도주를 접한 사례들도 있으나, 대개 외국에서 들어온 선물이거나 외국을 방문했을 때의 일이다. 대표적인 예가, 앞서 언급한 것처럼 고려 충렬왕 11년, 28년, 34년에 원나라 황제 쿠빌라이가 사위인 충렬왕에게 포도주를 선물로 보내주었다는 기록이다.

조선 중기 문신 김세렴金世濂이 통신부사로 일본에 다녀오면서 느낀 것을 기록한 기행문인《해사록海槎錄》에는 남만南蠻에서 수입해온 적포도주를 대마도에서 마셨다는 기록도 있다. 여기서 남만이란 동남아시아 지역을 뜻한다. 조선 중기 문신 최립崔岦의 문집《간이집簡易集》제7권《갑오행록甲午行錄》에는 광해군 때 중국에 방문해 "꿀과 포도로 담근 포도주"를 마시고 적은 시가 있다. 1653년 일본 나가사키長崎로 가던 도중 풍랑을 만나 제주도에 표류한《하멜 표류기》의 저자 헨드릭 하멜Hendrik Hamel은 제주 지방관에게 가지고 있던 포도주와 함께 은술잔, 망원경 등을 상납했다고 기록했다. 이갑李岬이 청나라에 다녀온 뒤 1778년 편찬한 견문록 《연행기사燕行記事》《견문잡기見聞雜記》에는, "서양의 포도주는 빛이 맑고 푸르며 맛이 왜주倭酒와 같은데 아름답다"고 적었다. 왜주란 일본의 술을 말하는데, "소나무 통에 술을 빚어서 땅속에 묻어두 었다가 3년 뒤에 꺼내기 때문에 맛이 매우 순하고 솔 냄새가 나며 향기롭고 맑은 것이 감하지 않다"고 덧붙였다.

이후 고종 3년인 1866년에 독일인 오페르트Ernst Jacob Oppert가 고종의 쇄국정책을 뚫고 레드 와인을 반입했다고 알려져 있다. 그 뒤 샴페인, 브랜디와 위스키 등 양주도 차례로 한반도에 들어 왔다.

서양 포도와 포도주가 본격적으로 들어온 때는 구한말로, 서양 선교사들과 함께였다. 미사용 포도주로 처음에는 유럽에서 가져 와 사용했다. 이후에는 인근 포도밭에서 포도를 재배하고 와인을 양조했다. 1901년 안성 천주교회 초대 신부였던 프랑스인 안토 니오 콩베르Antonio Combert 신부가 20여 개의 머스캣 포도 묘목을

한국산토리의 '산리포트와인', 파라다이스의 사과 와인 '파라다이스', 해태주조의 '노블와인'과 '해태 진', '해태 브랜디'.

성당 앞뜰에 심은 것이 최초라고 알려진다. 1906년, 1908년에 농상공부에서 원예 개량을 목적으로 뚝섬과 수원에 원예모범장을 설치해 여러 채소와 과일 등을 시험 재배해 개량했는데, 일본인들이 중심이 됐다. 이후 일제강점기에 일본의 주도로 포도농장이 만들어지고, 포도주 또한 양조됐다고 알려진다.

와인은 건강에도 좋은 술입니다.

OB가 만드는 순수 와인─마주앙

OB가 만든 순수와인 **마주앙**

1977년 출시한 OB의 '마주앙'. 대한민국술테마박물관.

　과실주가 본격적으로 양조된 때는 1970년대이다. 1969년 파라다이스(주)에서 사과로 '애플 와인'인 '파라다이스'를 생산해 큰 인기를 끌었다. 포도주는 1974년 해태주조(주)에서 처음 생산했다. 1968년 한국 농어촌개발공사와 일본 주류회사 산토리가 합작해 한국산토리를 만들고 포도주를 생산했다. 하지만 수요가 뒷받침되지 않아 1973년 해태로 매각된 것이 해태주조(주)의 시작이다. 처음으로 한국에서 '정통 와인'을 목표로 한 해태주조는 '노블 와인'이란 이름으로 적포도주와 백포도주를 선보인다. 포도주뿐만 아니라 브랜디, 위스키도 생산했으며, 1977년에는 스파클링 와인인 '참 샴펜'도 내놓았다. 잇달아 OB에서 '마주앙', 진로에서 '몽블르' 와인을 만들었다.

　사실 이는 박정희 정부의 과실주 장려 정책에서 시작됐다. 곡물이 부족하니 쌀로 만든 술보다 과일로 만든 술을 장려했던 것이다. 게다가 곡식은 비옥한 땅에서 자라는 반면, 포도는 척박한 땅에서 자라니 영토를 전략적으로 활용하기에도 좋았다. 당시 마주앙은 시장을 완전히 석권했고, 파라다이스㈜도 '올림피아' 와인을, 대선주조에서 스파클링 와인인 '그랑주아' 등을 생산했다. 바야흐로 국산 와인의 전성기였다.

그러나 1986년 아시안게임과 1988년 올림픽을 거치는 동안 한국 경제가 성장할 때 외국에서 계속 수입 자유화 압박을 가해, 1987년 와인 수입 자유화가 결정됐다. 1990년에 본격적으로 와인 수입량이 증가하면서 국산 와인은 사실상 무너진다. 당시 쟁쟁하던 국산 와인은 자취를 감추었고, 현재까지 한국 와인 시장의 대부분은 수입 와인으로 채워지고 있다.

1988년과 2017년 한국 와인 시장을 보면 수입 와인의 금액은 49배가량 커졌으며, 수입 중량은 24배 커졌다고 한다. 와인 수입화 이후 천천히 와인 소비량이 늘어가는 추세였지만, 1997년 외환위기를 기점으로 눈에 띄는 침체를 보였다. 이후 2004년 한국과 칠레 사이에 FTA가 체결되고, 2005년 일본 만화《신의 물방울》이 한국에서 인기를 끌면서, 한국 와인 시장은 다시 확연히 가파른 성장세를 보였다. 2008년 글로벌 금융위기 때 한풀 꺾였지만 대형 마트에서 본격적으로 와인을 취급하면서 비교적 싼 가격의 와인이 유통되자 계속해서 소비량은 성장세를 보이고 있다.

특히, 2019년 이후로 와인 소비량이 급격히 늘고 있다. 대형 유통 업체들은 2020년 전년 대비 40~60퍼센트의 와인 매출 신장을 달성한 데 이어, 2021년에도 비슷하거나 더 높은 수준의 와인 매출 신장을 보여, 앞다투어 와인 사업 영역을 적극적으로 확대해나갔다.

관세청에 따르면 2021년 와인 수입액은 2년 사이 116퍼센트로 폭발적으로 증가했다. 와인 매출 수입액이 역대 최고치를 기록한 것이다. 마트나 백화점, 편의점 같은 대형 유통 업체는 앞다투어 와인을 수입해 다양하게 선보이고 있다. 법적으로 와인의 온라인 유통이 합법화되지 않은 상황에서, 스마트오더와 같이 온라인에서 제품을 주문하고 원하는 곳에서 제품을 픽업하는 방식을 도입하는 등 새로운 유통 구조까지 만들어지고 있다. 여기에 젊은 층을 중심으로 내추럴 와인 붐까지 이어지면서 역대 가장 많은 와인숍과 와인바가 생기고 있으니, 실로 놀랍지 않을 수 없다.

이는 2000년대 중반 《신의 물방울》 이후 가장 폭발적인 상승세로 제2의 전성기라고 불릴 만하다. 여러 이유가 있겠지만 코로나19로 인해 '홈술족'이 늘어난 것도 원인으로 꼽힌다. 이뿐만 아니라, 이러한 변화는 한국의 경제성장과 더불어 변화하는 다양한 미식과 주류 문화에 대한 관심을 보여주는 현상이기도 하다.

# 한국 와인 시장의 한계

한국 와인 시장은 최근 몇 년 사이 폭발적으로 성장했다. 세계 시장도 한국의 소비자를 매력적으로 평가하기 시작했다. 다만, 한국에는 와인 시장의 더 큰 성장을 가로막는 여러 특수한 상황이 있다.

첫째로는, 와인에 부과되는 주류세 문제다. 현재 한국은 '종가세'라는 방식으로 맥주와 탁주를 제외한 모든 주류에 세금을 부과한다. 이는 '출고 가격'에 주세를 부과하는 방식이다. 종가세가 한국에 자리 잡은 때는 약 50년 전이다. 비싼 술에 높은 세율을 매기고 싼 술에 낮은 세율을 매기자는 취지였다.

와인은 과거에나 지금에나 소위 '비싼 술'에 해당하기 때문에 종가세 방식이 불리한 편이다. 와인은 제조원가, 판매관리비, 이

윤 등을 포함한 총가격에 주세를 부과한 뒤 여기에 교육세와 부가가치세까지 붙는데, 원가 대비 약 46퍼센트가량이 세금으로 붙는다. 거기에 수입사 마진 및 유통, 마케팅 비용까지 합해지면 소비자가 구매하는 와인 가격은 정말 터무니없이 높아진다. 와인은 또한 맥주나 소주와 다르게 다품종소량생산에 해당하기 때문에, 유통 등에 있어 규모의 경제가 적용되지 않아 중간비용이 더 늘어난다. 그렇다 보니 원가가 아주 싼 와인은 괜찮지만, 중가 이상만 되는 와인이라도 가격은 말도 안 되는 수준으로 높아진다. 이 탓에 한국에 수입되는 와인은 전반적으로 다양성이 떨어지게 되는 결과로 이어진다.

최근 한국에서는 종가세가 아닌, 용량 혹은 알코올 도수에 따라 세금을 부과하는 '종량세'로의 변화를 검토하고 있다. 맥주와 탁주는 종량세로 2019년 6월 전환되었지만, 언제 와인까지 종량세로 전환될 수 있을지는 미지수다. 와인의 큰 매력은 다양성에 있다. 한국 와인 시장은 주류세 부과 방식 탓에 와인이 다양성을 갖기 어려운 구조이다 보니 아쉬움이 클 수밖에 없다.

둘째로는, 독특한 주류 문화에 관한 부분이다. 한국인에게는 '소주'가 있다. 소주는 정말이지, 놀라운 술이 아닐 수 없다. 개인적인 이야기를 잠깐 해보자. WSET Wine & Spirit Education Trust 디플로마 수업 시간이었다. 영국인 강사가 "전 세계 통틀어 단일 브랜드로 가장 많이 팔리는 술은 무엇일까?"라고 질문을 던졌다. 여러 국적의 학생들이 많은 술을 답으로 쏟아내었다. 브라질의 럼, 인도의 위스키, 중국의 백주 등. 그러다 문득 나는 '혹시' 하는 생각에 "한국의 소주 Soju from Korea?"라고 대답했다. 그는 정답이라며

"차-미-쑬"이라고 말했다. 이 수업에서 '참이슬'이란 단어를 들을 줄이야.

정확히는 진로Jinro였다. 어쨌거나 단일 주류 브랜드로는 판매량이 전 세계에서 압도적으로 가장 높다고 한다. 진로 소주는 2019년 기준 8630만 상자(1상자=9리터)가 팔렸다. 이는 인도에서 1위인 인도 위스키 오피서즈 초이스officer's choice 판매량의 두 배를 훨씬 웃돌고, 다국적 기업 주류 회사 디아지오Diageo의 30여 개가 넘는 모든 위스키 브랜드의 판매량을 합친 양보다 많다고 한다. 어떻게 그런 숫자가 나올 수 있는지 한국인인 나로서도 놀라울 따름이다. 더 재미있는 것은, 그 많은 양의 진로 소주 가운데 90퍼센트 이상이 한국에서 소비된다는 사실이다. 그날 학생들은 모두 내게 몰려와 한국의 인구가 얼마나 되냐고 물었다.

글로벌 시장조사 업체 유로모니터의 2014년 자료에 따르면, 한국인 성인은 매주 평균 13.7잔의 술을 마신다고 한다. 2위는 러시아인데, 한국의 절반인 6.7잔, 미국은 3.3잔, 영국은 2.3잔을 마신다. 이렇게 술을 많이 마시는 한국에서 가장 많이 팔리는 술이 소주이다 보니 전 세계를 통틀어 가장 많이 팔리는 술이 소주가 된 것이다. 게다가 소주는 '서민의 술'이라는 인식이 강해 가격이 비싸져서도, 세금이 많이 붙어도 안 된다는 일종의 공감대가 형성됐다. 종가세를 통해 싼 술을 보호하려는 것도 비슷한 맥락이다. 요컨대, 소주는 '한국인의 영혼의 술'인 셈이다.

다행히 지금은 국민소득 3만 달러 시대다. 경제성장과 더불어 다양한 주류와 미식 문화에 대한 관심도 늘고 있다. 소주라고 해도 대기업에서 대량 생산한 희석식 소주가 아닌, 안동소주처럼 좋은 쌀을 재료로 해 단식 증류 과정을 거쳐 만드는 장인 정신이 담긴 술이 있다. 최근에는 한국 소주에 매료된 미국인이 만든 한국식 전통주 '토끼tokki 소주'가 인기를 끌며 해외 수출까지 되고 있다. 힙합 가수 박재범이 만든 프리미엄 증류식 소주 '원소주'는 출시한 지 단 며칠 만에 '완판' 행렬을 이어가며 젊은 층의 열렬한 사랑을 받고 있다.

이처럼 전통주에 대한 인식은 소위 MZ세대라 불리는 젊은 세대를 중심으로 변화하고 있다. 방방곡곡의 다양한 전통주와 한국 와인이 온라인 마켓을 통해 유통되고, 다양한 소비자가 실시간으로 댓글과 리뷰를 달며 한국 술 문화의 저변을 확대시키고 있다. 한국도 이젠 획일적인 주류 문화에서 벗어나 다양한 주류와 미식 문화를 향유할 만한 경제적·문화적 능력을 갖춘 것이다. 이젠 한국의 전통주도 일본의 사케나 중국의 백주처럼 전 세계로 뻗어나가기를 기대한다.

특히 일본의 사케가 품질의 우수성과 다양성을 인정받아 전 세계적으로 '사케 소믈리에'를 양성하고 있는 점은 벤치마킹할 만한 사례다. 이를 위해서는 국가적인 지원이 필요하다. 하지만 현재 한국의 주류 규제는 엄격하기는 한데 정확히 누구를 위한 규제인지 헷갈릴 때가 많다. 게다가 전통주에 관한 기준에도 형평성 논란이 많을뿐더러, 전통주에 비해 수입 와인과 주류에 대한 과세와 규제 또한 지나치게 엄격하다.

지금은 '무엇이 전통술인가?'에 관한 정의부터 내려야 할 때다. 예컨대, 전 세계적으로 인기를 끌고 있는 일본 위스키는 일본 전통술인가 수입 술인가? 한국의 수제 맥주는? 한국의 와인은?

소주와 막걸리만이 전통주는 아니다. 한국 와인도 현행 주세법상 지역 농민이 지역 농산물로 만든다면 전통주로 인정되며, 이 또한 우리가 지키고 발전시켜가야 하는 우리 술이다.

단순히 '전통술 vs 수입 술'이란 대립 관계로 주류 시장을 보는 시각도 더 이상 올바르지 않다. 무엇보다 한국 와인, 한국 맥주, 한국 위스키를 발전시키기 위해 수입 와인, 수입 맥주, 수입 위스키를 제한하는 것은 답이 아니다. 과거와 달리 한국의 양조 기술이 충분히 향상된 상황이니, 오히려 미식적인 측면에서 접근해 다양성을 키우고 시장의 크기 자체를 키울 필요가 있다. 이분법적 사고로 규제를 만들 것이 아니라, 어떻게 하면 더욱 다양하고 질 높은 주류 문화와 산업을 만들지 큰 그림을 그려야 할 때다.

이런 맥락에서 수입 술도 보다 다양하고 자유롭게 유통될 필요가 있다. 한국은 현재 '국민 건강 및 청소년 보호' 등을 이유로 주류는 대면 판매가 원칙이나, 전통주만은 온라인 판매가 가능하다. 하지만 애초에 국가에서 보호하고자 하는 전통주의 경계가 모호해지면서 '국민 건강 및 청소년 보호'라는 명목도 힘을 잃고 있다. 현재 1만 원대 소주를 온라인에서 구입할 수 있다. 그런데, 5만 원대 수입 와인을 온라인에서 구입할 수 있게 한다고 해서 청소년을 보호하지 못하게 될까?

최근 몇 년 사이 한국의 미식, 주류 문화는 그 어느 때보다 급진적이고 생동감 있게 변화하고 있다. 과거의 패러다임에 갇혀 있을 것이 아니라, 보다 거시적인 안목으로 글로벌 환경과 현재 변화하는 문화에 맞게 주류법을 개정해야 할 때다.

# '한국 와인'의 미래

한국도 엄연히 와인을 양조하는 와인 생산지이다. 앞서 살펴보았듯 1988년경을 기점으로 국산 와인은 자취를 감추는 듯 보였다. 하지만 '국산 와인'이란 이름 대신 '한국 와인'이란 모습으로 2000년대 부활했다. 아직은 시작 단계지만, 최근 품질 면에서 빠른 성장을 보인다.

한국 와인의 대표적 생산지는 충북 영동·경북 영천·전북 무주이지만, 그 분포가 점차 넓어지고 있다. 대표 포도 품종으로는 주로 과일로 먹는 캠벨얼리Campbell Early와 식용·양조 겸용 품종인 머스캣 베일리 A가 있다. 한국 토종 품종을 개량해 와인 양조에 사용하기도 한다. 포도는 아니지만 오미자, 오디 같은 과실로 와인을 만들기도 한다. 아직까지 한국 와인은 내수 시장을 타깃으로 삼을 뿐 수출은 거의 하지 않고 있지만, 최근 아시아권 와인 대회에 출품해, 특히 로제 와인과 스위트 와인 부문에서 탁월한 성적을 거두고 있다.

과거 해외에서 수입한 원액으로 한국에서 만든 와인까지 총칭해 '국산 와인'이라고 칭했다면, 이젠 한국에서 자란 과실을 재배해 양조한 와인을 '한국 와인'이라고 명명한다. 전 세계 와인 생산지 지도에 한국 또한 당당히 이름을 올리면 좋겠다는 소망으로 2000년대 이후 점차 많은 와인 애호가와 소믈리에가 한국 와인에 큰 관심을 두고 있다. 특히 비교적 최근에 조성된 '광명동굴'에는 한국 와인을 모아 시음해보고 구매도 할 수 있는 공간이 마련됐다. 한국 와인 홍보에 큰 힘이 되고 있다. 전통적으로 포도가 유명한 영동, 영천, 무주 지역 등에서는 지방자치단체 차원에서 적극적으로 와인 연구와 개발에 도움을 주고 있다. 농가 입장에서 부가가치를 창출할 수 있는 훌륭한 통로이기 때문이다. 영동에서 주최하고 있는 '대한민국 와인축제'나 '한국와인대상', 한국와인생산협회의 '한국와인 인증점수제' 같은 한국 와인 축제와 행사도 늘어나는 추세이며, 와인 생산지에 국내 관광객뿐만 아니라 해외 관광객 비율도 높아지고 있다.

와인은 어찌 됐든 유럽에 전통을 둔 술이다. 와인에 관한 평가가 지극히 유럽 와인 중심적일 수밖에 없는 까닭이다. 예컨대, '양조용 포도'라고 불리는 품종들은 모두 유럽의 자연환경에 적합하기 때문에, 국제적으로 잘 알려진 품종을 한국에서 맛있게 재배·수확하기란 여간 어려운 일이 아니다. 특히 여름철 강수량이 많은 한국에서는 더욱 곤란하다. 이 탓에 한국에서는 크게 두

1993년 한국에서 개발된 '청수포도'는 탁월한 향과 맛을 가진 화이트 와인을 생산하는 한국 대표 포도 품종이다.

가지 방향으로 노력하고 있다. 첫 번째가 바로 한국에서 잘 자라는 포도와 양조용 포도를 교배해 한국만의 토착 품종을 만들어내려는 노력이다. 와인 양조용으로 만들어진 포도는 아니지만 1993년 한국에서 개발된 '청수포도'는 세계 어디에 내놓아도 손색없는 맛있는 와인을 만든다는 평을 받으며 한국의 대표 품종으로 자리 잡고 있다. 두 번째는 유럽의 포도 품종이 잘 자랄 수 있는 한국 와인 생산지의 미기후와 테루아르, 지형 등을 조사하고 연구하는 노력이다. 최근 영천에서는 카베르네 소비뇽이 잘 자라는 특정 포도밭의 카베르네 소비뇽만으로 만든 한국 와인이 생산되기도 했다.

한국 와인은 아직까지 인지도가 낮기 때문에, 내수 시장에서도 일반 마트나 백화점 판매보다는 온라인 판매나 직판, 전통주 전문 유통채널을 통한 판매율이 높은 편이다. 하지만 과거에 비해 한국 와인은 품질이 급격히 성장하고 있고 소비자층도 다양해지고 있다. 한국의 기후와 포도 품종의 특성 탓에 드라이 레드 와인은 고군분투하는 상황이지만, 현재 국내에 와이너리가 약 200개에 육박하고 800여 종의 와인이 출시되는 것을 보면, 한국 와인의 미래는 밝다.

한편, '한식'은 특유의 감칠맛과 매운맛을 내는 향신료 탓에 와인 페어링이 굉장히 어렵다고 알려졌다. 이 때문에 한국 와인은 한식과 어울리는 맛과 향을 가지고 있다는 크나큰 매력이 있다. 와인의 전통은 유럽에 있지만, 아시아는 아시아만이 가진 포도 품종과 와인 스타일이 있다. 아시아 와인의 품질 높은 공급과 함께 아시아 와인에 대한 새로운 시각과 평가 체제 또한 필요하다.

# 중동의 와인들

이쯤에서 와인의 시작점으로 알려진 중동 지역으로 다시 눈을 돌려보자. 고대, '물보다 와인이 많던' 지역이었지만 이슬람의 영향으로 사실상 와인 문화가 전혀 꽃 피지 못했다. 그럼에도 불구하고, 오늘날 중동에서는 생산량이 적지만 여전히 꿋꿋하게 훌륭한 와인을 생산하고 있다.

중동Middle East. '중동'은 지역 개념인데, 사실 기준이 굉장히 모호한 단어다. 중동에 포함되는 국가의 범위를 어떻게 정의하는지에 관해 명확히 정해진 바가 없고, '중동'이란 명칭은 중동 국가들조차 그다지 좋아하지 않는다고 한다. 중동 지역의 속사정에 딱히 관심이 없는, 유럽 등 서양 국가가 만들어놓은 단어이기 때문일 테다. 하지만 그럼에도 불구하고, 서아시아, 코카시아 및 북아프리카 지역을 전반적으로 통칭하는 설명의 편의성 때문에 딱히 정해진 바가 없는 이 모호한 단어를 사용하고자 한다.

'일반적으로' 중동 지역이 포함하는 국가는 아라비아반도(사우디아라비아, 아랍에미리트, 예멘, 오만, 카타르, 쿠웨이트, 바레인)와 이란, 이라크, 시리아, 레바논, 팔레스타인, 요르단, 이집트, 이스라엘이다. 보통 터키도 중동에 포함하여 생각하지만, 터키 자체는 유럽연합 가입을 희망하고 있다. 일단 중동이라고 하면 이슬람 종교 색채가 강하다. 중동에 포함한다고 열거한 국가 가운데 이스라엘을 제외하고는 모두 이슬람을 국교로 하거나 혹은 무슬림이 다수를 차지한다.

앞서 고대 역사를 설명할 때 살펴보았지만 이집트와 메소포타미아 문명의 발상지인 중동 지역은 역사적으로 가장 오래됐으며 활발했던 와인 생산지였다. 와인 문화의 꽃을 피웠던 유럽에서 와인을 본격적으로 생산하기 이전부터 와인을 만들었던 곳이 중동이며, 유럽에 와인을 전달해준 문명이기도 하다. 하지만 622년 무함마드Muhammad에 의해 이슬람교가 시작되고, 중동 및 주변 아프리카와 아시아 대륙에 강력한 영향을 미치면서 중동 지역의 와인 생산은 거의 중단되다시피 했다. 이슬람교에서 음주를 금지하기 때문이다.

처음부터 무함마드가 음주를 금한 것은 아니었다. 무함마드가 태어나고 활동한 당시 아라비아반도에서는 포도주가 활발하게 생산되고 소비됐다. 특히 시리아 지역 와인을 최고급으로 치며 각 지역에서 앞다투어 와인을 수입하던 때였다. 포도주가 보편적으로 소비되던 문화권이었다 보니 초기 무함마드의 설교에는 금주에 관한 내용이 포함되지 않았다. 그러다 무함마드는 술에 취하는 것이 결코 선으로 이어지지 않는다고 인식했다. 이후 반복적으로 금주를 강조하는 메시지를 전했다고 한다.

당시 아라비아반도에서 가장 보편적이었던 술은 포도주와 대추야자술이었다. 이 때문에《코란Koran》에서 언급하는 술, 즉 '카므Khamr'는 특별히 포도나 대추를 발효해서 만든 술이라고 알려졌다. 몇몇 교파에서는 현대까지도 포도주와 대추술만을 금지하는 것이라 해석하는 경우도 있다.

이슬람교가 점차 세력을 확장하면서 중동 지역의 포도주 양조 기술은 쇠퇴했다. 반면, 유럽에서는 기독교의 성장과 함께 포도주 양조 기술이 나날이 발전해갔다. 그런데 역사적으로 이슬람교의 통치하에서 와인 양조 자체가 금지됐던 적은 없다. 다만 와인을 양조해 유대인이나 기독교인에게 무겁게 과세를 매겨 교역했다고 한다. 재미있는 것은 증류주를 만드는 증류기가 9세기 이슬람 세계에서 최초로 발명됐으며 이후 이슬람 문화에서는 포도주를 마시지는 않았지만 증류 기법을 사용해 만든 아라크arak나 라키raki 같은 증류주를 비교적 공공연하게 음용했다는 점이다.

현대인에게 '술'은 쾌락적·미식적·미학적 목적을 위한 것이다. 그런데 앞서 살펴보았듯 인류 역사상 '술'이란 그 이상의 중요성을 띠어왔다. 예컨대, 수질이 좋지 않거나 부족한 물을 대신하는 음료이자 생명수였을 때도 있었고, 추운 지방에서나 계절에는 몸을 데워주는 난로였으며, 의료 기술이 발달하기 이전에는 신체와 정신적 고통을 잊게 해주는 의약품 역할도 해주었다. 이 때문에 이슬람 문화권에서 술을 마시고 취하는 것은 금기시되었으나,

역사적으로 술은 어떤 방식으로든 존재했고 그 나름대로 발전을 해왔다. 다만, 중동은 맛있는 포도가 생산될 수 있는 지리적 조건과, 포도 농사와 와인 양조의 오랜 역사가 있음에도 불구하고 포도주 양조는 장려되지 않았을 뿐이다.

현재 중동 지역에서 유의미한 숫자로 와인을 생산하고 있는 국가는 이스라엘, 레바논, 터키다. 지역적으로 중동과 가깝지만 남부는 유럽연합에 가입된 지중해 키프로스섬의 사이프러스공화국도 대표적인 와인 생산지다. 요컨대, 이슬람교의 영향이 없거나 비교적 적은 국가에서 와인을 생산하는 셈이다.

이스라엘은 중동 지역에서 유일하게 유대교인으로 구성된 국가다. 이스라엘과 접경한 레바논 또한 40퍼센트가 기독교인이며, 이슬람을 국교로 채택하지 않았다. 터키는 99퍼센트 이상의 국민이 이슬람교를 믿고 있지만 헌법상 종교의 자유가 인정되는 국가다. 이를 가리켜 '터키의 세속주의'라고 말한다. 터키는 인종적·역사적·지리적으로 유럽과 밀접한 관계를 맺고 있기 때문에, 비교적 엄격하지 않은 이슬람 문화를 가지고 있는 편이다. 반면, 이슬람을 국교로 하는 사우디아라비아 같은 국가에서는 술 자체가 금지이며, 외국인이나 관광객 또한 오직 지정된 장소에서만 음주를 할 수 있을 정도다. 이에 비하면 터키는 상당히 자유롭다고 할 수 있다.

터키는 미국보다 10퍼센트나 더 넓은, 전 세계에서 다섯 번째로 넓은 포도밭을 가진 포도 생산지다(스페인, 중국, 프랑스, 이탈리아, 터키, 미국 순). 그러나 이 넓은 포도밭 포도의 단 3퍼센트만을 와인 생산에 사용하고, 이 가운데 5퍼센트 미만의 와인만을 외국에 수출한다. 세속화된 터키라고 해도 이슬람 종교의 영향 탓에 음주가 장려되지는 않는다. 와인을 포함한 주류 소비에 굉장히 무거운 세금도 매기기 때문에 터키의 와인 생산자들은 큰 고충을 토로하고는 한다. 하지만 포도 생산에 최적화된 기후와 다양한 지형, 테루아르를 가진 터키가 와인 생산을 포기하기에는 자연환경이 너무도 값지다. 국제 품종이 잘 자랄 뿐 아니라 굉장히 맛있고 훌륭한 포도 토착품종까지도 보유하고 있다. 특히 적포도 품종인 오쿠즈고주Öküzgözü와 보아즈케레Boğazkere가 국제적으로 좋은 평가를 받고 있다. 주로 지중해를 끼고 그리스와 마주 보고 있는 에게해Aegean Sea 지역과 마르마라Marmara 지역에서 비교적 품질 높은 와인을 생산한다.

레바논 와인은 터키에 비해 와인 생산량은 적지만, '전쟁 속에 핀 꽃'이라는 수식어와 함께 국제적으로 높은 인지도를 가진 와이너리가 포진돼 있다. 레바논의 샤토 무사르Château Musar는 이제는 한국에서도 사랑받는 와이너리다.

레바논 와인 한 병에는 굉장히 가슴 아픈 레바논의 종교적·역사적·지리학적 상황과, 그 한가운데에서 아름다운 와인을 생산해 세계에 알리고자 고군분투하는 와인 메이커들의 사명감과 뚝심이 뒤엉켜 있다. 이슬람 국가인 시리아와 유대교 국가인 이스라엘에 국경이 맞닿은 레바논은 잦은 전쟁으로 몸살을 겪는다. 미국 등 타국의 개입까지 끊이지 않는 곳으로, 특히 1975년부터 1990년까지 레바논은 16년간 온갖 종교적·정치적 이해관계가 뒤

레바논 '샤토 무사르'의 전설적인 와인 메이커, 세르주 오샤르.

얽힌 끔찍한 내전을 겪어야 했다. 나중에는 이스라엘군과 시리아 군까지 쳐들어와 레바논을 쑥대밭으로 만들어놓았다.

샤토 무사르의 당시 오너 세르주 오샤르Serge Hochar는 16년에 걸친 내전 시기 동안 단 2년을 제외하고는 매년 와인을 생산한 전설적인 인물이다. 말 그대로 총알과 포탄이 포도밭 위로 날아다니는 와중에 포도를 일일이 손 수확해 포도밭에서부터 최전방에 위치한 와이너리까지 24킬로미터를 운반해 와인을 빚었다고 한다. 이후 세르주는 당시 상황에 대해 "오직 나의 와인을 위하여 싸웠던 것이다"라고 회상했다. 최근에는 그가 당시 상황을 생생히 적었던 기록도 대중에게 공개됐다.

전쟁이란 얼마나 불합리하며, 고통을 당해야 할 이유가 전혀 없는 민간인의 삶을 얼마나 무참히 짓밟는 행위인가. 하지만 그

가운데서 끝끝내 '꽃을 피워낸' 레바논 와이너리들은 말할 수 없는 감동을 선사한다.

레바논 내전이 벌어지는 가운데 와인을 지키기 위해 목숨까지 내놓으며 분투했던 와이너리는 샤토 무사르뿐만이 아니다. 샤토 케프라야Château Kefraya와 샤토 크사라Château Ksara 와이너리를 비롯해 수많은 와인 메이커가 고집 있게 '와인'을 지켜냈다. 이들은 품질

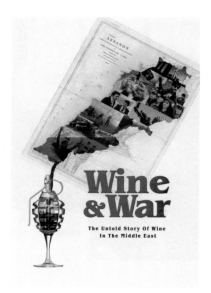

전쟁 속에서도 와인을 생산해낸 레바논 와인 메이커들의 이야기를 다룬 다큐멘터리 〈와인과 전쟁Wine & War〉(2020).

높은 와인을 생산한다고 알려진 베카밸리 지역의 와이너리들이다. 3000~4000년 전부터 이어지는 와인 양조의 역사가 있음에도, 계속되는 불안한 정치적·사회적·종교적 상황과 더불어 2020년 베이루트 항구에서의 질산암모늄에 의한 폭발 참사, 반정부 시위 등 연속적인 사건 사고 속에서 사투를 벌이고 있다.

이스라엘에서는 국제 품종을 사용해 와인을 생산한다. 특히 카베르네 소비뇽이나 메를로, 카베르네 프랑과 같은 보르도의 적포도 품종으로 레드 와인을 잘 만든다고 알려져 있다. 최근에는 유대인 와인 생산자와 '거룩한 땅holy land'을 중심으로 이스라엘 토

착 품종을 사용해 와인을 양조하는 움직임도 나타나고 있다. 거룩한 땅이란 고대 이스라엘 민족이 하나님에게 부여받았다고《성경》에 기록되어 있는 약속의 땅을 의미한다. 특히 2000년 전 예수와 다윗왕이 실제 음용했을 포도주에 관한 연구와 고대 포도 품종 유전자 연구도 진행되고 있다.

사이프러스는 지중해 동부에 위치한 키프로스섬의 공화국으로 지정학적으로는 중동과 가깝지만 사이프러스 남부는 민족적·역사적·문화적 이유로 그리스와 더 가까운 유럽 연합 회원국이다. 사이프러스의 북부는 현재 터키의 영향 아래 있다. 사이프러스는 고대 적부터 와인을 양조했던 오랜 역사가 있다. 고대, 중세 기록들에서 사이프러스 와인에 관한 기록을 찾아볼 수 있다. 특히 코만다리아Commandaria라고 하는 말린 포도로 만든 스위트 와인은 중세 유럽에서 큰 인기를 끌었다. 하지만 1571년부터 1878년까지 오스만제국하에 있으면서 와인 양조가 주춤하다가, 1878년부터 1960년 사이 영국 통치하에서 와인 양조가 활발히 발전한 것으로 알려진다. 사이프러스는 지정학적 위치상 19세기 후반 유럽의 포도밭을 초토화시켰던 진딧물 필록세라로부터 안전했기 때문에 키프로스섬의 포도 토착품종이 잘 보존돼 있다. 특히 마라테프티코Maratheftiko라고 하는 고대부터 내려오는 적포도 품종이 국제 와인 시장에서 기대를 얻고 있다. 2004년 유럽연합 회원국이 되면서 보다 적극적으로 와인 생산을 하고 있으며, 생산량보다는 품질에 보다 집중하고 있다.

# 기후변화와 지구온난화

　와인은 농업을 바탕으로 한다. 포도 재배가 잘돼야 좋은 와인이 만들어지니, 얼핏 사치품이라는 생각이 들어도 철저히 농사를 기반으로 한 식품이다. 모든 농업이 기후 변화에 민감하겠지만, 와인 업계에서 기후 변화는 초미의 관심사다. 여기에서 말하는 기후 변화란 단기적인 것을 의미하지 않는다. 갑작스런 국지성 호우, 여름의 폭풍우, 태풍, 겨울의 혹한, 가뭄 등도 물론 그해 와인 빈티지에 큰 영향을 주지만, 지금 말하고자 하는 기후 변화는 보다 지구적이고 장기적인 것을 의미한다. 예컨대, 지구 온난화 같은 문제 말이다.

　전 세계의 와인 생산지는 포도가 성장하는 4월에서 10월 사이 평균 기온이 12~22도이어야 한다(남반구의 경우 10월에서 4월 사이).

만약 지구 온난화가 심해지면 평균 기온이 높아지면서, 전통적인 와인 생산 지역이었지만 더 이상 와인을 생산할 수 없게 되거나, 혹은 전통적으로 와인을 생산할 수 없는 곳이었는데 와인을 생산할 수 있게 되는 등 아주 근본적이고 큰 변화가 생길 수 있다. 각 기후대마다 잘 자라는 포도 품종이 다르기 때문에, 기후 변화가 일어날 경우 재배할 포도 품종이 완전히 달라질 수도 있을뿐더러 품종은 같더라도 와인 스타일이 완전히 달라질 수도 있다. 실제로 많은 와인 생산지에서 포도를 수확하는 날짜가 점점 앞당겨지고 있다. 예컨대, 전통적으로 10월 첫째 주에 수확했다면, 이젠 9월 첫째 주에 수확하는 등 거의 한 달 가까이 차이가 생겼다.

서늘한 기후에 맞게 아로마틱하고 섬세한 스타일의 와인을 만들던 곳에서, 지구 온난화로 인해 상당히 과실 맛이 강하고 바디감이 무거운 와인을 만들 수도 있다. 농담 삼아 하는 이야기이지만, 예를 들어 서늘한 프랑스 알자스 지방의 기후가 50년 뒤 랑그도크루시용 지역 기후처럼 더워질 수도 있다. 주로 소비뇽 블랑이나 슈냉 블랑Chenin Blanc 품종으로 화이트 와인을 생산하는 루아르Loire 지방에서, 카베르네 소비뇽이나 시라Syrah 같은 포도 품종을 심을 수도 있는 것이다.

지구 온난화는 누군가에게는 일종의 기대감을 심어주고, 누군가에게는 아주 큰 우려를 안겨준다. 와인 생산지 가운데 기후가 매우 추운 독일에서는 리슬링, 게뷔르츠트라미너 같은 아로마틱한 품종의 화이트 와인을 생산한다. 레드 와인도 생산하기는 하지만, 아직 화이트 와인만큼 명성을 얻지 못하는데, 독일 대부분이 추운 탓에 레드 와인 품종이 충분히 익는 데 어려움이 있기 때문이다. 하지만 지구 온난화로 독일에서 레드 와인의 중요성이 점차 높아지고 있다. 생산 가능한 지역 역시 넓어지고 있다. 전 세계 와인 애호가 역시 독일의 레드 와인에 대한 기대감을 드러내는 상황이다.

반면, 이미 상당히 덥고 건조하며 햇빛이 강한 기후를 가진 오스트레일리아는 지구 온난화에 따른 우려가 이만저만이 아니다. 특히 현재 벌크와인을 위주로 생산하는 리버랜드Riverland나 리버리나Riverina 같은 곳은 극심한 건조함과 열기, 가뭄 등으로 이미 와인 생산에 어려움을 겪고 있다. 기후 변화가 지속될 경우 아예 와인 생산이 중단될 가능성 또한 있다.

오스트레일리아 와인은 아주 완숙한 적포도로 와인을 만들어, 종종 알코올 도수와 바디감 등이 너무 과하다는 평가를 받고는 하는데, 기온이 더 상승할 경우 어떤 와인을 생산해야 스타일의 매력을 유지할 수 있을지 고민할 수밖에 없다. 예컨대, 최근 남부 오스트레일리아에서는 '그르나슈Grenache'라는 껍질이 얇은 포도를 생산하면서도 더위와 건조함에 아주 강한 포도 품종을 사용해 새로운 스타일의 와인 만들어내고 있다.

한편, 오스트레일리아에서도 비교적 서늘한 지역들은 새로운 와인 스타일을 시도할 수 있는 가능성이 있다. 빅토리아Victoria 같은 지역 등이다.

# 인터넷 기술의 발전과 빅데이터

　세상이 이렇게까지 빨리 변할 수 있을까. 말하자면 몇천 년 동안 벌어진 변화보다 근래 10~20년 사이 벌어진 변화가 훨씬 더 큰 듯하다. 모바일 기기의 혁신과 통신의 발달로, 불과 20년 전만 해도 무지막지하게 큰 컴퓨터를 사용해야 겨우 가능하던 정보처리가 이젠 손바닥보다 작은 기기에서 단숨에 가능하게 됐다. 언제 어디서나 빠르디빠른 통신망을 사용해 실시간으로 정보를 주고받을 수 있는 세상. 이 모든 기술 혜택에 금방 익숙해져버린 인간은 더 이상 과거의 모습을 기억하지 못할 정도다.

　와인 산업에도 새로운 변화가 시작됐다. 가장 단순한 형태는 전 세계 와인숍의 재고를 클릭 한 번에 볼 수 있는 시스템이다. 예를 들면, 와인서처wine-searcher.com 같은 웹사이트이다. 안타깝게

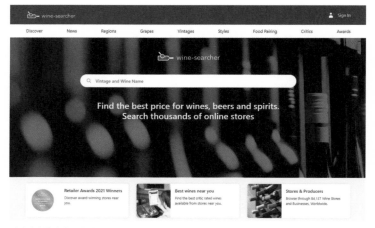

와인서처 웹사이트 화면.

도 한국은 와인 온라인 판매가 금지됐기 때문에 이 놀라운 정보의 바다에서 헤엄칠 수 없다.

와인의 핵심은 다양성이다. 대량 생산하는 소수 브랜드 와인을 제외하고는 와인마다 생산량이 적기 때문에 어떤 숍에 어떤 와인이 있는지를 아는 것은 소비자 입장에서 상당히 중요하다. 와인 숍마다 유통하는 와인이 가지각색으로 다르고, 특히나 특정 빈티지를 찾는 것은 온라인의 힘이 아니고서는 너무 어렵다. 와인서처 사이트에서는 찾는 정보만 입력하면 클릭 한 번에 그야말로 전 세계 와인숍의 재고 현황과 가격이 뜬다(한국만 빼고!). 빅데이터 개념으로 전 세계 와인숍의 데이터를 한데 모아 제공하는데, 누구든 원하는 와인을 아주 쉽고 빠르고 심지어 가장 좋은 가격에 구할 수 있는 플랫폼이다.

또 다른 예로는 비비노Vivino라는 웹사이트이자 어플리케이션이 있다. 비비노는 와인 라벨의 사진을 찍으면, 그 와인이 어떤 와인인지 정보를 알려주는 아주 직관적인 시스템이다. 전 세계 와인 애호가들의 리뷰와 평점도 읽어볼 수 있고, 자신의 의견을 게시할 수도 있다. 와인을 구입하기 전이든, 마시고 있는 도중이든, 특정한 와인에 대한 정보를 언제나 손쉽게 구할 수 있고, 실시간으로 이 와인을 마셨던 사람들의 평가를 읽어볼 수도 있다. 이뿐만 아니라, 내가 살고 있는 지역에서 그 와인이 얼마에 팔리는지 확인할 수 있고, 원한다면 클릭 한 번으로 구매까지 가능하다. 와인과 음식 페어링 조언, 전문가의 의견은 물론이고, '내 취향'을 반영한 와인까지 추천받을 수 있다.

와인은 더 이상 미지의 세계가 아니다. 하지만 한국은 아직까지 와인 온라인 판매가 금지된 터라 이런 새로운 방식의 시스템을 적용할 수 없다는 아쉬움이 있다. 늘 와인을 추천해달라는 요청을 받지만, 내가 마신 특정 와인, 특정 빈티지가 대체 한국 어느 숍에 있는지, 어느 도소매업체에서 유통하는지 정보를 찾기 힘들다. 와인에 대한 투명한 정보와, 전 세계 와인 애호가와 전문가의 평가를 실시간으로 볼 수 있는 혜택을 한국에서만 누릴 수 없다는 점은 다소 억울하다.

와인의 세계는 종종 어떤 '신비로움'에 감싸여 있는 듯 보인다. 예컨대, 블라인드 테이스팅을 하는 소믈리에나 와인 전문가를 보면 사람들은 '후각과 미각이 엄청나게 발달했나 보다'라고 생각하는 듯하다. 혹은 '와인 애호가들은 도대체 알 수 없는 말들을 지껄인다'고 생각할지 모르겠다. 와인에서 돌멩이 맛이 난다느니, 미네랄리티가 있다느니, 연필심 냄새, 고양이 오줌 냄새 같은 표현을 사용하고, 포도밭에 따라 맛이 다르다며 흙냄새를 맡는 이상한 행동을 하니 말이다. 때때로 블라인드 테이스팅을 하면서 어떤 지역, 어떤 품종, 어떤 빈티지의 와인인지 맞추고, 심지어 산도, 당도, 타닌 등의 수치까지 맞추는 걸 보면 신기해하면서도, 나랑은 완전히 다른 세계의 일이라 여기는 듯하다.

하지만 과학기술이 발달하면서 이런 광경은 더 이상 없어지게 될지도 모른다. 굳이 전문가만의 영역이 아닌 것이다. 이제 분자 단위로 세밀한 성분 분석이 가능해지면서, 굳이 전문가가 산도와 당도를 입으로 맛보고 맞출 필요도 없을뿐더러, 아마도 손바닥만 한 기계 하나만 있으면 마치 체온계처럼 와인의 모든 것이 '수치'로 화면에 표시될 수도 있을 것이다. '연필심 냄새' '고양이 오줌 냄새'가 어떤 화학방정식에 의해 생기는지도 정확히 확인할 수 있을 것이다. 그러면 훨씬 이해하기 쉬운 단어로, 적어도 화학 명칭으로 묘사가 가능해질지 모른다.

요컨대, 우리에게 남은 것은 오직 와인, 그 자체를 충분히 즐기는 마음가짐뿐일지 모른다. 이뿐일까? 와인을 마시면서 실시간으로, 그 와인을 만든 양조자의 철학과 어떻게 와인을 만들었는지에 대한 영상을 볼 수도 있고, 어쩌면 지구 반대편에 사는 소믈리에에게 직접 와인에 대한 설명을 들을 수 있을지도 모른다. 집에서 고기 한 덩이를 구우면서 말이다.

미래의 모습은 무궁무진하다. 몇천만 원을 호가하는 값비싼 오래된 빈티지 보르도 와인을, 어쩌면 성분 분석을 통해 똑같이 재현해 대량 생산할 수 있게 될지도 모를 노릇이다. 그때가 오면 아마 '오리지널러티originality'라고 하는 고유성이 더욱 절실하고 중

인공지능 AI가 그린 〈에드몬드 벨라미의 초상〉.
2018년 크리스티 경매에서 43만 2500달러에 낙찰됐다.

요해지지 않을까? 어쩌면 더욱 더 자연적이고 재래적이고 비문명적인 방법으로 만들어낸 와인이 훨씬 비싸게 팔릴지 모르겠다.

최근 과학기술은 그 어느 때보다도 와인을 더욱 친근하게 느끼게 해주고 있다. 와인의 신비로움을 한 꺼풀 벗겨, 일반 소비자가 와인에 더 쉽고 더 대중적인 방식으로 다가갈 수 있는 하나의 통로 역할을 하면서 말이다.

와인이 내게 펼쳐주는 세상은 새삼스럽지만 참 무궁무진하다. 감각의 기쁨을 맛보게 하면서도 지적인 흥미거리를 던져준다. 와인 한잔에 세계 곳곳을 돌아다니게도 하며, 심지어는 9000년이 넘는 인간의 역사와 문명사를 훑어보게도 한다.

이게 다가 아니다. 와인은 나와 사람들을 이어주는 매개가 되었다. 외국에 살면서도 다양한 방법과 방식으로 만나고 소통하고 공감하는 연결고리가 되었고, 종교를 갖게 된 시작점이 되었다. 환경 문제엔 도무지 관심 없던 내가 와인 덕분에 지구 온난화에 관심을 갖고 고민한다. 지구 반대편에서 일어나는 온갖 분쟁에 관해 단 몇 분이라도 가슴 아파한다. 와인을 통해 자본시장을 바라보고, 빅데이터를 공부하며, 메타버스와 NFT에 관한 책을 읽는다. 와인으로 하루의 삶을 기록하고, 내 감정과 기억, 인연을 돌아보기도 한다.

10년 전 언젠가 '와인을 만나면 인생이 바뀝니다'라는 문장을 보았다. 그저 흔하게 지어낸 광고 문구 가운데 하나였을지 모르지만, 내 인생은 정말 바뀌었다. 그 문장을 만든 사람의 삶도 와인 때문에 바뀌었던 것일까. 그만큼 내게 와인은 참 고마운 존재가 아닐 수 없다. 마치 이상한 나라의 앨리스 속 토끼처럼, 와인은 나를 계속해서 새로운 세계로 이끌어왔으니까.

와인에 관한 책 말미에 이런 말을 적는 게 알맞은지는 모르겠지만, 마지막으로 한 가지 '절주'를 강조하고 싶다. 와인도 술이기에 언제나 경각심을 가지고 대해야 한다. 음주 운전으로 생명이 해쳐 지기도 하고, 음주를 한 본인이 사고를 당해 심각한 장애를 입거나 생명을 잃기도 한다. 특히 우리는 어른으로서 청소년 음주 문제에 관심을 갖져야 하고, 음주에 경험이 부족한 젊은이들을 지도해야 할 책임이 있다.

미국의 금주법에 관해 글을 쓸 때, 금주를 법제화한다는 것이 얼마나 말도 안 되는 일인지, 이 탓에 갱단과 얽혀 사회에 퍼진 밀주가 얼마나 심각한 문제를 일으켰는지에 초점을 맞추었다. 하지만, 당시를 살았던 시민의 삶을 들여다보면 금주운동이 일어난 배경에 공감할 수 있었다.

이는 비단 100년 전 미국에서만 일어났던 일이 아니다. 현재 지금 이 순간에도 누군가의 과도한 음주로 인한 여러 폭력을 겪는 이들이 있을 테다. 와인을 업으로 하는 사람으로서, 작게나마, 책임감 있는 음주 습관과 문화에 관해 언젠가 이야기해보고 싶다. 와인 역시 자신의 건강과 타인의 안녕을 해칠 수 있는 술이라는 점을.

모쪼록 이 책이 와인 애호가에게는 색다른 시선과 흥미거리를 줄 수 있고, 와인을 전혀 모르는 이들에게는 하나의 재미난 이야기로 다가갈 수 있었기를 바란다.

# 참고문헌

*9000 Years of Wine: A World History*, Rod Philips, Whitecap Books, June 22, 2017.

*Ancient Wine: The Search for the Origins of Viniculture*, Patrick E. McGovern, Princeton University Press, October 1, 2019.

*China's Golden Age: Everyday Life in the Tang Dynasty*, Chalres Benn, Oxford University Press, October 28, 2004.

*For the Love of Wine: My Odyssey through the World's Most Ancient Wine Culture*, Alice Feiring, Potomac Books, March 1, 2016.

*Inventing WIne: A New History of One of the World's Most Ancient Pleasures*, Paul Lukacs, W.W. Norton & Company, December 3, 2012.

*Jesus and the Jewish Roots of the Eucharist: Unlocking the Secrets of the Last Supper*, Brant James Pitre, Image, February 15, 2011.

*The Chinese Wine Renaissance: A Wine Lover's Compainon*, Janet Z. Wang and Oz Clarke, Ebury Press, March 1, 2020.

*The Oxford Compainon to Wine 4th Edition*, Jancis Robinson, Oxford University Press, October 1, 2015.

*The Wines of Burgundy*, Clive Coates MW, University of California Press, May 12, 2008.

*The Wines of Georgia*, Lisa Granik MW, Infinite Ideas Ltd, November 25, 2019.

*The World Atlas of Wine 7th Edition*, Jancis Robinson and Hugh Johnson, Mitchell Beazley, Ocober 8, 2013.

*Wine and War: The French, the Nazis, and the Battle for France's Greatest Treasure*, Donald Kladstrup and Petie Kladstrup, Crown, April 30, 2002.

*Wine Science: The Application of Science in Winemaking*, Jamie Goode, Mitchell Beazley, April 3, 2014.

# 찾아보기